创优系列·财经信息化

中国财政
科学研究院
力荐教材

审计信息化
理论与实务

杨周南　丛书主编

吴沁红　刘会齐　王凡林　编著

电子工业出版社
Publishing House of Electronics Industry
北京·BEIJING

内 容 简 介

本教材立足于审计信息化的发展与应用,从理论与实务角度设计教材内容体系。本教材包括三大部分,共10章,第一部分为审计信息化的基本概念与理论基础,主要内容有:审计信息化概述、审计信息化理论基础、审计信息化实施和管理;第二部分为IT环境下的风险、控制与审计,主要内容有:风险管理与内部控制、IT环境下的财务审计、信息系统审计;第三部分为审计信息化应用与实务,主要内容有:审计信息化应用基础、审计信息化应用系统、审计作业系统的应用、审计信息化实务。

本教材可作为高等院校审计信息化、计算机审计、IT审计、计算机审计技术与方法等课程的教材。

未经许可,不得以任何方式复制或抄袭本书之部分或全部内容。

版权所有,侵权必究。

图书在版编目(CIP)数据

审计信息化理论与实务 / 吴沁红,刘会齐,王凡林编著.—北京:电子工业出版社,2018.11
(华信经管创优系列)
ISBN 978-7-121-30573-3

I. ①审… II. ①吴… ②刘… ③王… III. ①审计—信息化—高等学校—教材 IV. ①F239.1

中国版本图书馆CIP数据核字(2016)第296451号

策划编辑:石会敏
责任编辑:石会敏 特约编辑:赵翠芝 仇长明
印　　刷:北京捷迅佳彩印刷有限公司
装　　订:北京捷迅佳彩印刷有限公司
出版发行:电子工业出版社
　　　　　北京市海淀区万寿路173信箱　邮编:100036
开　　本:787×1 092　1/16　印张:14　字数:352千字
版　　次:2018年11月第1版
印　　次:2021年12月第3印刷
定　　价:49.00元

凡所购买电子工业出版社图书有缺损问题,请向购买书店调换。若书店售缺,请与本社发行部联系,联系及邮购电话:(010)88254888,88258888。

质量投诉请发邮件至zlts@phei.com.cn,盗版侵权举报请发邮件至dbqq@phei.com.cn。
本书咨询联系方式:(010)88254537。

丛 书 序

21世纪是高科技应用快速发展的时代，大力推进信息化是建设创新型国家的必然选择。信息化工作在我国受到广泛重视，除了企业信息化的快速发展，在20世纪90年代，我国相继启动了以金关、金卡、金税为代表的重大信息化应用工程，1997年召开了全国信息化工作会议，2006年5月提出了我国《2006—2020年国家信息化发展战略》，让信息化迎来了新的发展机遇。

在此背景下，我们认识到信息化事业的发展离不开从事信息化的多种人才；反过来说，各类财经人员如果不具备必要的分析和解决问题的能力、一定的信息技术知识，也难以适应未来的专业工作的需要。培养新时代的财经学子，离不开适时、适用的教材。为此，经过充分调研和精心准备，我们推出了本套财经信息化系列教材。

本套教材除了已出版的《会计信息系统——面向财务业务一体化》(第3版)和《财务管理信息化》(第2版)，还将陆续推出审计信息化、税务管理信息化等教材。本套教材将是开放性的，随着未来我国财经信息化发展的深入，我们将根据实际需要，适时推出相关教材。本套教材具有以下特点。

1. 教材目标具有层次性

本套教材根据不同读者群和企业开展财经信息化的不同需求，建立了多层次的教学目标，按照从易到难的原则设计教材的知识体系。

2. 教材内容具有坚实的理论基础

本套教材不仅注重信息化实践操作能力的培养，而且注重构建相关学科信息化的完整理论体系。

3. 教材逻辑结构合理

为了使读者用好这套教材，我们尽量避免使用艰深的信息技术专业词汇，对信息技术的细节也未深究，对这方面有兴趣的读者可参考相应的技术类书籍。同时，每本教材将根据其信息化业务的特点，采用不同的阐述方法和逻辑结构。读者既可成套使用，也可选择任何一本独立使用。

4. 教材内容丰富

本套教材不仅讲授了与财经信息化相关的基本理论和实务，还提供了相应的案例、习题和课件，便于教学使用。其中会计信息化教材还配有金蝶国际软件集团公司提供的系列软件产品，读者通过操作软件可提高信息化实践能力。

5. 编著者教学实践经验丰富

本套教材由杨周南牵头策划、总编和主审，其他作者多是财政部财政科研所会计信息化方向的博士，具有多年信息化方面的教学和实践经验，并各具特长，以认真负责的敬业态度编写本套教材。

在本套教材编著过程中，我们力求推陈出新，为财经信息化教学尽自己的绵薄之力。尽管我们进行了多次调研和讨论，希望能够做到尽善尽美，但仍难免存在疏漏和不妥之处。恳请广大读者对本套教材的不足之处多提宝贵意见，以备来日修改。

教材编写过程中，参考和吸收了不少国内外学者的相关研究成果，并引用了大量实例，未能一一注明，在此一并致谢。

杨周南
于北京

前 言

信息技术的快速发展使审计环境发生了巨大变化,这种变化必然导致审计理论和实务呈现新的特征。随着现代信息技术在企业经营管理过程中的广泛深入应用,被审计单位的计算机信息系统在信息采集、存储、处理流程和处理方式、内部控制等方面均发生了很大变化,这些变化对审计线索、审计内容、审计风险、审计技术、审计证据采集和审计评价等方面都产生了影响,审计工作正在从传统审计方式向计算机辅助审计转变,从事后审计向事中审计转变,为应对这些转变,积极推动审计信息化已成为我国审计发展不可或缺的方面。

本书主要内容

本书作为财经信息化系列教材的一本,力求全面、系统地构建审计信息化的理论和实务体系,本书分为三部分。

第一部分由第1、2、3章组成,阐述了审计信息化的基本概念与理论基础。其中,第1章"审计信息化概述"阐述了现代信息技术对审计的影响,审计信息化的产生和发展,审计信息化的概念、目标和总体框架;第2章"审计信息化理论基础"主要阐述了现代信息技术、管理信息系统、计算机辅助审计技术与方法;第3章"审计信息化实施和管理"给出了审计信息化的实施框架,阐述了审计信息化实施的项目管理及审计信息化实施的保障措施。

第二部分由第4、5、6章组成,阐述了IT环境下的风险、控制与审计。其中,第4章"风险管理与内部控制"阐述了风险管理的过程,分析了审计风险及其管理,给出了内部控制的基本框架;第5章"IT环境下的财务审计"分析了IT环境下的风险与控制,阐述了IT环境下的审计思路,着重对IT环境下总账系统、应收管理系统、应付管理系统的关键控制点及数据审计进行具体分析;第6章"信息系统审计"阐述了一般控制和应用控制的概念、一般控制和应用控制的审计程序及审计方法,分别对信息系统开发审计、信息系统运营与维护审计、信息系统业务连续性审计进行了讲解。

第三部分由第7、8、9、10章组成,阐述了审计信息化应用与实务。其中,第7章"审计信息化应用基础"分析了审计信息化应用体系的基本框架及审计信息化的应用模式,阐述了金审工程的总体目标与发展概况,梳理了审计信息化相关制度规范;第8章"审计信息化应用系统"分析了审计信息化应用系统的购建原则和总体架构,分别阐述了审计管理系统、审计作业系统和审计监控预警系统的基础框架和功能;第9章"审计作业系统的应用"分析了审计作业系统的应用模式与应用流程,讲解了审计作业系统的安装与初始设置过程,分别阐述了在审计准备阶段、审计实施阶段和审计终结阶段如何应用审计作业系统执行审计;第10章"审计信息化实务"应用审计作业系统,结合实例讲解了货币资金审计、销售与收款循环审计、采购与付款循环审计、存货与仓储循环审计的具体过程。

本书作者

本书的写作分工如下:

第 1、2、3 章由首都经济贸易大学教授王凡林编著。

第 4、5、6 章由北京交通大学老师刘会齐编著。

第 7、8、9、10 章由北京师范大学副教授吴沁红编著。

本书由中国财政科学研究院博士生导师杨周南教授、北京师范大学副教授吴沁红博士组织写作大纲与审阅定稿。

本书特色

本书遵循理论与实务相结合的原则，从理论和实务两个方面，全面、系统地构建了审计信息化理论和实务体系，既注重知识的传授，也注重学生分析能力与操作能力的培养。在写作上，我们力求体系完整，逻辑结构合理，重点突出。在内容选择上，体现了我们对审计信息化学科的最新研究成果。在体系安排上，每章除了本章目标、本章内容和思考题，还有知识扩展环节，审计信息化应用相关章节还配有案例分析和应用操作题。

本书出版之际，我们特别感谢电子工业出版社石会敏主任为本书出版付出的辛劳！

限于作者的经验和水平，书中疏漏之处在所难免，诚恳希望广大读者对不足之处提出宝贵意见。

编著者

2018 年 7 月

目 录

第一部分 审计信息化的基本概念与理论基础

第1章 审计信息化概述 ··· 2
- 1.1 现代信息技术对审计的影响 ··· 2
  - 1.1.1 大数据对审计的影响 ··· 2
  - 1.1.2 云计算对审计的影响 ··· 4
  - 1.1.3 物联网对审计的影响 ··· 5
- 1.2 审计信息化的产生与发展 ·· 6
  - 1.2.1 审计信息化的产生 ·· 7
  - 1.2.2 审计信息化的发展 ·· 7
- 1.3 审计信息化的概念、目标和分类 ··· 8
  - 1.3.1 审计信息化的概念 ·· 8
  - 1.3.2 审计信息化的目标 ·· 8
  - 1.3.3 审计信息化的分类 ·· 9
- 1.4 审计信息化总体框架 ·· 11
  - 1.4.1 基础理论 ·· 11
  - 1.4.2 基础方法 ·· 11
  - 1.4.3 知识体系 ·· 11
  - 1.4.4 技术应用 ·· 11
  - 1.4.5 实施管理 ·· 12
- 知识扩展 ·· 12
- 思考题 ··· 13

第2章 审计信息化理论基础 ·· 14
- 2.1 现代信息技术理论 ··· 14
  - 2.1.1 通信技术 ·· 14
  - 2.1.2 数据仓库技术 ·· 15
  - 2.1.3 数据挖掘技术 ·· 17
- 2.2 管理信息系统理论 ··· 18
  - 2.2.1 管理信息系统的概念 ··· 18
  - 2.2.2 管理信息系统的应用 ··· 19
  - 2.2.3 管理信息系统的类型 ··· 20

2.3 计算机辅助审计理论 21
  2.3.1 计算机辅助审计的概念 21
  2.3.2 计算机辅助审计的技术和方法 22
知识扩展 24
思考题 25

第3章 审计信息化实施和管理 26
3.1 审计信息化的实施框架 26
  3.1.1 应用系统 27
  3.1.2 平台系统 27
  3.1.3 保障系统 27
3.2 审计信息化实施的项目管理 28
  3.2.1 审计信息化项目实施 28
  3.2.2 审计信息化项目管理 29
3.3 审计信息化实施的保障措施 30
  3.3.1 加强思想引导 31
  3.3.2 强化人才培养 31
  3.3.3 重组审计流程 31
  3.3.4 整合审计资源 32
  3.3.5 对接系统接口 32
知识扩展 32
思考题 32

第二部分 IT环境下的风险、控制与审计

第4章 风险管理与内部控制 34
4.1 风险管理 34
  4.1.1 风险管理的概念 34
  4.1.2 风险管理的过程 35
4.2 审计风险及管理 36
  4.2.1 审计风险的概念 36
  4.2.2 审计风险的管理 38
4.3 内部控制 38
  4.3.1 内部控制的概念 38
  4.3.2 内部控制的基本框架 40
  4.3.3 内部控制的分类 44
案例分析 大华公司内部控制分析 45
知识扩展 46
思考题 47

第5章 IT 环境下的财务审计 ········ 48
5.1 IT 环境下的风险与控制 ········ 48
- 5.1.1 IT 风险管理 ········ 48
- 5.1.2 IT 环境下的内部控制 ········ 51

5.2 IT 环境下的审计思路 ········ 54
- 5.2.1 IT 环境下的审计实施流程 ········ 54
- 5.2.2 IT 环境下的审计准备 ········ 55
- 5.2.3 IT 环境下的审计实施 ········ 56
- 5.2.4 IT 环境下的审计报告 ········ 61

5.3 IT 环境下总账系统的关键控制点及数据审计分析 ········ 62
- 5.3.1 总账系统的关键控制点分析 ········ 62
- 5.3.2 总账系统的数据审计分析 ········ 64

5.4 IT 环境下应收管理系统的关键控制点及数据审计分析 ········ 67
- 5.4.1 应收管理系统的关键控制点分析 ········ 67
- 5.4.2 应收管理系统的数据审计分析 ········ 68

5.5 IT 环境下应付管理系统的关键控制点及数据审计分析 ········ 70
- 5.5.1 应付管理系统的关键控制点分析 ········ 71
- 5.5.2 应付管理系统的数据审计分析 ········ 72

案例分析　某单位 SAP 系统审计报告 ········ 74

知识扩展 ········ 81

思考题 ········ 82

第6章 信息系统审计 ········ 83
6.1 一般控制及审计 ········ 83
- 6.1.1 一般控制 ········ 83
- 6.1.2 一般控制审计 ········ 90

6.2 应用控制及审计 ········ 96
- 6.2.1 应用控制 ········ 96
- 6.2.2 应用控制审计 ········ 102

6.3 信息系统开发审计 ········ 106
- 6.3.1 信息系统开发的生命周期 ········ 106
- 6.3.2 信息系统开发的项目管理 ········ 108
- 6.3.3 信息系统开发审计的实施 ········ 109

6.4 信息系统运营与维护审计 ········ 112
- 6.4.1 信息系统运营与维护概述 ········ 112
- 6.4.2 信息系统运行维护管理审计 ········ 112
- 6.4.3 信息系统运行服务管理审计 ········ 114
- 6.4.4 信息系统变更管理审计 ········ 117

6.5 信息系统业务连续性审计 ·················· 118
6.5.1 业务连续性计划 ·················· 118
6.5.2 信息系统业务连续性的审计思路 ·················· 120
案例分析 ERP系统运行维护审计 ·················· 122
知识扩展 ·················· 125
思考题 ·················· 126

第三部分　审计信息化应用与实务

第7章 审计信息化应用基础 ·················· 128
7.1 审计信息化应用体系 ·················· 128
7.1.1 审计信息化应用的业务需求 ·················· 128
7.1.2 审计信息化应用体系的基本框架 ·················· 128
7.2 审计信息化应用模式 ·················· 131
7.2.1 现场审计应用模式 ·················· 131
7.2.2 联网审计应用模式 ·················· 132
7.3 金审工程及其发展 ·················· 133
7.3.1 金审工程的总体目标 ·················· 134
7.3.2 金审工程的发展概况 ·················· 134
7.4 审计信息化制度规范 ·················· 136
7.4.1 制度规范 ·················· 136
7.4.2 指导性文件 ·················· 138
知识扩展 ·················· 139
思考题 ·················· 139

第8章 审计信息化应用系统 ·················· 140
8.1 审计信息化应用系统的总体架构 ·················· 140
8.1.1 审计信息化应用系统的构建原则 ·················· 140
8.1.2 审计信息化应用系统的总体架构 ·················· 141
8.2 审计管理系统 ·················· 142
8.2.1 审计管理系统的基本框架 ·················· 142
8.2.2 审计管理系统的功能模块 ·················· 143
8.3 审计作业系统 ·················· 144
8.3.1 审计作业系统的基本框架 ·················· 144
8.3.2 审计作业系统的功能模块 ·················· 145
8.4 审计监控预警系统 ·················· 146
8.4.1 审计监控预警系统的基本框架 ·················· 146
8.4.2 审计监控预警系统的功能模块 ·················· 147
知识扩展 ·················· 148
思考题 ·················· 149

第9章 审计作业系统的应用 150
9.1 审计作业系统的应用模式与应用流程 150
9.1.1 审计作业系统的应用模式 150
9.1.2 审计作业系统的应用流程 151
9.2 系统安装与系统设置 151
9.2.1 系统安装与初始设置 152
9.2.2 系统设置与基本配置 152
9.3 审计准备阶段的应用 154
9.3.1 制订审计计划 154
9.3.2 建立审计项目 156
9.3.3 采集审计数据 158
9.3.4 管理审计工作底稿 161
9.4 审计实施阶段的应用 163
9.4.1 内部控制测试与评价 163
9.4.2 审计测试与分析 165
9.4.3 审计测试中抽样技术的应用 169
9.5 审计终结阶段的应用 172
9.5.1 审计工作底稿复核 173
9.5.2 审计结果汇总 173
9.5.3 审计报告编制 174
9.5.4 审计工作底稿归档 174
知识扩展 175
思考题 175
应用操作题 175

第10章 审计信息化实务 177
10.1 货币资金审计 177
10.1.1 货币资金与交易循环 177
10.1.2 货币资金内部控制测试 177
10.1.3 货币资金实质性测试 179
10.2 销售与收款循环审计 183
10.2.1 销售与收款循环 183
10.2.2 销售与收款循环控制测试 183
10.2.3 销售与收款循环实质性测试 185
10.3 采购与付款循环审计 192
10.3.1 采购与付款循环 192
10.3.2 采购与付款循环控制测试 192
10.3.3 采购与付款循环实质性测试 194

10.4 存货与仓储循环审计 ··· 199
　　　　10.4.1 存货与仓储循环 ··· 199
　　　　10.4.2 存货与仓储循环控制测试 ·· 199
　　　　10.4.3 存货与仓储循环实质性测试 ·· 201
　知识扩展 ·· 206
　思考题 ·· 207
　应用操作题 ··· 208

参考文献 ·· 209

第一部分

审计信息化的基本概念与理论基础

第 1 章　审计信息化概述

第 2 章　审计信息化理论基础

第 3 章　审计信息化实施和管理

第1章

审计信息化概述

【目标与内容】

本章目标：通过本章学习，应熟知"大数据""云计算""物联网"等现代信息处理技术的概念、特点及对传统审计的影响，理解审计信息化的概念、目标和分类，了解审计信息化的总体框架。

本章内容：(1) 信息时代的典型技术，如大数据、云计算和物联网的产生、发展和特点；(2) 审计信息化的基本概念；(3) 审计信息化的总体框架。

1.1 现代信息技术对审计的影响

现代信息技术的蓬勃发展，为许多传统领域带来前所未有的影响，审计科学便是其中之一，以"大数据""云计算"和"物联网"为代表的信息技术对审计的影响最为突出。

1.1.1 大数据对审计的影响

1. 大数据的概念

著名未来学家阿尔文·托夫勒在其著作《第三次浪潮》中，首次提到大数据(Big Data)，并盛赞大数据是"第三次浪潮上的标志音符"。企业开始大规模应用大数据为市场服务大约发端于谷歌公司(Google Co.)和国际商用机器公司(IBM Co.)，从2009年上述公司开始利用大数据在海量搜索和客户分析方面进行创新应用。目前，大数据的应用已呈蓬勃之势，尽管如此，学界和实务界并无形成一个统一的关于大数据的定义。本书综合各方观点，给出一个较普遍的定义。所谓大数据，是现代信息技术通过物联网、云计算、移动互联网、车联网、手机、平板电脑、PC及各种传感器所采集和承载的，表现客观事物不同属性的巨量数据的总称。大数据一方面将人类活动的轨迹记录下来，同时又为人类活动的优化和进步提供帮助。

2. 大数据的特点

根据国际数据公司(IDC)和谷歌公司的研究，可以将大数据的特点总结为以下五个方面。

(1) 数据规模大

截至2012年，数据量已经从TB(1024GB=1TB)级别跃升到PB(1024TB=1PB)、EB(1024PB=1EB)乃至ZB(1024EB=1ZB)级别。IBM的研究称，整个人类发展史所产生的全部数据中，有 90%是过去两年产生的。预计到 2025 年，全世界所产生的数据规模将达到今天的 400 倍。

(2) 数据多样化

数据多样化表现为数据来源渠道多样化、数据存储形式多样化、数据分布多样化，以及内容表现多样化。

(3) 单位价值量小

在巨量的大数据中，每单位信息的价值量较小，需要汇集足够的数据才能挖掘出有用的信息资源。

(4) 价值总量大

虽然单位价值量小，但由于数量众多，而且反映了事物运动状态的原始属性，因此总体价值大。如"双十一"购物节汇集的销售信息，对每个产品或客户来讲，价值密度低，但整个大数据商业价值客观。

(5) 处理速度快

与传统的数据搜索和数据挖掘相比，大数据的处理速度非常快，一般要在瞬间(如分秒之内)给出处理结果，提供给信息用户进行决策。

3. 大数据对审计的影响

(1) 审计方法由单一到多元

大数据下的审计方法除传统的测试、抽凭、访谈、查验资料等方法外，诸如文档检查法、数据字典评价法、大数据比对挖掘法等与信息技术有关的方法将逐渐引入和推广。

(2) 审计范围由内部系统到外围系统

传统审计主要针对组织或部门内部的会计信息系统的控制和数据进行审计，但在大数据环境下，内部的会计信息的记账依据往往来自其他外围系统的输出，如往来账信息通常来自企业的采购系统或供应链管理系统，因此要审计本企业的往来账信息是否可靠，需要将审计触角延伸至企业外部的有关系统，从源头上评价和判断。

(3) 审计手段由技术辅助到技术主导

根据大数据的上述特点，传统审计领域常用的电子表格、单纯的审计软件等辅助审计工具已无法适应未来工作，必须充分借助信息技术，用"系统审计系统"、用"技术控制技术"才能在审计效率和效果方面适应时代的要求。

(4) 审计结论由定责到建议

大数据下的审计结论包含丰富的内容，除了常规的审计方法、依据、过程等说明和结论外，还要有改进建议和决策方案的详细文本、证据验证接口、方法库、模型库等动态资源链接。

(5) 审计重点由事后到全程

大数据下的审计由传统的事后集中开展发展为在事项的规划、实施和完成等每个阶段均可随时进行，将审计程序和方法嵌入被审计对象的发展过程中，进行全程跟踪和审计。

(6) 审计流程由显性到隐性

实现审计流程与被审计业务过程的一体化，利用大数据技术将关键审计点和风险控制点嵌入会计信息系统乃至 ERP 系统中，完成审计证据收集和审查的无形化和自动化。

(7) 审计测试由抽样到全面

基于审计成本和效率的考虑，传统审计往往采用抽样的方式进行审计，然而，在大数据环境下，企业经营的每笔业务数据均被记录，均具有可审计性，可以利用 IT 审计技术对所有业务进行普查，对所有业务和账户进行审计，避免抽样审计时出现"以偏概全"的风险。

(8) 审计主体由执行到规划

审计主体是审计机构和人员，在大数据环境下，审计主体不必亲自参与过多的审计细节，只要做好审计方案的规划和安排，在关键环节进行质量、风险和进度的控制即可。

(9) 审计团队由封闭到开放

审计项目的承担者是审计团队，大数据时代的审计团队要突破传统固有的组织架构、办公空间及合作研讨的传统模式，采取扁平化或网络化审计组织模式，利用移动办公或非现场合作模式进行交流和研讨，多数特殊的专业人员可采取有限外包的方式进行开放式合作。总之，大数据下的审计工作，可以根据被审计项目的性质和规模，动态调整组织架构、资源布局及合作模式等，不必拘泥于固定的人员、场所、节奏和模式。

1.1.2 云计算对审计的影响

1. 云计算的概念

经过半个多世纪的发展，计算机处理数据的计算过程经过了并行计算、分布计算和网格计算的进化阶段，目前进入了云计算阶段。关于云计算目前还没有一个统一的认识，认可度较高的是美国国家标准与技术研究院的定义。所谓云计算，是一种按使用量付费的模式，这种模式提供可用的、便捷的、按需的网络访问，进入可配置的计算资源共享平台(包括网络、服务器、存储、服务和应用服务)，在较少干预和管理的情况下能够快速提供服务和资源。一般来讲，云计算是基于互联网的相关服务的提升、便捷交付和跨时空应用的综合模式，通常涉及的是通过互联网来提供动态易扩展且虚拟化的资源。

2. 云计算的特点

(1) 大规模与个性化服务融合

由于云计算将数据的处理分布于网络之上，可以集合海量数据并快速处理，因此其规模是巨大的，而对于分布式计算的每个单元或服务需求方而言，所得到的信息服务完全针对自身的需求，具备定制性和个性化。

(2) 现实性与虚拟化并存

由于网络信号无处不在，也就是为客户提供服务的云"如影随形"，因此云计算支持用户在任意位置、使用任意终端获取应用服务，只要能接入网络云，用户无须了解资源如何来的、在何处安放，就像电源插座一样不需要清楚自家照明用的电来自哪个发电厂、由哪个电网输送一样，因此用户得到云计算服务既是实实在在的现实资源，又是虚拟过来的客观事物。

(3) 价值性与风险性共有

在打通各类资源的集成通道之后，"云"的通用性使资源的利用率较之传统系统大幅提升，因此用户可以充分享受"云"服务的性价比优势，即云计算会带来前所未有的价值性。例如，数据搜索、分布式大数据挖掘等只需几美元成本，便可获取以前无法想象的便利资源。然而，任何技术都具有两面性，我们在享用云计算带来便利的同时，要警惕数据存储和传递的安全风险问题、个人隐私的泄露风险问题、公共安全泄密安全问题，过度依赖技术而带来的各类风险等。

3. 云计算对审计的影响

云计算与大数据是现代信息技术在对信息资源进行管理时所表现出的过程和结果两个维度，因此会对审计理论、审计实务、审计系统的技术架构和运行模式均产生一些影响，在实现审计信息化时应充分了解这些影响，以便做好科学应对。

① 在技术方面，云计算可协助企业构建云审计平台的技术架构。企业利用云计算的分布式和并行计算的特点，构建云审计平台，该平台一般包括以下四个方面。

云审计通信层。包括网络通信、网络服务、云数据中心等，为云审计平台的正常运转提供基础通信环境，是审计工作得以顺利运行的关键和基础。

云审计管理层。包括用户管理、系统管理、作业管理、资源安全管理、资源数据库管理、虚拟化管理、流程合作管理、质量进度管理等。

云审计辅助层。开发辅助审计、控制辅助审计、数据辅助审计、运行辅助审计、审计模型辅助管理、中间件辅助管理等。

云审计应用层。数据获取与转换、数据有效性与完整性检查模式、数据整理与智能分析模型、审计过程引导与运行、审计结论与决策建议、行业模型选择等。

② 在管理方面，云计算可为审计组织提供项目管理系统。在该系统中，可以进行审计小组的职责描述和优化、审计分工与授权、审计计划的制订与任务派遣，审计组织内部沟通及外部联络、审计底稿的传递与审查、审计证据的在线评估与鉴定，同时可对审计项目的进度、质量和资源进行平衡与协调。利用该系统，审计小组成员可以在线获得准则、法律、规章和制度方面的帮助，可传递资料和共享成果，制作和应用各类模板，形成各类最佳实践和案例知识库。

③ 在审计过程中，利用云计算持续监督和审计被审计单位信息系统。包括通过云平台实施嵌入审计模块、采集接口、模拟仿真等手段，实时捕捉审计对象的过程和结果，通过对标、预测、挖掘、关联、透视等方式，寻找疑点、跟踪查证，提高审计效率，降低审计成本。

④ 在审计模式上，利用云计算集成各类最佳实践，形成审计知识各类系统。该系统可指导和规范审计成员的行为和结果，实现非现场审计和异地虚拟化组织合作，通过个人终端和远端云服务对接，突破传统审计工作模式，保证被审计单位信息安全和成员之间的跨时空审计合作。

1.1.3 物联网对审计的影响

1. 物联网的概念

物联网是互联网的延伸，是通过互联网将各类信息感应终端所采集到的物体的信息进行存储、传输、处理、控制和应用的平台系统。最早由美国学者 Ashton 教授于 1999 年提出，如今已经有了很大的发展和应用，其原理是各类感应设备，如射频识别设备、红外感应器、全球定位系统、激光扫描器、图声采集设备等,对各类实物的不同属性信息进行采集,通过互联网传输和应用,达到对有关物体的控制和利用。

2. 物联网的特点

对物联网的认识还在发展,其概念、特点及对传统审计的影响尚不十分清晰,以下特点是多数学者和实务专家所认可的。

(1) 实物属性的在线获取

这是物联网的基本功能,可以通过互联网将远端实物的各种信息传递至用户,实现实时获取的监督,如安全现场的在线监测就是该属性的体现。

(2) 实现由信息到对象的管理

传统互联网提供的信息并无来源或定位功能,而物联网虽然传递的还是信息,但其内容或信息价值量更加丰富,包括信息背后对应实物的定位、状态及发展趋势等,有利于对客观现实的真实认知。

(3) 物质和信息的网络整合,为虚拟现实(VR)提供发展基础

利用各种传感设备将客观世界链接起来,构成"万物互联"的网络世界,其实质是将人类的信息感官功能进行放大,感受实物不必"亲临现场",为虚拟现实技术的推广应用提供了条件。

(4) 具备智能化学习功能

通过物体与信息加工处理的动态对应,可以使物体记住其历史习惯及预测发展趋势,并针对其服务对象进行积累判断,具备记忆和学习的功能。

3. 物联网对审计的影响

物联网对审计的影响是深远的,无论是传统审计理论还是常规审计方法均受到不小冲击。

(1) 对审计主体的影响

物联网下的审计必然将人工审计变为人工和系统共同实施审计,并对整个信息系统及其信息来源系统和控制对象进行审计,其中人在审计工作中的作用逐渐弱化,由主导变为监控,审计的大部分工作交由审计系统来完成。

(2) 对审计方法的影响

首先可实现远程审计和非现场审计。传统网络环境下的审计工作虽然可以通过审计平台实现数据抽取、信息交流、底稿复核等工作,但无法规避现场实验、现场盘点、现场体验等重要的审计步骤,在物联网下,可以通过远程传感设备,对审计对象的实物形态进行盘点和验证,如对原材物料的盘点、产品设备的盘点、会计单据的远程复查等。

(3) 对获取审计证据的影响

通过物联网技术获得被审计事项进展过程的监督线索,并在大数据分析的情况下,实现全过程、全覆盖的不间断审计,比传统审计证据的获取方式和证明力度均有较大提高。

1.2 审计信息化的产生与发展

信息技术与会计相融合,产生了会计信息化。经过近几十年的发展,会计信息化已经在

各类企业全面铺开,而审计工作是监督会计的会计,因此其受信息技术的影响同样深远,在此背景下几乎与会计信息化同时产生了审计信息化。

1.2.1 审计信息化的产生

审计信息化的产生有其内在动因和外在条件。

① 会计信息化的发展为审计信息化的实现提供了内在动力。信息时代的会计核算和管理工作已经基本实现信息化,而发挥监督和审查功能的审计工作必然要借助信息技术和工具,在信息化背景下与审计对象的信息化程度相匹配,才能在审计效率和效果上得到保障。

② 审计对象和审计目标的变迁,促使审计信息化的完善。

③ 企业内部审计内容的扩展及审计目标的多元化促使审计信息化的产生。

④ 信息技术的发展为审计信息化的发展提供了基础和支撑。

⑤ 审计主体的多元化和审计证据多样化,促使审计信息化的发展。

1.2.2 审计信息化的发展

在信息网络普遍应用的今天,无论是企业的内部审计部门、政府审计部门还是承担公共审计的会计师事务所,在很大程度上已经实现了审计信息化,能充分利用信息技术在数据获取、远程审计、嵌入审计程序、网络审计、大数据挖掘审计、云审计系统等领域取得快速发展。

审计信息化的发展也是信息技术发展的缩影,大致经过了如下四个阶段。

(1) 电子数据的模拟审计阶段

电子数据的模拟审计阶段主要是指20世纪80年代以前的计算机应用时代,针对传统会计报表的电子化输出进行常规审计,其实质还是传统审计,只是由计算机技术(如电子表格的排序、筛选等)的部分功能模拟手工,对电子数据进行审计。

(2) 电子数据的自主审计阶段

电子数据的自主审计阶段主要是指20世纪的80年代到90年代,此时的数据库技术得到较大发展,许多企业的会计数据和业务数据均存放于大型数据库之中。例如,不少企业的ERP系统便是数据资源存储共享的结果,此时的审计主体利用的就是计算机辅助审计技术与工具(CAATs),以及可嵌入会计信息系统或企业资源系统的自动获取审计证据的审计软件。

(3) 信息系统的全面审计阶段

进入21世纪以后,随着企业管理信息系统的平台化、集成化发展,其被审计对象逐渐延伸至整个信息系统,包括系统的开发审计、系统应用审计、系统数据审计、系统的内部控制审计、系统的绩效审计等。该阶段已经突破以往仅对数据进行审计的局限,而扩展至整个信息系统,如企业资源计划系统(ERP)、企业管理信息系统(MIS)或会计信息系统;同时审计重点也逐渐转移至从系统开发、运行到数据结果和绩效的全面内容。

(4) 基于网络环节的信息化审计阶段

基于网络环节的信息化审计阶段主要是指21世纪初期发展的"互联网""物联网""大数据"和"云计算"等技术环境下,以财务数据为代表的审计对象的来源更加广泛,其传输、处理、输出等均依赖现代网络,因此该阶段的审计信息化是以网络技术作为条件和支撑的。该阶段的审计信息化包括审计技术和手段、审计项目管理、审计自动化和智能化、审计质量和风险控制等,均体现了现代审计的高度信息化特点。

1.3 审计信息化的概念、目标和分类

1.3.1 审计信息化的概念

1. 信息化概念

理论界并没有一个严格而广泛认可的信息化概念。1963年，日本学者在《论信息产业》一文中首次提到信息化的含义。

一般而言，信息化是以信息资源开发利用为核心，以网络技术、通信技术、信息管理技术、软件开发技术、开发工具技术、集成技术等方式为依托的一种信息技术扩展的过程。同时信息化是一个集成的概念，具有明显的层次性，可分为社会、国民经济信息化，行业、领域信息化，以及企业、组织信息化三个层次。本书所探讨的审计信息化是以企业、组织的信息化为基础，向行业和整个国民经济扩展信息技术应用的过程。

2. 审计信息化概念

审计信息化是信息化工作与传统审计相融合的过程，是指审计人员为了实现审计目标，收集充分必要的审计证据，利用信息技术手段对审计对象进行的审计，包括计算机辅助审计和对包括会计信息系统在内的各类管理信息系统进行的审计。在信息化环境下，审计目标不仅要对被审计单位财务报表的合法性、公允性发表审计意见，还要对会计信息系统及与会计信息系统密切相关的各类信息系统、非财务报表信息、管理舞弊、网络安全、内控效果等方面进行审计。

理解审计信息化应把握两个要点：一是信息技术的充分应用，尤其是现代电子商务的发展，使得审计的环境发生巨大变化，从业务的发生、变化及交易结果的处理，均是在互联网等信息技术参与下完成的，因此对其实施审计时，信息技术便不可或缺；二是审计信息化的审计理论基础保持相对稳定，其审计目标的界定、审计证据的收集等基本理论只是部分修改，尚无发生颠覆性改变的可能，但审计证据的存储方式、获取形式、测试与审查的手段、底稿的记录与展示方式、审计结论和报告的输出方式等均有较大变化。

1.3.2 审计信息化的目标

不同的审计项目，其审计目标各不相同。财务审计的目标是保护资产安全，保证财务信息的质量；财经法纪审计的目标是揭发违法乱纪行为，维护社会责任和国家利益；经济效益审计的目标是通过对被审计单位经济活动的效率、效果和效益等方面进行检查分析，提出改进建议，促进企业经济效益的提高。而审计信息化的目标一般包括如下内容：

① 保护系统资源的安全完整；
② 保证信息的可靠真实；
③ 维护法纪，保护社会和国家利益；
④ 保证信息系统的开发、运行符合相关规范；
⑤ 促进内容控制系统的科学有效。

1.3.3 审计信息化的分类

依据的标准不同，审计信息化的分类也不同，实务中常常按如下标准进行分类。

1. 按审计主体分类

(1)企业内部审计信息化

随着企业管理信息化程度的提高，企业审计部门同样面临信息问题。内部设计信息化是指在企业内部审计工作与现代信息技术相结合的过程，其目的是利用信息技术的科技属性，辅助企业常规审计、专项审计等工作，包括审计计划、审计项目管理、审计过程实施、审计报告的管理等阶段的信息化。

在原理上建立在信息化基础上的内部审计与传统内部审计并无大的区别，如审计证据的收集、审计结论的形成、审计意见的落实和跟踪等。而在方法手段上与信息技术充分结合，利用大数据进行数据关联、比对、挖掘等，可以快速发现审计证据或线索，利用云计算、物联网技术可以将审计范围扩大到人工不方便到达的现场，完成审计工作。例如，对存货现场的盘点、施工现场的监盘、流体资源的盘点，均可以用现代物联网技术来实现。利用人工智能和移动互联技术可以通过最佳算法路径实现企业经营过程的实时监督审计，将异常和舞弊行为提前预警和防范，提高审计监督的功能。

(2)社会审计信息化

社会审计信息化是指注册会计师在进行独立审计时，充分利用信息技术所建立的信息化系统，提升社会审计效率和效果的行为。社会审计信息化一般从两个方面加强实施：一是审计机构在审计项目管理过程中所实施的信息化；二是审计机构开展审计工作时所实施的信息化。随着网络通信等技术的发展，上述两种信息化有融合的趋势，即所谓的"前台后天一体化"审计模式。

(3)国家审计信息化

国家审计信息化是指国家审计机关充分利用信息化手段进行审计工作的过程。一般包括前台审计工作的信息化和后台审计项目管理工作的信息化。

2. 按审计对象分类

(1)财务报告审计

传统审计工作中财务报告审计始终占据主导地位，而在信息化环境下，财务报告不再以纸质的形式由会计人员手工处理产生，而是由业务系统或会计信息系统自动生成，因此对新形式的财务报告的审计要采用信息化手段。例如，通过远程获取为会计报表提供输入信息的业务信息，来判断报表信息的真实性。

(2)业务活动审计

在对各项业务活动进行审计时，充分利用信息化手段对企业的各类业务信息系统，如 ERP 系统、SCM 系统，进行信息化审计，以提高审计的效果。例如，通过 XBRL 格式信息进行经营绩效的分析，通过大数据分析进行对标和审计，甚至在业务处理系统中嵌入审计监督程序，实现实时收集审计证据、及时预警业务风险等功能。

(3)信息系统审计

在实际工作中，很多情况下需要对会计信息系统进行审计，即通过一定的信息化手段收集评价审计证据，以达到确定一个会计信息系统是否做到安全、可靠、合规和有效的审计目标。随着信息系统集成思想的广泛应用，类似 ERP 等综合系统已逐渐成为审计信息化审计的对象，而不仅仅局限于会计信息系统的审计。为了信息系统的安全、可靠与有效，需要对审计单位的信息系统及其相关的信息技术内部控制和流程进行审查和评价，实施信息系统审计。在不同的审计目标导向下，信息系统审计的内容也有所不同，总体来看，主要包括以下内容。

① 系统内部控制审计。信息系统包括软件、硬件、数据、规则和人员等构成要素，为了保证信息系统的正常运行，需要设计严密的内部控制，因此审计人员需要对信息系统的内部控制进行审计。按照《企业内部控制审计指引》等法规的规定，对企业审计运行的一般控制和应用控制进行审计，再结合对系统其他内部控制的审计，形成综合审计意见。

② 系统开发审计。它是指对信息系统的开发过程进行的审计，是一种事前审计，对预防系统风险具有积极意义。

由于信息系统的开发过程包括系统规划、系统分析、系统设计、系统编程、系统调试等过程，因此审计人员要参与系统开发全过程，审查开发过程是否合理构建和嵌入内部控制，开发人员要参考审计人员的建议，开发出更可靠、安全和可审计的信息系统。

③ 应用程序审计。它包括两部分内容：一是测试应用程序的正确性、效率性和稳健性，通过穿行测试、风险触发等方法进行审查，判断应用程序的内部控制是否按照设计的要求发挥作用；二是通过检查程序运算和逻辑的正确性达到实质性测试的目的。

应用程序决定了数据处理的合规性、正确性。对应用程序的审计，可以对程序源代码进行审查，也可以通过数据在程序上的运行进行测试。对应用程序进行直接审查，可借助流程图作为工具；在对应用程序进行间接测试时，往往需要设计测试数据，测试数据可以是被审计单位的真实数据，也可以是根据真实数据加工而成的数据。

④ 系统数据审计。信息系统的核心功能是加工处理数据，因此审计人员对信息系统的数据审计是必不可少的。该审计内容的关键是获取系统的电子数据，再对获取的数据进行分析评价。

数据审计的第一步是获取被审计单位的数据。目前企业常用的信息系统有很多，国内的有用友、金蝶、浪潮、久其等公司的会计软件，国外的有 Oracle、SAP 等公司的系统，常见的数据库有 SQL Server、Access 或 Oracle 等，因此审计人员应充分了解被审计系统的数据存储信息，获取真实充分的数据信息，然后对获取的数据进行分析整理。从海量数据中挖掘证据和异常是审计人员的基本技能，利用机构化查询语言(SQL)、大数据分析、数据挖掘等手段对数据资料进行分析整理，得到审计结论的支撑证据。

审计人员在进行审计时，要对信息系统提出综合全面的审计意见，需要将上述四类审计结果进行综合分析与评价，才能形成客观全面的审计意见。

3. 按信息化程度分类

(1) 计算机辅助审计

有些审计工作的主要内容和原理与传统审计一样，只是借助流行的 IT 技术辅助完成审计工作，审计的主要手段、目标、特点等没有变化，这称为计算机辅助审计。计算机辅助审计是一个相对概念，随着信息技术应用的深入，辅助的程度和深度也在不断加强，最终会实现最高程度的审计全程信息化。

(2) 全程信息化审计

审计的各个阶段，包括审计计划、审计实施和审计完成，与信息技术充分融合。具体包括审计项目管理信息化、审计实施过程信息化、审计方法信息化、审计报告和跟踪整改信息化。

利用信息技术，依据云计算、大数据、数据挖掘、移动互联、人工智能等技术手段，可以完成收集审计证据、查找审计线索、实施审计过程、形成审计报告、辅助审计决策等工作。

1.4 审计信息化总体框架

审计信息化是审计工作与信息化融合的过程和结果的总称，既是提升传统审计工作效率和效果的优化过程，也是开展审计工作的模式选择。做好审计信息化工作需要一个总体框架做指导，该框架一般包括基础理论、基础方法、知识体系、技术应用和实施管理等要素。

1.4.1 基础理论

审计信息化需要系统的基础理论做支撑，这是信息化体系得以持续科学发挥作用的关键基础，基础理论包括系统理论、信息理论、信息资源管理理论、委托代理理论、公司治理理论等，还包括会计理论、审计理论、经济理论、管理理论、组织行为理论等。

1.4.2 基础方法

审计信息化总体框架下的基础方法，既包括审计的方式、手段、技术和策略等为达到审计目标而采取的方法，还要包括维持信息化系统正常运转的基本方法。例如，系统规划、开发和维护方法，系统论、控制论和信息论的具体方法，信息资源的收集、处理、分析和利用的方法，同时包括用于计算机辅助审计、信息系统审计的各类信息化方法，如审计决策方法、云审计方法、现场审计方法、计算机舞弊审计方法、网络伦理审计方法等。

1.4.3 知识体系

知识体系，是指为完成某类特定目标，将相关知识有机整合而形成的体系。审计信息化框架下的知识体系是为保证整个审计信息化工作有效运行而将各类相关知识有机协调所形成的体系，该知识体系是审计信息化工作顺利开展的理论支撑，包括审计自身的知识体系，如公共审计、社会审计、内部审计等方面的知识体系，还包括系统扩展的知识体系，如会计知识、经济知识、管理知识、组织知识，以及信息化(信息技术)知识等内容。研究审计信息化框架下的知识体系，有利于高效率地应用相关知识为审计工作服务，有利于审计信息化人才培养，有利于相关知识的更新和应用，有利于保障审计工作的专业性、审计结论的权威性，为审计信息化适应审计工作的发展趋势打好基础。

1.4.4 技术应用

审计信息化框架下的技术应用是核心要素，包括信息技术、审计技术、管理技术等。

技术应用是基础理论、基础方法和知识体系的具体应用，在审计过程中参与计划、实施和完成的各个环节，科学有效的技术应用是信息化整体框架最活跃的部分。常见的信息技术如大数据技术、云计算技术、数据挖掘技术、人工智能技术、物联网技术等均可应用到审计信息化工作中，对收集审计证据、形成审计结论、跟踪审计疑点、反馈审计意见等发挥重要作用。

1.4.5 实施管理

审计信息化的实施管理是审计工作顺利完成的关键，"三分技术、七分管理"的谚语揭示了信息化审计工作中实施管理的重要性。审计的特点决定了每个实际工作均是一个项目管理，具有明确的审计目标边界、审计资源约束、交付物质量指标等。审计项目的实施管理应符合信息化环境的特点要求，同时满足项目的质量、进度和成本三要素的整体配合，做到从审计前期准备、调研、立项、审计计划、审计实施到审计结项和跟踪反馈等各阶段的全程管理，在实现审计目标的前提下风险可控、成本最优。

上述五要素共同构成了审计信息化的总体框架，各部分之间相互协同形成一个协同整体，该系统输入是用户需求，输出是审计目标，只有做到相互配合和协同，才能适应信息化发展的需求。

知 识 扩 展

1. 访问 http://www.oracle.com/cn/big-data/overview/index.html，了解大数据对企业核心竞争力的提升作用。

2. 阿尔法狗与人工智能。

2016年年初，一则关于机器人(AlphaGo)大胜围棋高手的新闻引起人们对人工智能的兴趣及深入思考。

阿尔法围棋(AlphaGo)是一款围棋人工智能程序，由谷歌(Google)旗下DeepMind公司的戴维·西尔弗、艾佳·黄和戴密斯·哈萨比斯与他们的团队开发，这个程序利用"价值网络"去计算局面，用"策略网络"去选择下子。2015年10月阿尔法围棋以5:0完胜欧洲围棋冠军、职业二段选手樊麾；2016年3月对战世界围棋冠军、职业九段选手李世石，并以4:1的总比分获胜。

2016年3月31日来自中国的围棋人工智能团队已经向在韩国首尔进行的人机大战中击败李世石九段的谷歌人工智能机器人AlphaGo发起挑战。

人工智能(Artificial Intelligence，AI)是研究、开发用于模拟、延伸和扩展人的智能的理论、方法、技术及应用系统的一门新的技术科学。人工智能是计算机科学的一个分支，它企图了解智能的实质，并生产出一种新的能以人类智能相似的方式做出反应的智能机器，该领域的研究包括机器人、语言识别、图像识别、自然语言处理和专家系统等。人工智能从诞生以来，理论和技术日益成熟，应用领域也不断扩大，可以设想，未来人工智能带来的科技产品，将会是人类智慧的"容器"。

思 考 题

1. 大数据环境下,企业内部审计的内涵和外延发生了哪些变化?对审计专业的教学理念和人才培养方式有何冲击,如何应对?

2. 有人说"审计机器人的出现会抢夺传统审计人员的岗位",应如何理解和应对?

3. "区块链"技术对传统审计的影响体现在哪些方面?如何应对?

4. 大数据的应用是否对传统的"抽样审计"形成冲击?若是,表现在哪些方面?如何应对?

第 2 章

审计信息化理论基础

【目标与内容】

本章目标：通过学习，应掌握审计信息化的相关基础理论，运用所学理论解释审计信息化的现象、规律和效果。能够利用计算机辅助审计手段和方法实现信息系统的数据审计、内控审计和开发审计等，并将计算机辅助审计与传统审计有机融合，为信息化环境下的审计目标服务。

本章内容：(1)现代信息技术理论；(2)管理信息系统理论；(3)计算机辅助审计理论及手段，包括"程序代码检查法""平行模拟法""嵌入审计程序法""测试数据法""程序跟踪法"。

2.1 现代信息技术理论

信息技术是以微电子学为基础的计算机技术和电信技术的统称，具体包括传感技术、通信技术、计算机技术和控制技术四大基本技术，其中通信技术和计算机技术是信息技术的两大支柱。

传感技术是对事物存在状态的信息的感觉和测度，它扩展了人的感觉器官的功能，能对事物所发出的信息进行识别、检测、获取、转换、筛选、判断等，最终达到实时收集各类信息的目的。

通信技术是将获取的信息进行空间变换的技术，包括信息发送、传输及接收技术，它延伸了系统传输信息的功能，提高了信息在接收主体间传输的效率。

计算机技术扩展了思维器官的功能，完成信息的输入、存储、处理、检索和输出，是现代信息技术的核心，目前常用的数据仓库技术、数据挖掘技术等均属于计算机技术的扩展应用。

控制技术在这里是指借助计算机、通信等技术工具，将系统的输出信息与目标信息相比对分析，并不断调整和纠偏的一系列技术总称，如信息系统的输入控制技术、处理控制技术和输出控制技术等。

现代信息技术的广泛使用，使得人类社会以较低的成本获取了空前丰富的信息资源，对传统行业的各个领域产生了较大冲击，催生了不少新兴产业和岗位，审计信息化便是其中之一。

对于支持企业等组织实施审计信息化工作的信息技术，除了第一章提到的大数据、云计算和物联网等技术之外，还有很多技术被应用于审计工作的各个环节中，限于篇幅仅介绍以下典型技术。

2.1.1 通信技术

通信技术是审计信息化的核心基础技术，在信息化组网、审计证据采集、信息交换等环节发挥着关键作用。该技术包括数字通信技术、程控交换技术、信息传输技术、通信网络技术、数据通信与数据网、ISDN 与 ATM 技术、宽带 IP 技术、接入网与接入技术等。

在通信媒介中传输的信息有三种表现形式，分别是声音、数据和图像。声音和图像通过通信技术进行传递，实现了相关资源的共享，又丰富了信息资源的表现形式。数据由包含某种含义的数字、字母和符号构成，传输时这些字母、数字和符号用离散的数字信号逐一表达出来；数据通信就是将这样的数据信号加到数据传输信道上传输，到达接收地点后再正确地恢复出原始发送的数据信息的一种通信方式。通过人与计算机或计算机与计算机通信，计算机直接参与通信是数据通信的重要特征，传输的准确性和可靠性要求高，传输速率高，通信持续时间差异大。而数据通信网是一个由分布在各地的数据终端设备、数据交换设备和数据传输链路所构成的网络，在通信协议的支持下完成数据终端之间的数据传输与数据交换。

审计信息化利用现代通信技术，完成软件系统的继承和硬件系统的搭建。通信技术的应用可以实现跨越空间的审计合作及各审计成员的远程讨论、审计数据的快速传递、保存，与企业的 ERP 等系统的链接，可实现审计证据收集的实时化、数据颗粒度的精细化，保证审计结论的充分论证、广泛沟通和及时传递。

2.1.2 数据仓库技术

为了充分满足数据分析和决策支持的需求，近几年，兴起了一种新的信息技术——数据仓库(Data Warehouse，DW)。数据仓库就是在企业管理和决策中，面向主题的、集成的、稳定的、不同时期的数据集合，用以支持经营管理中的决策制定过程。对于数据仓库的概念可以从两个层次予以理解：首先，数据仓库用于支持决策，面向分析型数据处理，它不同于企业现有的操作型数据库；其次，数据仓库是对多个异构的数据源有效集成，集成后按照主题进行重组，并包含历史数据。

数据仓库的目的是要建立一种体系化的数据存贮环境，将分析决策所需的大量数据从传统的操作环境中分离出来，使分散的、不一致的操作数据转换成集成的、统一的信息，企业内不同单位的成员都可以在此单一环境下，通过运用其中的数据与信息，发现全新的视野、问题和思路，进而发展出制度化的决策系统，并获取更多经营效益。沃尔玛的"尿布效应"和"300米现象"都是数据挖掘的功劳。目前，数据仓库技术已应用于国内证券、银行、税务，但在会计管理、系统审计等领域应用不多。随着数据仓库技术的日臻成熟，在企业管理特别是需要大量各类数据的会计管理领域，数据仓库技术将占有一席之地，并在更大的领域内被更多的审计工作所采用。

数据仓库的应用非常广泛，只要涉及不同数据格式、历史时期、数据平台的数据的集成和应用，都可以应用数据仓库技术，它有以下几个主要特征。

1. 面向主题性

主题是一个抽象的概念，是在较高层次上将企业信息系统中的数据综合、归类并进行分析利用的抽象。在逻辑意义上，它是企业中某一宏观分析领域所涉及的分析对象，是针对某个决策问题而设置的。面向主题的数据组织方式，就是在较高层次上对分析对象的数据的一个完整的、统一的、一致的描述，能完整、统一地刻画各个分析对象所涉及的企业的各项数据，以及数据之间的联系。

目前，数据仓库的实现主要是基于关系数据库，每个主题由一组关系表或逻辑视图实现。这些表和视图的内容与原来各个运行系统数据源的数据本质上是一致的，但为了方便支持分析数据处理，对数据结构进行了重组，其中还可能会增加一些数据冗余。

2. 数据的集成性

数据仓库中存贮的数据是从原来分散的各个子系统中提取出来的，但并不是原有数据的简单拷贝和传导，而是经过统一、综合。其一，数据仓库的数据不能直接从原有数据库系统中得到。原有数据库系统记录的是每项业务处理的流水账，这些数据不适于分析处理，在进入数据仓库之前必须经过综合、计算，抛弃在决策分析处理时不需要的数据项，增加一些可能涉及的外部数据。其二，数据仓库每个主题所对应的源数据在原分散数据库中有许多重复或不一致的地方，必须将这些数据转换成全局统一的定义，消除不一致和错误的地方，以保证数据的质量。否则，对不准确，甚至不正确的数据分析得出的结果将不能用于指导企业做出科学决策。对源数据的集成是数据仓库建设中最关键、最复杂的步骤和环节。

3. 数据不可更新性

从数据的使用方式上看，数据仓库的数据不可更新，是对历史数据的一种稳定性保护，指当数据被存放到数据仓库中以后，最终用户只能通过分析工具进行查询、分析，而不能修改其中存贮的数据。也就是说，数据仓库的数据对最终用户而言是只读的。由于数据仓库的查询数据量往往很大，所以对数据查询、查询界面的友好性和查询结果的表达方式提出了更高的要求。

从数据的内容上看，数据仓库存贮的是企业当前的和历史的数据，在一定的时间间隔以后，当前的数据需要按一定的方法转换成历史数据，年代久远的、查询率低的数据需要从数据仓库筛检到廉价慢速设备（如外挂设备）上，对分析处理不再有用的数据需要从数据仓库中删除。但这些工作要由系统管理员来做，或由系统自动完成。因此，也可以说数据仓库在一定时间间隔内是稳定的。

4. 数据随时间不断变化

数据仓库内数据的不可更新是针对应用而言的，即用户进行分析处理时不对数据进行更新操作，但不是说，数据从进入数据仓库以后就永远不变。数据仓库里的数据总是有时间属性的，数据保存时间通常是 5~10 年，具备进行历史比较和趋势分析的长期数据基础。

数据仓库中的数据随时间变化而定期地被更新，每隔一段固定的时间，运作数据库系统中产生的数据就会被抽取、转换后集成到数据仓库中，而数据的过去版本仍被保留在数据仓库中，如同"定期摄影术"，每隔一周、一月或适当的间隔就照一张相；随着时间的推移，数据以更高的综合层次被不断综合，以适应趋势分析的要求；当数据超过数据仓库的存储期限，或对分析不再有用时，这些数据将从数据仓库中删去。

关于数据仓库的结构信息和维护信息将被保存在数据仓库的元数据中，数据仓库维护工作由系统根据元数据中的定义自动进行，或由系统管理员定期维护，用户不必关心数据仓库如何被更新的细节。

5. 使用数据仓库

建立数据仓库并不是要取代原有的数据库系统,而是为了将企业多年来已经收集到的数据按一个统一、一致的企业级视图组织、存贮,对这些数据进行分析,从中得出有关企业经营好坏、客户需求、对手情况、以后发展趋势等有用信息,帮助企业及时、准确地把握机会,以求在激烈的竞争中获得更大的主动。

2.1.3 数据挖掘技术

有了数据仓库还要利用数据挖掘技术,才能发现海量信息中蕴涵的审计证据,进一步用于指导审计决策。数据挖掘(Data Mining,DM)是依托数据库或数据仓库技术而发展起来的一种新的商业信息处理技术,其主要特点是对商业数据库中的大量业务数据进行抽取、转换、分析和其他模型化处理,从中提取辅助商业决策的关键性数据。其定义可以描述为:按企业既定业务目标,对大量的企业数据进行探索和分析,揭示隐藏的、未知的或验证已知的规律性,并进一步将其模型化的一种先进有效的方法。

数据挖掘的主要方法包括关联分析、时序模式、分类、聚类、偏差分析及预测等,它们可以应用到以客户为中心的企业决策分析及管理的不同领域和阶段。审计数据应用流程如图 2-1 所示。

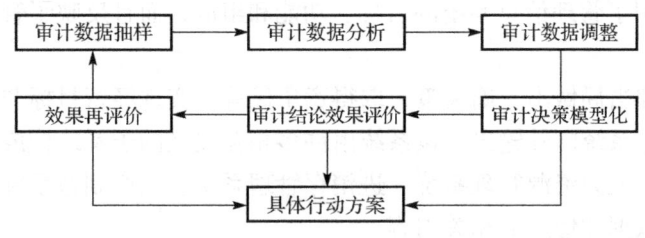

图 2-1 审计数据应用流程

1. 审计数据抽样

当进行数据挖掘时,首先要从收集得到的海量审计数据源中抽取出相关的数据子集。通过对数据样本的精选,不仅能减少数据处理量,节省系统资源,而且能利用挖掘分析手段对数据进行筛选,使数据更加具有规律性。

2. 审计数据分析

数据分析就是通常所进行的对数据深入调查的过程,从样本数据集中找出规律和趋势,用聚类分析区分类别,最终要达到的目的就是搞清楚多因素相互影响的、十分复杂的关系,发现因素之间的相关性,目的是从中找到审计证据。

3. 审计数据调整

通过上述两个步骤的操作,对用于审计数据源的数据状态和趋势有了进一步的了解,这时要尽可能对问题解决的要求能进一步明确化、数量化。

4. 审计决策模型化

在问题进一步明确、数据结构和内容进一步调整的基础上,就可以建立审计模型。这一步是审计信息化进行数据挖掘的核心环节，运用神经网络、决策树、数理统计、时间序列分析等方法来建立模型。

5. 审计结论效果评价

从上述过程中将会得出一系列分析结果、模式和模型，多数情况下会得出对决策目标问题多侧面的描述，这时就要综合它们的规律性，提供合理的决策支持信息。然后为下一步审计目标重新循环以上步骤做准备。

2.2 管理信息系统理论

2.2.1 管理信息系统的概念

管理信息系统在企业管理中发挥着重要作用，应用领域也愈加广泛，关于它的概念，明尼苏达大学管理学教授高顿·戴维斯(Gordon B. Davis)给出的定义是：管理信息系统是一个由计算机软/硬件资源和各种数据构成的人机系统，从事企业管理过程中的预测、决策、计划、控制、分析和考核等功能，它能提供信息支持企业或组织的运行管理和决策功能。这个定义全面地说明了管理信息系统的目标、功能和组成，而且反映了管理信息系统在当时达到的水平。

管理信息对管理当局做出正确决策、取得竞争优势、实现经营目标非常重要。所有的信息都要通过管理信息系统向外输出，该系统由许多相互关联的子系统构成，包括会计信息系统、销售信息系统、人力资源管理系统、进销存管理系统、生产制造系统等。要实施信息系统审计，就要理解数据和信息的相关内容。

数据和信息相伴而生，往往被人们同时提起，原因是数据和信息都是管理信息系统的要素之一，是系统输入、处理和输出的对象。在日常生活中，如无特殊必要，数据和信息可以不加区别地随意使用，但在具体领域，二者是有区别的，特别是在信息作用被普遍重视的信息时代，更要对二者有个清晰的认识。

1. 数据

信息管理专家认为数据和信息有不同的含义，数据(Data，又称资料)是对客观事物记录下来的、可以鉴别的符号。这些符号可以是数字，也可以是字符、文字、图形、声像等非数字符号，数据经过加工处理仍然是数据，它本身并没有实际意义，它必须和客观实体及属性联系在一起才有意义。例如，"12""ABC"等都是数据，它们除了表示的符号意义，没有别的任何内容和价值。但如果与具体的实体联系起来，则具备了一定的含义。如"年销售额12万元，采用ABC分类法管理库存"则表示具体的含义属性，对信息接收者有指导意义等。

2. 信息

信息是对数据的主观解释，是特定主体(有活动目的的人)对数据加工处理后得到的有用数据，只有经过"目标化"解释才有意义，才成为信息(如同样的年度报告，对投资人、公共机构、一般消费者等的参考价值是不一样的）。信息和数据之间，数据是形式、依据和基础，信息是内容、结果。

从信息论创始人申农的观点中可以得到一定的启示，申农认为信息就是通信的内容，通信的目的是减少或消除通信者的不确定性。所谓不确定性，就是人们对客观事物不了解、不清楚。人们通过某种方式或手段，获取了新的情况或知识，从不清楚变为比较清楚或完全清楚，不确定性就减少或消除了。这种使人们减少或消除不确定性的东西就是信息。

以上所列关于信息的含义和特征的目的是对信息概念有一个总体把握，但在具体研究信息的应用时，如社会信息、人力资源信息、企业管理信息、会计信息等，应注意分清层次，不能笼统视之。本体论层次的信息概念是一种纯客观反映，它仅关心"事物的运动状态及其变化的方式"；认识论层次的信息概念则在主体立场上从主观感受和主客观的关系上来看问题，如反映市场状况的信息、企业经营前景的信息、决策过程的信息等，它不仅关心信息的外在形式，而且更关心这种信息的内在逻辑表达和应用效果。

2.2.2 管理信息系统的应用

企业是经济活动的基本单元，信息系统是企业管理的得力手段。信息系统是接收输入的数据，按照人们规定的指令要求进行处理，输出有用信息的人机系统。现代信息技术的进步，使信息系统的应用由点到面在企业全面铺开，信息系统在企业中的应用一般表现为以下几个过程。

(1) 生产制造信息化过程

企业生产制造的信息化是在机械化的基础上实现监测和控制的自动化。现在已经有各种自动化形式，如在制造业中从单机的自动检测与自动控制到计算机辅助设计(CAD)、计算机辅助生产准备(CAP)、计算机辅助制造(CAM)；在流程工业中从巡回检测、常规控制系统到集散控制系统。生产制造型企业一般都要经过该自动化过程，这是管理信息化的基础和数据准备阶段，生产制造信息与企业其他环节的信息经过统一整合与集成，即可用于后续的经营管理过程。

(2) 管理信息化过程

在现代化管理的每个环节，信息的获取、加工处理与利用必不可少。在当今社会中，物质、能量与信息是构筑现代化的三大支柱。物质生产过程是对物质、能量进行加工处理，而管理过程则是对信息进行加工处理。传统的信息工具，如电话、传真等，在管理中的应用由来已久。现代化的管理需要功能更齐全、速度更快捷的工具，而计算机正是这样的工具，因此计算机诞生后不久，就在管理的一些业务过程中开始应用。经过半个多世纪的不断发展，经历了几个阶段，出现了一些有代表性的系统，如事务处理系统(TPS)、管理信息系统(MIS)、决策支持系统(DSS)、主管信息系统(EIS)、财务共享系统(FSSC)、商务智能系统(BI)等。

(3) 办公智能化过程

办公智能化是利用信息技术，依据智能理论改造传统办公模式和流程，形成拟人办公支持系统的智能层或服务层，在向社会各界提供丰富多彩的服务和应用的同时，显著提高办公效率和效果的过程。办公智能化是信息系统的重要应用领域，是管理信息化的发展阶段和重要组成部分，在建立现代管理（信息）系统的过程中起到传递管理信息、顺畅沟通渠道、协调各层管理的桥梁作用。

(4)管理集成一体化过程

把不同的应用结合成一体，构成一种多功能系统，就更能发挥信息技术的作用。管理信息的价值在于减少管理过程中的不确定性，企业管理涉及经营过程的许多方面，而每个方面都有其信息表示，只有尽可能地综合不同角度的各种信息才能减少管理盲点、提高决策准确度，这就是信息化集成的背景。

2.2.3 管理信息系统的类型

现代企业管理具有很大的挑战性，既要面对内部管理的千头万绪，又要应付技术、管理等许多新发展的考验，许多企业根据自身的管理需要和战略发展选择了不同的信息系统，如用于数据处理的事务处理系统、面向管理的管理信息系统等，以此应对不断加剧的竞争局面。目前跟企业管理、会计管理关系密切的信息系统主要有以下几种类型。[①]

1. 事务处理系统

事务处理系统(Transaction Processing System，TPS)又称电子数据处理系统(Electronic Data Processing System，EDPS)或者数据处理系统(Data Processing System，DPS)，是计算机用于管理工作的简单形式，最初产生于20世纪50年代，主要用于支持企业运行层次的日常操作事务，所处理的问题位于管理工作的底层，所处理的业务活动有记录、汇总、综合、分类等，主要操作包括排序、列表、更新和生成等。TPS系统的原始输入数据往往是管理工作中的各类初始单据，其输出是分类和汇总的各种报表。IT技术应用早期，在企业管理领域尤其是会计核算工作中率先使用计算机代替手工计账，处理大量业务数据，随后在企业统计部门、生产车间、存货管理部门等环节逐渐实现了事务处理的计算机化。在信息系统不断发展、形态日趋复杂的今天，事务处理系统仍然是其他信息系统的基础，是其他高层次系统的底层数据处理部分，提供有关日常数据的输入、输出、存储、转换等功能。

2. 管理信息系统

管理信息系统有着非常广泛的内涵，是包括设备、人、信息资源、管理手段和管理方法等多方面因素在内的一个复杂信息系统。从历史发展来看，MIS是在TPS的基础上发展起来的，但它在信息处理的思想、方法、手段，以及功能实现上与TPS有较大差别。随着信息技术及信息系统应用理论和实践的发展，信息系统的应用领域不断扩大，MIS也被赋予了更加丰富的内涵。就广义的MIS概念而言，后来出现的决策支持系统等也可以包括在MIS范畴之内。

3. 决策支持系统

决策支持系统(Decision Support System，DSS)产生于20世纪70年代初，是在管理信息系统的基础上发展起来的一种高级形式的信息系统，它主要运用自然语言识别和处理技术、人工智能技术以及四库(数据库、模型库、方法库、知识库)技术，并充分利用各种专家的知识经验，用以模拟人的推理、思维过程。DSS的主要特点是：它主要面向组织中的高层决策人员，更趋于解决半结构化问题和非结构化问题；它强调决策过程中人的作用，系统对人的

---

① 肖明. 信息资源管理. 北京：电子工业出版社，2002。

决策只起辅助和支持作用；它对决策过程的支持以应用模型为主，系统模型反映了决策制定的原则和机理；它在结构上由数据库、模型库，以及相关部分组成。决策支持系统对功能的扩展及未来的知识化管理系统意义重大。

4. 办公自动化系统

办公自动化系统(Office Automation System，OAS)是20世纪70年代以来发展起来的一项处理办公业务的综合性信息系统，它将以人为主体、以计算机为核心的各种先进设备及信息等结合成一种办公体系，使人们的一部分办公业务活动借助于机器设备，构成服务于某种目标的人机信息处理系统。由于使用了先进的信息处理设备，因此人们可以充分利用办公信息资源，提高办公质量和效率。办公自动化系统不仅有很强的文字、数据处理能力，而且在计算机网络支持下能够进行图形、图像、声音等的综合处理。

5. 经理信息系统

经理信息系统(Executive Information System，EIS)或称为主管信息系统，是信息系统的又一种高级形式。这种信息系统产生于20世纪80年代后期，目的是为高层领导(主管)提供综合的、企业内外部的半结构化和非结构化的决策信息，主要输出战略规划、战术规划、紧急处置三方面决策。随着需求的多样化发展，逐渐与后来的战略信息系统(Strategy Information System，SIS)合并组成了新型的战略支持系统(Strategy Support System，SSS)，其功能是为企业高层提供战略规划参考和实施建议，发挥战略规划和协同作用。

6. 知识管理系统

知识管理系统(Knowledge Management System，KMS)，是20世纪90年代末期发展起来的新型信息系统，因其输出的是信息的高级形式——知识而迅速走红现代企业管理界。知识管理的目标是运用集体的智慧，提高企业员工的应变与创新能力，进而促进企业具有更强的竞争力。知识管理的基础在于开发组织信息和利用人的知识，然后通过合理的管理流程为组织利益提供服务。企业所拥有的知识大致可以分为两部分，即显性知识(Explicit Knowledge)和隐性知识(Tacit Knowledge)。显性知识是指记录在各种介质上的可见或可感知的知识，如图书、档案、数据库、各种计划、总结、报表等；隐性知识是指存在于人的头脑中的未编码的经验性知识，如个人的技术诀窍、直觉、想象与创意等。知识管理的任务是对企业的显性知识和隐性知识进行处理，并把这些知识用一种适合于用户及商业环境的方式表示出来，提供给企业员工分享、吸收、利用。知识管理的任务大致包括四个方面：(1)使知识组织化；(2)提高知识密集度；(3)构建知识的基础框架；(4)创建知识环境。

知识管理系统将在知识性较强的领域，如高新技术公司、咨询公司、会计服务、法律服务等机构中得到广泛应用。

2.3 计算机辅助审计理论

2.3.1 计算机辅助审计的概念

计算机辅助审计是指审计人员利用信息技术对被审计单位的系统开发、系统应用、系统控制或信息资源等内容进行审计的辅助过程。由于信息化环境下审计的对象已经由报表的数字审计转向与数字有关的系统审计,因此必须借助信息技术来开展审计工作,才能适应审计工作的新形势。随着会计报告信息、企业经营信息的海量集成,内部控制嵌入企业管理信息系统,系统开发过程的复杂化及审计证据的电子化,传统审计更显得力不从心,必须借助信息技术才能在广度和深度等方面做好信息化审计工作。

计算机辅助审计有一个发展过程,最初的计算机辅助审计仅仅代表在审计项目开展时使用计算机信息系统辅助项目管理;后来随着计算机的普遍使用,逐渐在审计作业中使用计算机系统,从事电子数据审查、程序测试等工作;当前的审计信息化时代,信息技术已经全面、深入地融入各类审计工作中,甚至由审计系统自动开展对会计信息系统的审计工作,实现了"利用计算机审计计算机"的程度。

2.3.2 计算机辅助审计的技术和方法

根据被审计对象的特点和审计目标的不同,审计人员应选择适宜的计算机辅助审计技术和方法。常见的计算机辅助审计技术和方法主要有以下几种。

1. 程序代码检查法

程序代码检查法是指审计人员通过对被审计程序加以审查,以验证程序的合法性、完整性和程序逻辑的正确性。

程序代码检查方法可用手工检查,也可以借助检查工具软件来实现,其原理是对被审计程序的源代码进行逐条审查。应用该方法的前提条件是:首先获取被检查程序的源代码,其版本与被检查对象一致;其次,检查人员熟悉被审计程序的功能、风险点和控制环节,能充分理解实现该功能的逻辑算法和处理流程;最后,审计人员有能力发现源程序处理过程中不符合会计准则、会计制度、财务规则和处理规定的环节。

程序代码检查法的优点是:该方法可以最直接、最有效地发现被审计程序存在的问题;提高审计人员对程序源代码的鉴别能力;促使被审计单位加强源程序的保护等。

程序代码检查法的缺点是:该方法需要审计人员精通程序编码和规则,具有一定专业障碍,难以推广;成本较高,不易掌握。

程序代码检查法适用于精准判断后的少数有代表性问题模块的审计,尽可能聚焦存在问题的程序,不宜对规模较大程序(5000行以上)采用。

2. 平行模拟法

平行模拟法是审计师通过执行自身提供的会计软件(由自己或聘请专业开发人员编写的与被审计程序具有相同功能和控制功能的模拟程序),测试某样本数据(该数据可能是被审计单位的数据,也可能是结构和内容同类的其他测试数据),并将处理结果与被审计程序处理的结果相比较,以确定被审计系统的内部控制的有效性和数据处理的合规性。

平行模拟法的步骤如下:

① 审计人员依据审计目的和要求,确定被审计对象(审计程序);

② 研究被审计程序,了解其处理逻辑和算法、控制环节和功能、数据结构和信息格式、输入/输出的要求和控制等;

③ 编写调试审计模拟程序；
④ 用实际业务数据分别测试被审计程序和模拟程序；
⑤ 对比处理结果和控制效果，给出审计结论。

平行模拟法的优点是：原理简单易于操作，可以对大型被审计系统的某一部分功能或模块实施审计，效率较高，如工资管理系统、个人所得税计算模块、存货计价管理模块等。

平行模拟法的缺点是：编制模拟程序需要较大的人力和成本，且事先要充分了解被审计程序的功能和控制环节，这对大部分审计人员是个挑战。另外还要保证模拟程序完全合规且功能正确，以防增加审计人员和程序编写人员的额外压力。

平行模拟法的应用需要系统审计人员精准选择要测试和审计的对象程序，并且做好充分的前期调研，才能编制合格的审计模拟程序。它一般针对有实力的审计组织和人员，并且被审计程序存在固定的处理流程和结果，且在整个系统中占据重要地位。

3. 嵌入审计程序法

嵌入审计程序法是指在被审计程序、系统或处理流程中，将事先设计好的用于收集审计证据的程序嵌入其中，主要用于随时收集符合条件的审计资料，一般将收集的资料单独存储，便于审计人员随时查看，以确定被审计程序的处理和控制功能的完整性、合理性和有效性。

嵌入的审计程序一般有两种。一种是常规的审计程序，用来不间断地监督被审计程序处理的数据和信息输出等内容，审计程序将记录的过程内容按照某种标准或重要性水平过滤后记录到控制记录文件中，为审计人员的判断或系统自动分析提供基础审计资料。另一种是间歇式审计程序，该程序在平时常规情况下并不"工作"，只有在某些重要的内控环节被激发后，嵌入的审计程序才被触发启动，对某些重要环节和结果进行记录，并保存在记录文件中，就像城市马路上的摄像头，"只有超速时记录车辆信息"是一个道理，只有被审计程序存在违规操作或某种舞弊可能时，嵌入程序才自动记录，这样可以节约审计资料存储的空间，提高捕捉异常审计证据的效率。

嵌入审计程序法的优点：①在被审计程序处理业务时，收集审计证据，可以最大限度地获取最及时、最真实、最充分的审计证据资料；②嵌入的审计程序往往执行于无形之中，被审计单位无法直接感知，可避免人为关闭或干扰，保证审计证据收集的客观性；③可以对被审计单位的操作人员形成震慑作用，以避免主管恶意操作或舞弊的规模化发生。

嵌入审计程序法的缺点：①该方法一般只能用于审计事先熟悉处理流程和控制机制的程序，无法对不熟悉的程序实施任意性嵌入；②无法适应被审计程序变更较大的程序的审计，尤其是被审计单位有意私下修改时，嵌入的程序无法及时更新，导致收集证据无效或不充分；③选择和设计工作量较大，对审计人员是一个挑战；④嵌入的审计程序往往收集的证据过多，需要审计人员花费较大工作量去梳理和筛选，成本也较高，因此需要有选择地应用。

4. 测试数据法

测试数据法是指审计人员首先准备一套测试数据，该数据可以是被审计单位的业务数据，也可以是审计人员根据测试需要而自行整理得到的测试数据，然后将测试数据输入被审计程序中进行处理，最后将处理结果与测试数据的正确结果进行对比，以便判断被审计程序的信息处理的合理性和风险控制的有效性。

测试数据法的优点：①原理明确、简单易用，可以审计被审计单位的几乎所有系统，包括整个系统、子系统或个别模块；②审计结果具有较强的说服力而容易被接受。

测试数据法的缺点：①由于测试数据的局限性而难以保证测试覆盖的全面性，因而难以对被审计程序做出全面的评价；②测试数据被实际运行后，可能破坏被审计单位的原有信息结构和主文件；③难以消除测试的影响；④被审计单位更换系统或运行另外的版本时，审计人员难以及时察觉或更新测试数据。

测试数据法使用的条件是：①不了解被审计程序的内部结构和逻辑，黑盒子式的功能测试较常用；②被审计系统无法通过流程图法、程序对比法等达到审计效果时；③审计人员高度怀疑被审计系统输出的结果，而对于手工处理的测试结果比较信任时也常用该方法。

5. 程序跟踪法

程序跟踪法是指审计人员通过跟踪被审计程序处理某一特定业务的步骤和中间结果，来判断被审计程序处理的正确性和控制有效性的一种系统审计方法。为提高审计效率，目前有很多程序跟踪审计工具可以使用，如数据库处理跟踪技术等。

程序跟踪法的优点是可以将被审计程序的执行过程分解显示出来，让审计人员及时了解软件程序处理某一事务的过程、中间结果、执行顺序等，可以迅速锁定疑点。这种方法的缺点是对审计人员的要求较高，需要熟悉被审计程序的编程语言或工具的应用知识，且耗时较长，不适宜大规模应用，只适用于对高度怀疑的模块或小段程序的跟踪测试。

随着信息技术的快速发展，计算机辅助审计技术和方法还在不断创新之中，这里列举的方法并非孤立应用，审计人员应根据被审计对象的信息系统的功能、布局、应用基础、系统性能、风险表现等具体情况，以及审计人员或组织的信息化知识水平、技术的易得性、审计目的和资源限制等条件，合理选择一种或几种技术方法来应用。

知 识 扩 展

人工智能是当今科技创新领域内最热门的话题之一。人工智能是指可以将人类的智慧通过科技手段转化为生产力的计算机系统。由于人工智能也被称作将传统信息技术所具有的潜能加以拓展的认知技术，因而，人工智能可以帮助用户打破信息传递在速度、成本及质量之间所产生的一系列瓶颈问题。

这种技术可以让审计人员实现过去需要耗费几十年手工才能完成的任务的自动化。这些任务包括清点库存或者处理对客户的确认回复。这样一来，被从繁重手工劳动中解放出来的审计人员会把更多的精力放在通过高质量的评估达到提高审计质量这一目的上。同时，审计人员还可以把更多的时间放在提高审计业务与培养敏锐的洞察能力上。

审计人员发挥认知技术所长的特定领域当以文件审理莫属了。以往，审计人员要在成堆的合同中通过人工调阅才能够找到其所需的关键性材料。而目前，认知技术正在被越来越多具有远见卓识的企业加以运用。该技术在很大程度上让整个审计流程变得轻松且高效。自然语言处理技术能够阅读并辨识文件中出现的关键概念，而计算机智能学习技术则可以在一组样本合同中很快地对审计人员所需的关键术语进行识别与确认。

思 考 题

1. 除本书列出的计算机辅助审计方法外，请尝试再列举三种以上具体方法。
2. 计算机辅助审计的风险如何识别？信息化程度如何影响此类风险？如何规避？

第3章

审计信息化实施和管理

【目标与内容】

本章目标：通过本章学习，了解审计信息化系统的应用架构和实施管理，指导审计人员构建一个完整的审计信息系统；掌握实施审计信息化的步骤和保障措施。

本章内容：(1)审计信息化的实施架构；(2)审计信息化实施的项目管理；(3)审计信息化实施的保障措施。

3.1 审计信息化的实施框架

开展审计信息化是一个系统工程，根据目前审计工作存在的信息传递不畅、分析手段落后、信息资源浪费、监督建议缺失等种种弊端，不管是企业的内部审计、独立的外部审计，还是权威的国家审计，均应从自身的需求出发做好实施架构的规划工作。

在搭建实施框架时，要根据审计目标、审计水平和审计资源等具体情况来具体规划，一般包括审计信息化的审计硬件、审计软件、审计数据和规则、审计人员等要素。以国家审计为例，根据审计信息化建设的总目标，即构建对财政、银行、税务、海关、教育、环保等部门和重点国有企事业单位的会计信息系统及相关电子数据实施有效的审计监督；建设对国家财政资金、国有资产进行密切跟踪、有效监督的审计信息系统；改变目前审计手段单一、低效、滞后的现状，提升审计机关在计算机环境下查错纠弊、规范管理、遏制腐败、打击犯罪的能力。为维护经济秩序、促进政府审计信息化工作的正常开展，应从以下三个方面搭建审计信息化实施框架：应用系统、平台系统和保障系统，如图3-1所示。

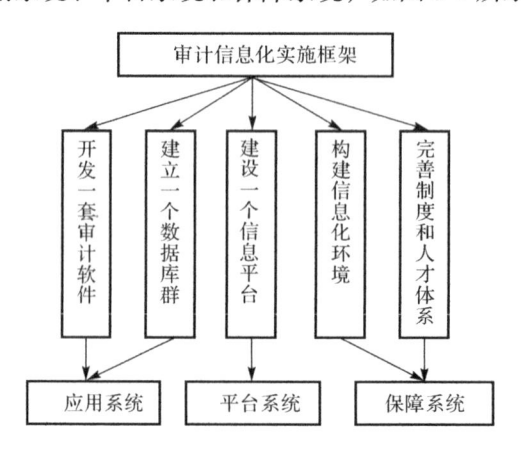

图3-1 审计信息化实施框架

3.1.1 应用系统

应用系统是审计信息化工程的关键部分，该系统可辅助审计人员完成审计作业、审计项目管理和审计方案的决策支持。应用系统包括审计项目管理系统、审计操作实施系统、审计结果集成汇总系统和审计文书管理系统。同时还要建立审计工作所需要的数据库群，是审计证据和评价标准的主要来源和依据，包括被审计单位数据库、审计过程结论数据库、审计法规准则数据库、审计指南数据库、审计人力资源数据库、审计知识(经验)数据库、相关政策数据库、宏观经济数据库、公共信息服务数据库等。

上述内容共同构成信息化环境下审计工作的应用部分，审计作业子系统按照审计工作的逻辑还要求从审计数据库获取各类数据，包括被审计单位的业务数据、环境数据，还有政策法规等参考性数据，共同完成审计工作，这是审计信息化总体框架的核心部分。

3.1.2 平台系统

平台系统是审计信息化的运行基础，没有平台就无法实施信息化，平台系统包括硬件部分和软件部分，前者一般是指计算机设备和信息网络设备，后者包括平台所必需的系统软件和应用软件。随着信息技术的飞速发展，移动互联、大数据、云计算、人工智能等技术都将实施于平台系统之上，作用于审计的各个环节，审计信息化所覆盖的广度和深度也将不断加强。

同时需要强调的是，在普遍实施信息化的过程中，审计平台系统的安全性和稳定性更加重要，审计人员要从硬件要素、软件要素、信息要素、规则要素和人员要素等不同层面强化审计信息化平台的安全和稳定。

3.1.3 保障系统

本节的保障系统是审计信息化实施架构的要素之一，包括环境保障、制度保障和人才保障。其具体实施措施将在"审计信息化实施的保障措施"一节中详细介绍。

① 环境保障是指构建审计信息化运行所需要的合适的环境，包括法律环境、政策环境、技术环境、人文环境、经济环境等。完善的法规和政策是保障，技术环境是支撑，人文和经济是基础。

② 制度保障是指保证审计工作正常进行的各类规章制度，包括审计准则、会计制度、管理制度、内控制度、认证标准等。

③ 人才保障是审计信息化顺利进行的关键因素，是将审计工作与信息化技术连接起来的重要任务，培养一批既具备丰富的审计实践经验又具有全面的信息化专业知识和操作技能的复合型人才是实现审计信息化的关键所在。人才培养的模式有多种，可以通过实践和培训相结合的方式对现有审计人员进行培养，也可以从长计议，改革优化专业院校的人才培养计划和课程体系，加大审计信息化专业理论和实践教学，有针对性地培养审计信息化人才。

上述框架是以国家审计信息化为例进行的阐述，同样适合于企业内部审计和社会独立审计，其基本原理、方法和组织方式无实质差别。

3.2 审计信息化实施的项目管理

为了顺利实施企业的审计信息化工作，按照现代项目管理理论和信息化的特点，应将其视为一个项目来管理，实现从信息化项目规划、审计信息系统设计，再到运行和完成等各个阶段的工作，需要遵守项目管理的知识和规律。

审计信息化项目管理是指在一定资源（如时间、资金、人力、设备、材料、能源、动力等）约束条件下，为了高效率地实现项目的既定目标（即项目计划达到的质量、投资、进度），按照项目的内在规律和程序，对项目全过程进行有效的计划、组织、协调、领导和控制的系统管理活动。

3.2.1 审计信息化项目实施

审计信息化项目的实施，既要符合项目实施的一般规律，也要结合信息化特点，突出审计信息化的优势和目标。一般来看，审计信息化项目的实施包括审计信息化的现状调查与可行性研究阶段、立项与规划阶段、分析设计阶段、实现调试阶段、运行维护阶段。其结构和关系如图3-2所示。

现状调查与可行性研究阶段 → 立项与规划阶段 → 分析设计阶段 → 实现调试阶段 → 运行维护阶段

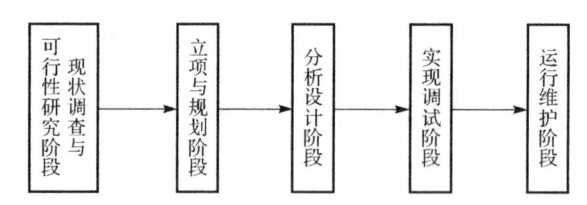

图 3-2 审计信息化项目实施的阶段划分

1. 现状调查与可行性研究阶段

该阶段的主要任务首先是调查了解要开展审计信息化工作的单位的现状和需求，包括单位的组织现状、业务状况，审计工作的重点与难点，审计目标的达成情况，审计人员的素质与组织效率，审计项目开展的质量、进度和成本情况，审计底稿与审计报告的呈现形式与报告流程。其次是了解审计单位和被审计单位的信息化情况、会计信息系统的审计情况、传统审计与IT技术的集合情况、当期在用的审计软件与工具情况、开展审计信息化的新需求等。最后还要对本单位开展审计信息化的必要性和可行性进行论证，应做到审计信息化在经济上是可行的，即审计信息化单位应在预算和具体支付等方面满足审计信息化的各类需求开支；在管理上是可行的，即审计信息化单位具备管理审计信息系统、审计底稿和证据、沟通审计事务、维护信息化工作的管理能力；还要具有审计信息化技术可行性，即在审计计划、审计开展、审计报告和审计跟踪等阶段的工作中引用的大数据技术、云计算技术、智能化技术、数据挖掘技术等具备可行性，能够控制发挥先进信息技术的能力的资源。除此之外，还要在人才建设、安全控制、独立性保持、制度体系和审计文化等方面具备可行性。

2. 立项与规划阶段

企事业单位或政府机关的审计信息化项目在前期调研和可行性研究的基础上要经过立项

审批，才可正式进入建设期。根据审计信息化的功能目标和投资规模，依据单位的法定流程进行立项申报和审批，立项后的审计信息化项目还要进行详细全面的规划，该阶段的规划是在前期科研阶段概要规划基础上的具体化，是进一步开发系统、布局网络的基础。因此，务必科学合理地规划审计信息化项目的功能、结构、规模、进度、管理、安全、内控和维护等的具体方案和措施。

3. 分析设计阶段

该阶段主要是对审计信息化项目成果的功能剖析，核心任务是详细分析审计信息化平台的各功能系统，包括审计项目管理、信息系统审计、数据审计、内控审计、审计底稿和报告管理、审计团队管理、审计跟踪和维护等子系统，上述子系统功能的详细分析是项目设计的基础和依据。所谓设计，就是将分析的思路用具体的实现思路表达出来，像设计建筑物的施工图纸一样设计审计信息化项目的详细功能。除此之外，审计信息化项目的核心要素是审计作业系统或称为审计信息系统，对该系统要进行概要设计和详细设计，包括审计证据的采集、数据接口标准设计、控制测试和实质性测试系统设计、审计过程和审计结果管理设计。

4. 实现调试阶段

该阶段是在第三阶段的基础上，将审计信息化项目的设计方案进行项目成果或交付物的实现过程，即将项目的总体框架的各要素进行集成和整合，形成可进行审计项目实施的审计信息化系统，包括软件、硬件、网络、规则、数据、人员和环境等。同时，根据规划方案的总体设计，进行分类调试和总体调试，达到规划设计的功能要求。

5. 运行维护阶段

该阶段是审计信息化项目生命周期中的重点阶段，是审计主体运用信息系统实施审计工作的关键阶段，包括运行和维护两部分工作。运行阶段的实质是审计人员利用构建的信息化系统或平台进行审计作业管理的过程，在原理上是将信息化手段与传统审计理论相结合，在审计准则框架下完成审计工作。维护阶段即包括系统正常运行的维护，也包括审计作业与成果的修正与控制，以保证审计的客观、公正、独立、专业。

上述五个阶段是开展审计信息化项目的具体任务，每个阶段既有时间进度的先后安排，又可以独立落实和交叉修改，如在运行阶段发现审计功能存在设计缺陷，则可以返回修改设计阶段的思路成果，以保证系统以最佳状态为审计服务。

至于具体的审计工作，则是该项目的成果，即在审计信息化平台上开展的审计项目作业，与传统审计的原理一致。

3.2.2 审计信息化项目管理

要保证审计信息化项目的成功实施，应加强如下方面的管理。

1. 人力资源管理

审计信息化项目是知识密集型项目，与项目组人力资源关系密切，项目组成员的构成、责任心、能力和稳定性对信息化项目的质量及是否成功有决定性的影响。项目主管应当有效地使用人力资源，明确主要开发人员的职责和任务，提前做好有关人员力量的搭配，尽量使各阶段人员的变动不要太大。

2. 成本管理

首先，对项目按系统、子系统及生命周期分解，分别估算出各个审计子系统在各个阶段的成本，然后再把这些成本汇总，估算出整个项目的成本。在实施过程中，对实际发生的费用要进行控制，使项目成本不超出预算成本。

3. 质量管理

审计成果的质量管理不仅是项目完成后的检查，还应包括在审计信息化系统实施过程中的全面质量控制，保证在整个开发过程中各个阶段性工作成果的质量。项目小组应组织有关的管理者和员工对阶段性工作成果进行审查和测试，这又称为里程碑式审查。通过保证各阶段性成果的质量，最终保证整体系统的质量。

4. 沟通和范围管理

审计信息化项目经常涉及与多个公司的合作，例如，将部分编程任务委托给其他公司实施。在合作过程中，一定要将各自的工作范围和责任范围书面化，并不断进行信息沟通和阶段性成果的确认。

5. 时间进度管理

在实际的审计信息化项目推进中，往往有各种各样的变动，完全按照计划日程推进工程是不现实的。当项目的进度计划需要调整时，调整的重点应放在对近期内即将发生的活动加强控制上，或者对工期估计最长或预算估计最大的活动进行调整。在项目管理中，应当以人为本，而不能用想象的时间计划安排来硬套实际。现代企业的审计信息化中的项目管理并不是僵硬地照计划行事，而是一场有计划的变革过程。

6. 风险管理

审计信息化项目涉及组织变革的风险、经济风险、心理风险、IT技术风险、系统安全控制风险等。在项目推进过程中应提前重视并识别各种风险，制订相关的风险应对计划，一旦有关问题发生时，可以从容冷静地处理解决。

7. 知识管理

在审计信息化项目实施过程中，不可避免地要将许多工作成果制成纸质文档或电子文档。为了获得高质量的文档，需要将此工作制度化、规范化、标准化。另外，这些工作成果中牵涉的企业的知识资产和业务信息资源，必须设置专人保管，并建立借阅制度，防范这些工作成果、设计底稿和业务信息流出企业。

3.3 审计信息化实施的保障措施

审计信息化的实施是一个涉及许多方面工作的创新性工程，需要从多方面加以准备，并采取有力保障措施才能使审计信息化工作的效果达到预期。

3.3.1 加强思想引导

在会计信息化普遍实施的今天，无论对企业会计信息系统的总体审计，还是对与会计报表有关的子系统的审计，均与传统审计有较大差别，这要求审计组织和人员在思想认识上达成共识，只有信息化审计之"矛"，才能攻克信息化会计或管理之"盾"，没有信息化意识，就不可能充分、有效地开展信息化审计。

为此需要做到：审计主管部门和行业自律组织在引导和固化认识方面加强立规和监管；审计机构组织和人员要勇于实践和落实；审计准则、业务指南等指导性文件上要给出具体意见和指导；企业审计部门应在人才选拔、执业环境和激励机制上管控落实。

另外，根据审计信息化的自动化、网络化的特点，应加强审计标准的建设，包括操作标准、质量标准、控制标准、成果标准、信息标准和输出标准等。

3.3.2 强化人才培养

审计信息化人才是信息化人才与审计人才的复合体，要求该类人才既具有审计专业知识，又要具有互联网、云计算、大数据等方面的知识，该两类知识并非简单叠加，而是在信息化背景下的重组与整合。对于信息化审计人才的培养至关重要，对人才的培养要采取灵活多样的形式，一方面可以将企业已有的审计人才进行信息化知识培训，对企业的信息系统和审计工作比较熟悉，可以达到快速培养人才的效果；另一方面通过对外引进的方式，从其他企业、大专院校或人才市场获取审计信息化专门人才。上述人才应遵守知识更新的经常性、审计风险的谨慎性、审计操作的规范性、质量控制和人才激励的动态性。

3.3.3 重组审计流程

实施审计信息化后的制度和流程与传统审计存在较大区别，在基本审计原理不变的前提下，审计信息化应从制度审计、流程固化、项目管理、质量监管、知识学习和最佳实践等方面按照流程再造（BPR）的思想进行梳理和完善。

具体包括审计信息化制度体系、流程体系、项目管理平台、知识管理体系等。

制度体系即规范体系，包括审计信息化总体规划、审计安排、实施措施、审计完成等各阶段的准则、指南、工具和表单的规范和应用。

流程体系包括流程主体、流程节点、执行体系、监督体系、流程表单等内容，这些体系内容在信息化环境下应做适应性再造，使之适应信息化环境。例如，传统审计流程的审计大多属于事后审查鉴证，通过抽样测试技术获取审计证据来判断被审计对象的状态，而信息化环境的证据具有无形性和易失性，需要将审计程序嵌入被审计业务处理系统中，随时收集审计证据，由事后审计提前至事中审计。有些审计流程是为审计预警或事前优化所用的，更需要将传统审计流程进行改造，以适应审计信息化的发展趋势。

项目管理平台将对信息化审计项目进行集成管理，体现项目从规划、实施到完成的全过程的高效协调，体现虚拟研讨、案例会商、知识共享、进度控制、质量监督和成本管控等优点，是信息化审计项目的基础环境和技术保障。

知识管理将体现现代审计资源的管理的变革趋势，将审计过程和成果的相关知识通过识别、分类等环节进行存储和共享,对于后续审计项目,可通过该知识管理体系来指导审计人员进行智能化、大数据式的审计工作,提高效率、降低风险。

3.3.4 整合审计资源

审计信息化资源包括审计组织资源、规则资源、平台资源、技术资源和软硬件资源等,不同于传统环境下的组织和整合手段,因手段落后、信息匮乏、风险较高、认识不充分而效率低下。在信息化环境下,必须配合流程再造过程而进行资源整合,通过信息化平台将审计组织、作业过程、审计技术和软硬件资源进行集成,使整合审计过程呈现一体化、协作性的特点,实现审计人员可以通过平台资源与项目合作者沟通、交换底稿、参考法规和规则,共享硬件和软件资源,远程审计时非现场诊断和获取证据,大数据资源下的全年审计和全程审计。

3.3.5 对接系统接口

实现审计信息化之后,需要审计系统(包括审计组织、人员、数据、规则、软硬件等因素)与其他相关的信息系统进行数据共享和交换,以便审计查证和测试,因此通过一定的标准与其他系统对接成为审计信息化的关键工作之一。

按照财政部出台的《企业会计信息化工作规范》(财会〔2013〕20号)的规定及相关的会计软件接口标准,审计信息化系统应适应被审计单位的接口标准,建立审计信息化标准接口库,实现审计系统与被审计系统在数据、规则、过程和结构的无障碍审计。除了会计信息系统有关的接口标准外,还包括企业资源计划系统(ERP系统)、管理信息系统(MIS系统)、制造资源计划系统(MRPII系统)、办公自动化系统(OA系统)或电子商务系统(EC系统)等系统的数据接口,且该接口是经过独立客观评价,符合数据接口国家标准规范的信息交换界面。

知 识 扩 展

国际信息系统审计协会(ISACA®,isaca.org)为全球专业人士提供创新及世界级的知识、标准、网络、资格认证和职业发展,以领导、适应并确保在不断发展的数字世界得到信任。ISACA成立于1969年,是一个全球性非营利组织,其成员遍布180个国家,总数超过140 000人。ISACA同时提供Cybersecurity Nexus™(CSX)——综合网络安全资源,及COBIT®——企业技术管治框架。ISACA 还通过全球著名的注册信息系统审计师 (Certified Information Systems Auditor®, CISA®)、注册信息安全经理 (Certified Information Security Manager®, CISM®、企业信息科技管治认证(Certified in the Governance of Enterprise IT®, CGEIT®)和风险及信息系统监控认证(Certified in Risk and Information Systems Control™, CRISC™)等专业认证来提升和证明个人的关键业务技能及知识。ISACA 在全球一共拥有200多个支会。

思 考 题

1. 审计信息化的实施框架包括哪些要素?要素间是何关系?
2. 审计信息化的保障体系有哪些内容?如何发挥作用?
3. 审计信息化有何风险?如何保障审计信息化顺利实施?

第二部分

IT 环境下的风险、控制与审计

第 4 章　风险管理与内部控制

第 5 章　IT 环境下的财务审计

第 6 章　信息系统审计

第4章

风险管理与内部控制

【目标与内容】

本章目标：通过本章学习，理解风险管理过程，掌握审计风险及其管理，理解内部控制的概念，掌握内部控制的基本框架。

本章内容：(1)风险管理；(2)审计风险及其管理；(3)内部控制基本框架。

4.1 风险管理

风险管理对现代企业十分重要，有效对风险进行管理有利于企业在面对风险时做出正确的决策，提高企业应对能力。

4.1.1 风险管理的概念

1. 风险的含义

"风险"一词是一个普通的日常用语。最早风险被理解为客观的危险，体现为自然现象或者航海遇到礁石、风暴等事件。现代意义上的风险一词，已经大大超越了"遇到危险"的狭义含义，越来越被概念化，随着人类活动的复杂性和深刻性而逐步深化，并被赋予了哲学、经济学、社会学、统计学甚至文化艺术领域的更广泛、更深层次的含义，且与人类的决策和行为后果联系越来越紧密。

2009年11月15日，国际标准化组织(International Organization for Standardization, ISO)召开会议，有130多个国家代表参加，正式发布了ISO31000：2009标准《风险管理——原则与指南》等三个标准，明确指出"风险"是"不确定性对目标的影响"，是对风险主体目标的影响。对于这一标准，我们可从以下五方面加以理解。

① 影响是指偏离预期目标的差异，影响可能是正面的，也可能是负面的，前者称为"机会"，后者称为"威胁"。

② 目标包括多方面和多层面。如财务、健康、安全、环境等方面，又如战略、组织、项目、产品和过程等层面。

③ 风险具有潜在特征。在风险没有充分暴露出来时，对它难以肯定与否定，包括事件、发生可能性及后果，或三者结合。

④ 风险通常用事件后果和事件发生可能性结合来表示，即风险=事件影响后果×事件发生可能性。

⑤ 不确定性是指对与事件的后果及发生可能性有关的信息及完整状态缺乏了解。对事件是否发生及事件后果如何不能肯定或否定，只能用概率来反映认识的程度。

2. 风险管理的含义

风险管理是研究风险发生规律和风险控制技术的一门新兴的管理科学，是识别、确定和度量风险，并制定、选择和实施风险处理方案的过程。风险管理作为一门新兴学科，具有管理学的计划、组织、协调、指挥、控制等职能，同时又具有自身的独特功能，是一个动态的、循环的、系统的、完整的过程。

风险管理是一项有目的的管理活动，只有目标明确，才能起到有效的作用。否则，风险管理就会流于形式，没有实际意义，也无法评价其效果。风险管理的目标就是要以最小的成本获取最大的安全保障，风险管理的目标一般要满足以下几个基本要求。

① 风险管理目标与风险管理主体的总体目标的一致性。
② 目标的现实性，即确定目标要充分考虑其实现的客观可能性。
③ 目标的明确性，即正确地选择和实施各种方案，并对其效果进行客观评价。
④ 目标的层次性，从总体目标出发，根据目标的重要程度，区分风险管理目标的主次，以利于提高风险管理的综合效果。

4.1.2 风险管理的过程

风险管理过程就是利用科学的方法识别风险、评价风险，并设计、实施有效的方法去控制风险的过程。通常，风险管理过程包括风险识别、风险评价、风险对策和风险监控四个方面。

1. 风险识别

风险识别是风险管理的第一步，是指在风险事故发生之前，人们运用各种方法认识所面临的风险，以及分析风险事故发生的潜在原因。风险识别过程包含感知风险和分析风险两个环节。感知风险指了解客观存在的各种风险，它是风险识别的基础，只有通过感知风险，才能进一步在此基础上进行分析，寻找导致风险发生的条件因素，为拟定风险处理方案、进行风险管理决策服务。分析风险指分析引起风险的各种因素，它是风险识别的关键。

风险识别一方面可以通过感性认识和历史经验来判断，另一方面也可通过对各种客观资料和风险事故的记录来分析、归纳和整理，以及必要的专家访问，从而找出各种明显和潜在的风险及其损失规律。风险具有可变性，因而风险识别是一项连续性和系统性的工作，风险管理者要密切注意原有风险的变化，并随时发现新的风险。

2. 风险评价

风险评价是指在风险识别的基础上，对风险发生的概率及损失程度，结合其他因素进行全面考虑，评估发生风险的可能性及危害程度，并与公认的安全指标相比较，以衡量风险的程度，决定是否需要采取相应措施的过程。

3. 风险对策

风险对策是指对已经识别的风险进行评价后，制定相应的应对措施和整体策略。风险对策常见的策略有：风险规避策略、风险转移策略、风险减轻策略、风险接受策略。

风险规避策略，是指改变项目计划以消灭风险或保护项目目标免受影响。虽然不可能消灭所有的风险，但对具体风险来说是可以避免的。

风险转移策略，是指把风险的影响和责任转嫁给第三方，并不消灭风险。

风险减轻策略，是指谋求降低不利风险发生的可能性或影响程度。

风险接受策略，是指面对风险时，选择不对项目计划做任何改变的策略。

4. 风险监控

风险监控指监控风险、识别新风险，执行降低风险计划，以及评价这些工作的有效性。通过风险监控，可以对风险管理的效果进行评价，对风险管理的运作进行总结，以便积累更多的经验，提高风险管理能力和水平。

4.2 审计风险及管理

审计风险管理对审计风险的有效控制起着重要作用，在审计执业活动中，应加强审计风险管理。

4.2.1 审计风险的概念

1. 审计风险的含义

如大多数职业一样，审计是一项需要根据知识和经验进行判断的经济活动，也就存在着由于判断不准确或者决策不恰当而引起一定后果的风险。关于审计风险的定义，《国际审计准则第 25 号——重要性和审计风险》将审计风险定义为："审计风险是指审计人员对实质上误报的财务资料可能提供不适当意见的风险。"《中国注册会计师审计准则第 1101 号》中指出："审计风险是指财务报表存在重大错报，而注册会计师发表不恰当审计意见的可能性。"

审计风险主要包括两方面的内容：一方面，反映企业及其经济业务的财务报表等会计资料或企业内部控制存在着较为严重的漏洞、缺陷或是重大的舞弊现象，但是审计人员通过审计后没有发现；另一方面，反映企业及其经济业务的财务报表等会计资料或企业内部控制对企业的财务状况已经公允地进行了反映，但是审计人员却质疑其公允性而做出不恰当的审计报告。

2. 审计风险的要素

目前审计职业界普遍使用的审计风险模型是美国注册会计师协会（American Institute of Certified Public Accountants，AICPA）下属的审计准则委员会在 1983 年通过的第 47 号审计准则提出的，该模型认为审计风险由固有风险、控制风险和检查风险三要素组成，对审计风险的计量为：

$$审计风险 = 固有风险 \times 控制风险 \times 检查风险$$

其中，固有风险是指在假定被审计单位没有任何相关内部控制的情况下，某一账户或交易类别单独或连同其他账户、交易类别产生重大错报或漏报的可能性。控制风险是指客户内部控制结构政策或程序未能及时防止或察觉重大错误的可能性。检查风险是指内部控制未能察觉并纠正财务报表中的重大错误，运用审计程序也未能发现这些错误的可能性。

随着审计实务的发展，上述审计风险的要素分类方法及计量模式逐渐表现出不足。从20世纪90年代开始，国际性的大会计师事务所联合学术界对审计基本方法进行了全面研究，国际会计师联合会下属的国际审计和鉴证准则委员会于2003年10月发布了一系列审计风险准则。该准则制定了新的审计风险模型，即：

审计风险=重大错报风险×检查风险

新模型将审计风险分为两个要素：重大错报风险和检查风险，即将固有风险和控制风险合并为重大错报风险。重大错报风险包括两个层次：一是会计报表整体层次；二是交易类别、账户余额、披露和相关陈述层次。经过对审计风险模型的重塑以及对相应业务流程做出的修改，能否合理评估客户财务报表的重大错报风险，将成为评估会计师事务所及注册会计师专业胜任能力、考验审计质量及效果的关键性尺度与决定性因素。

3. 审计风险的特征

审计风险是风险的一种，具有风险的一般特征，但同时审计的职业特征决定了审计风险具有自身的特点，主要包括以下几个方面。

(1) 审计风险的存在具有客观性

审计所面临的风险是客观存在的，人们不能完全消除审计所带来的风险，只能通过一定的手段与方法降低审计风险及其可能的损失。

(2) 审计风险具有潜在性

审计风险的潜在性特征与风险的定义是一致的，即它只是一种可能性，潜在地存在于审计工作中。审计风险只有在错误形成并经过证实之后才会体现出来。如果审计人员在审计过程中判断失误，而且没有被追究责任，那么即使审计人员的行为偏离了审计准则的规定，出现了判断错误，也仅仅是潜在的风险。只有在公众要求审计人员对其工作失误和判断错误负责任，对其所造成的损失进行赔偿时，潜在的审计风险才转化为现实的损失。

(3) 审计风险形成的全过程、多因素性

审计风险存在于审计过程的每个环节，贯穿于审计活动的全过程。审计人员接受客户时存在接受委托风险；制订审计计划时有计划不充分的风险；搜集证据有证据不足或不够有力的风险；进行审计抽样时有样本数量和抽样方法引起的抽样风险；编写审计报告有措辞不当的风险等。对于各环节的每个具体风险来说又是由多因素构成的，既有客户本身的因素，如内部控制薄弱、所处行业正处夕阳产业、管理当局不诚实等，也有来自审计人员方面的因素，包括审计方法使用不当、确定证据数量不足、执行审计业务中缺乏应有的职业谨慎等。

(4) 审计风险具有损失性

审计风险客观地、潜在地贯穿于审计活动的全过程，并且总是与损失相联系。损失是审计风险的具体体现，审计风险一旦转化为现实损失，其后果相当严重。

(5) 审计风险具有可控性

审计风险尽管是客观存在的，并且是由全过程的多因素所致，但是审计风险仍是可以控制的，可以通过主观努力将其控制在一个合理水平，从而降低风险，减少损失。

4.2.2　审计风险的管理

由于审计风险普遍存在，发生时具有偶然性和灾害性，因此必须对审计风险进行管理。审计风险可控性的特点，说明审计风险可以通过管理过程而使其降低，这也是风险管理理论产生的基础。审计风险管理是指审计主体通过对审计风险进行识别、估测、评价和规避控制，以便以最小的审计风险成本实现最大保障而采取的全面、系统、动态的管理方法。

审计风险管理包括风险识别、风险估计、风险评价和风险预防四个环节，这四个环节之间存在着内在的逻辑关系。只有在确认了存在哪些可能的风险因素后，才能对风险进行评估和分析，进而才能有针对性地控制和降低风险。

审计风险识别环节解决的是风险起因是什么，会带来什么样的审计风险。形成及影响审计风险的因素有很多，要识别审计风险，首先必须搞清其原因，进而搞清审计活动面临的可能的风险。风险识别是风险控制的基础。

审计风险估计所要解决的是风险究竟有多大。风险估计必须建立在风险确认和分类的基础上。风险估计是风险控制的依据，只有确定了风险水平的高低，才能有针对性地进行风险控制。审计风险估计就是审计人员通过收集审计证据，针对审计过程和审计对象的具体情况，对审计事项风险的大小进行合理估计和测试。

审计风险评价所要解决的是对风险因素发生的概率得以估计之后，还必须判断审计风险水平是否可以接受。审计风险评价就是对审计风险是否可以接受做出判断，即判断它大于还是小于某一可接受的标准或水平。

审计风险预防是处理风险的一个重要方面。处理审计风险最好的办法就是避免和预防引发事件，为此，要采取各种措施对审计质量进行有效控制，在审计业务的全过程中系统控制审计风险。

4.3　内部控制

企业内部控制是现代企业管理的重要手段，为了加强风险管理，企业必须建立有效的内部控制。

4.3.1　内部控制的概念

1. 内部控制的产生与发展

内部控制是社会经济发展的必然产物，是随着外部竞争的加剧和内部强化管理的需要而不断丰富和发展的。内部控制理论的发展是一个逐步演变的过程，大致经历了内部牵制、内部控制制度、内部控制结构和内部控制整体框架四个阶段。

内部牵制阶段是内部控制理论发展的萌芽期，大致在15世纪末到20世纪初，这一阶段以不相容职务分离为主要内容，是现代内部控制理论中组织结构控制、职务分离控制的基础。15世纪末，随着意大利商业的发展和繁荣，出现了借贷记账法。此时，内部牵制主要是对钱、财、物的不同岗位进行有效分离，并利用其钩稽关系进行核对。随着经济的发展，产业革命相继完成，企业间竞争日益激烈，企业内部管理急需加强。在此期间，以职务分离、账户核对为主要内容的内部牵制演变成组织结构、职务分离、业务程序、处理手续等构成的控制体系，即"内部牵制制度"。在内部牵制阶段，账目间的相互核对是内部控制的主要内容，设定岗位分离是内部控制的主要方式。

内部控制制度阶段是内部控制理论发展的成长期。在20世纪40年代到70年代，这一阶段被称为内部控制的分水岭，内部控制在实践和理论两方面都得到了进一步完善。第二次世界大战后，随着科学技术的革新和生产自动化的迅猛发展，企业规模日益壮大，期间涌现出大量的巨头公司，市场竞争日趋激烈，对企业的内部控制提出更高的要求，促使企业在内部牵制的基础上建立更为完善的内部控制措施，形成由组织结构、岗位责任、人员条件、业务处理程序、检查标准和内部审计等要素构成的较为严密的内部控制系统。在内部控制制度阶段，内部控制的重点是建立健全规章制度。1949年，美国会计师协会的审计程序委员会在一份题为"内部控制，一种协调制度要素及其对管理当局和独立注册会计师的重要性"的报告中，对内部控制首次给了权威性定义："内部控制包括组织机构的设计和企业内部采取的所有相互协调的方法和措施。这些方法和措施用于保护企业的财产，检查财务信息的准确性，提高经营效率，推动企业坚持执行既定的管理政策。"1958年10月，该委员会发布的《审计程序公告第29号》对内部控制定义重新进行表述，将内部控制划分为会计控制和管理控制。

内部控制结构阶段是内部控制理论的发展期。20世纪80年代至90年代，随着西方财务审计界对内部控制研究的不断深化，1988年美国注册会计师协会（AICPA）发布了《审计准则公告第5号》（SAS55），从1990年1月起取代1973年发布的《审计准则公告第1号》。该公告首次以"内部控制结构"代替"内部控制"，指出"企业的内部控制结构是为合理保证企业特定目标的实现而建立的各种政策和程序"。内部控制结构具体包括三个要素，分别是控制环境、会计制度和控制程序。在内部控制结构中，控制环境被纳入内部控制的范围，内部控制中的管理控制与会计控制逐步靠拢、相互融合，会计控制和管理控制统一以要素来表达。

内部控制整体框架阶段是内部控制理论发展的成熟期，在20世纪90年代到21世纪初。1992年，美国COSO发布报告"内部控制整体框架"；1994年，COSO委员会对"内部控制整体框架"进行了补充，将内部控制定义为："由一个企业的董事会、管理层和其他人员实现的过程，旨在为下列目标提供合理保证：财务报告的可靠性；经营的效果和效率；符合适用的法律和法规。"COSO内部控制整体框架将内部控制划分为五要素：控制环境、风险评估、控制活动、信息与沟通、监控。2003年7月，美国COSO颁布了企业风险管理框架的讨论稿，2004年4月颁布了正式稿。该企业风险管理框架是在内部控制整体框架的基础上，吸取了各方面的内部控制风险管理成果，结合《萨班斯法案》在报告方面的要求，进行扩展研究得到的"。COSO内部控制框架的提出标志着内部控制理论发展到新的阶段，对企业完善和优化内部控制、增强风险防范能力具有十分重要的意义。COSO内部控制框架被广泛地作为构建和完善内部控制体系的标准，通过理解和贯彻COSO内部控制框架的要求，实现提升管理水平的目的。

2. 内部控制的定义

COSO内部控制框架认为，内部控制是受企业董事会、管理层和其他人员影响，为经营的效率和效果、财务报告的可靠性、相关法规的遵循性等目标的实现而提供合理保证的过程。

从以上内部控制的定义中，我们对内部控制的理解有如下几点。

① 内部控制是一个"过程",而且是一个动态的过程。企业的经营活动是永不停止的,企业的内部控制过程也因此不会停止,它是一个发现问题、解决问题、发现新问题、解决新问题的循环往复过程。内部控制应该与企业的经营管理过程相结合,而不是凌驾于企业的基本活动之上,它促使经营达到预期的效果,并监控企业经营过程的持续有效进行。

② 内部控制受到"人"的因素的影响,它不仅仅是政策手册和表格,也不仅仅是管理人员、内部审计或董事会,而是组织中的每个人,每个人都对内部控制负有责任并受到内部控制的影响;是"人"建立企业的目标,并将控制机制赋予实施,确立这种观念有利于企业的所有员工明确自己的责任和权限,主动去维护及改善企业的内部控制。

③ 内部控制无论设计和运行得多么完善,也只能为企业的管理层和董事会提供合理保证,而不是绝对保证,因为内部控制本身具有局限性。

内部控制框架将内部控制目标分为运营目标、报告目标和遵循目标三类。运营目标是指组织运营的效果和效率,包括运营和财务绩效目标,资产安全不受损失;报告目标是指内部、外部的财务和非财务报告的可靠性、及时性、透明度,以及其他监管者、公认的标准制定机构和组织政策所要求的方面;遵循目标是指遵守对组织适用的法律法规。

4.3.2 内部控制的基本框架

COSO 内部控制框架认为,内部控制系统是由控制环境、风险评估、控制活动、信息与沟通、监控五要素组成的,它们取决于管理层经营企业的方式,并融入管理过程本身,其相互关系如图 4-1 所示。

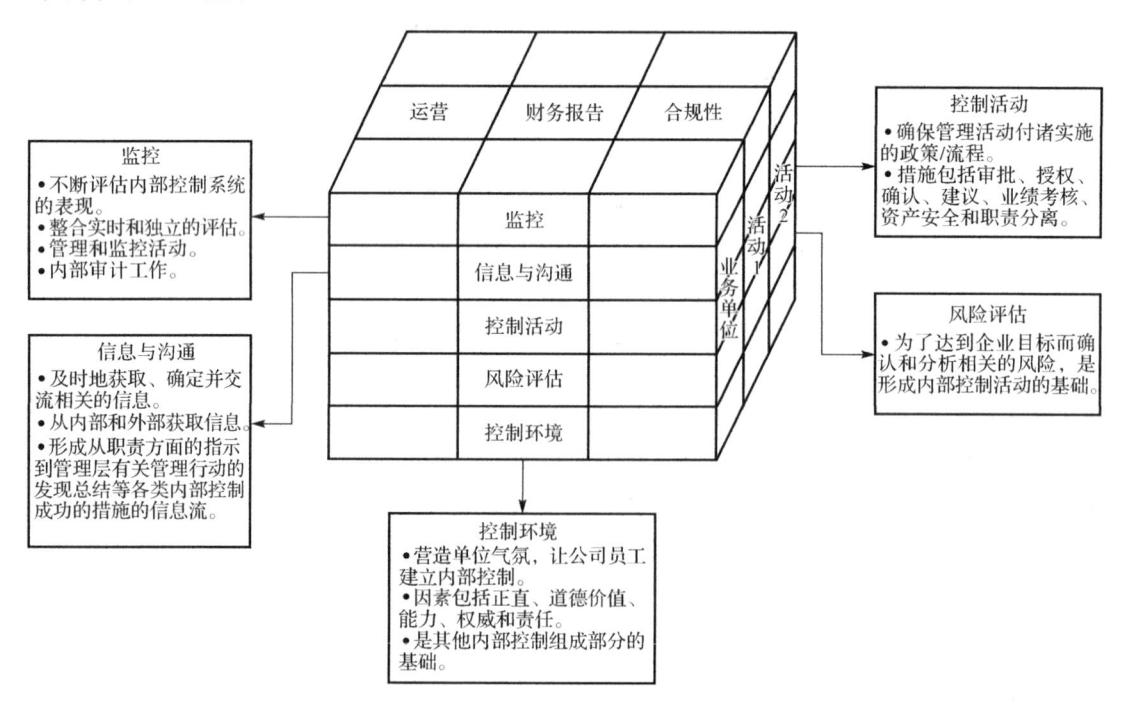

图 4-1 COSO 内部控制框架

1. 控制环境

控制环境是其他控制要素的基础。控制环境因素包括:员工的诚信和道德价值观;员工的胜任能力；董事会和审计委员会；管理层的经营理念和经营风格；组织结构；管理层授权和职责分工、人力资源政策和措施。

(1) 员工的诚信和道德价值观

内部控制是由人建立、执行和维护的，人是内部控制有效运行的根本因素。人的道德价值观影响着人的行为。企业员工具有良好的道德标准并形成良好的道德氛围，对控制系统的有效运行非常重要，有助于防范那些内控系统难以控制的行为。员工的诚信和道德价值观是指员工行为的准则，是告诉员工什么行为可接受、什么行为不可接受，以及遇到不正当行为时应该采取的行动。企业应建立一套员工能够接受和理解的诚信和道德标准，如道德行为手册，并让员工知晓和理解这些规定，以贯彻执行。

(2) 员工的胜任能力

胜任能力是要求员工具备完成工作任务所需的知识和技能，目的是保证员工能够正确理解相关规定，及时、恰当地分析和处理业务，这是维护内部控制有效性的必备条件。为此，管理层需要设定工作岗位的知识和技能水平要求，在招聘、选用员工时作为评选的标准或条件。在设定工作所需知识和技能时，一方面要根据工作的性质和所需的职业判断，考虑能力需求；另一方面还应考虑人力资源成本即薪酬。

(3) 董事会和审计委员会

董事会或审计委员会的职能是实施治理、指导和监控管理层的工作，如果对管理层缺乏必要的监控，管理层可能会凌驾于控制之上，甚至故意歪曲结果，因此董事会或审计委员会的监控作用对确保内部控制的有效性十分重要，董事会或审计委员会作用的发挥，必须具备以下条件：一是要独立于管理层，不受其影响；二是具有足够的知识、行业经验和时间，以便履行职责；三是能够与财务、法律、内部审计和外部审计及时沟通，得到适当信息；四是能够控制高级管理人员的薪酬，有权聘用和解聘高级管理人员。

(4) 管理层的经营理念和经营风格

管理层的经营理念和经营风格影响企业的管理方式，包括面对各种风险的态度。管理层的经营理念和经营风格形成了企业文化，它既是一切业务实现的基础，也为内部控制的实施提供了平台。它往往是企业内部一种无形的力量，会影响企业成员的思维方法和行为方式，包括企业承受营业风险的种类、整个企业的管理方式、企业管理阶层对法规的反应、对企业财务的重视程度及对人力资源的政策及看法等，影响着内部控制的成效。

(5) 组织结构

组织结构是权责分工的架构，在此架构中管理层可以规划、执行、控制和监控为实现企业目标而进行的活动。企业可根据自己的需要确定组织结构，可以是集权型，也可以是分权型；可以是直接的报告关系，也可以是矩阵型组织结构；可以按产品或行业组织，也可以按地理分布或功能组织。但不论何种组织结构，应根据公司的业务性质，进行适当的集中或分散，确保信息的上传、下达和在各业务间的流动，确保企业目标的实现。

(6) 管理层授权和职责分工

权力和责任分配是指对员工进行授权和分配责任，将企业的目标层层分解落实到每个员工的头上，从而将员工的行为与企业目标联系起来，增强员工的自主控制意识。权力与责任分配的关键是权力与责任的对等。

(7) 人力资源政策和措施

人力资源政策和措施是关于员工聘用、培训、考核、晋升、薪酬等方面的政策和程序，目的是聘用和维持有能力的人员，保证公司的计划得以实施，目标得以实现。人力资源政策和措施应考虑如何招聘有能力、可信任的人员，如何进行相关培训使员工意识到他们的工作职责和公司对他们的要求，如何通过考核、薪酬、提升等政策激励约束员工。

2. 风险评估

风险是影响目标实现的因素，所有企业，无论规模、结构和行业性质，都面临着风险，可以说有经营就有风险。风险有来自企业内部的，也有来自企业外部的。为了加强对风险的控制，必须进行风险评估。风险评估是指对相关风险进行识别和分析，是发现和分析那些影响目标实现的风险的过程，是确定如何管理和控制风险的基础。

导致企业经营风险的因素分为外部因素和内部因素两个方面。

外部因素包括如下几个方面：①技术发展。影响研发的性质和时机，或带来采购的变化。例如，出现新的、更高效的技术，未掌握相关技术的公司会导致市场竞争力降低，进而影响经营目标的实现。②不断变化的客户需求和期望——影响产品开发、定价。例如，客户对产品的期望改变。③竞争。影响营销和服务活动。④新的法律和法规。影响经营政策和策略，如新企业所得税法。⑤自然灾害。⑥经济形势的变化等。它影响融资、资本支出和扩张决策。

内部因素包括如下几个方面：①信息系统运行的中断，影响经营运转。②雇员的素质和培训、激励的方法，影响控制理念。③管理层职责的改变，影响某些实施控制的方式。④企业经营活动的性质，员工对资产的接触途径。⑤董事会或审计委员会无法有效履行其职责，会为管理层轻率的行为提供机会。

3. 控制活动

控制活动是指为确保管理层的指示得以执行的政策和程序。它有助于进行风险管理和保证企业目标的实现，控制活动贯穿于企业的所有层次和部门，包括一系列不同的活动，如审批、授权、确认、核对、审核经营业绩、资产保护及职责分工等。

(1) 控制活动类型

针对企业的不同目标，控制活动可以分为三种类型，即为提高经营效率效果、增强财务报告的可靠性、遵守法规等目标的三类控制活动。

根据控制活动的不同作用，控制活动可以分为：预防性控制、检查性控制、指导性控制、纠错性控制、补偿性控制五种类型。

根据组织中实施人员的不同，控制活动可以分为：高层复核并管理业务活动、信息处理、实物控制、业绩指标分析、职责分离等。

(2) 控制活动的要素

控制活动一般包含政策和程序两个要素。政策是描述应该做什么，而程序描述应该怎样做。政策是程序的基础，同时，程序又影响政策的执行。例如，政策要求，应该由专人定期进行存货盘点，程序即盘点本身，其实施的频率、关注的要点、存货的性质、数量等。

(3) 控制活动应和风险评估相结合

管理层在进行风险评估时，应该针对特定风险找出并实施有效的措施。这些针对某项特定风险的具体措施是建立控制活动的要素，有助于保证控制活动得以及时、有效地实施。

(4) 信息系统的控制

随着信息技术的发展，大多数企业都引进、建立和运用了现代化信息处理系统。现代化的信息系统不仅提高了企业的工作效率，而且改变了企业的经营方式和方法，甚至影响了企业的战略规划，因此信息系统的控制十分重要。

信息系统控制活动可分为两大类：第一类是一般控制，适用多数应用系统，并能协助、确保其持续、正确地运行，包括对数据中心的操作、系统软件的购买和维护、数据的安全，以及应用系统的开发和维护等的控制；第二类是应用控制，包括应用系统处理的步骤，以及用以控制不同种类交易处理过程的相关操作程序，它是保证交易处理的完整性、准确性、交易授权和有效性的内部控制。一般控制与应用控制是相互关联的，一般控制用于保证建立在计算机程序基础上的应用控制得以实施。

4. 信息与沟通

信息与沟通是指相关信息以某种形式并在某个时段被识别、获得和沟通，以促使员工履行自己的职责。这里所说的信息，是指来源于企业内部及外部，与企业经营相关的财务及非财务信息。信息必须在一定的时限内传递给需要的人，以帮助人们行使各自的控制和其他职能。沟通是指信息在企业内部各层次、各部门之间，以及在企业与顾客、供应商、监管者和股东等外部环境之间的流动。有效的沟通必须广泛进行，自上而下、自下而上贯穿于整个组织。所有人员都要了解自己在内部控制体系中担任的角色，以及个人行为与他人工作的相互关系。既要有自下而上传递重要信息的渠道和方法，也要与顾客、供应商、监管者和股东等外部人员建立有效的沟通。

企业的管理活动依赖于各种信息，既包括内部生成的信息，也包括从外部获取的行业、经济、监管等方面的信息。因此，企业必须建立良好的信息系统来识别、获得、加工和报告这些信息。有效的信息系统不仅能够识别和获得所需要的财务和非财务信息，还能够根据需要加工和报告这些信息。当企业面临基本的行业变化，面临有高度创新能力、反应迅捷的竞争对手或面对重大的顾客需求变化时，信息系统必须随企业目标、经营环境的变化而变化，及时适应新的需求。

信息识别和获取。信息识别和获取的方式是多种多样的。信息系统可以采取监控方式，定期获取特定的数据；也可以采取某些特定的方式获取所需信息，如通过问卷、采访、广泛的市场需求调研或针对特定群体的调查获得顾客对产品和服务的需求信息；通过与顾客、供应商、监管者及员工的谈话获得识别风险和机遇所必需的重要信息；通过参加专业或行业的研讨会获得有价值的信息。

信息加工和报告。信息是决策的基础，但并非所有的信息都是有用信息，因此，需要对信息进行加工整理和归纳汇总，根据需要向不同部门和人员报告不同的信息。为了提高信息的质量，需要考虑信息内容是否适当、信息是否及时、信息是否准确、信息传递是否畅通等。在设计信息系统时必须考虑以上问题，否则，系统可能无法提供管理层和其他人员所需要的有用信息。

信息系统的整合。信息系统是经营行为的一个组成部分，它通过获取决策所需的信息来影响控制。随着信息技术的发展，信息系统可以更迅速、更广泛地提供更有价值的信息，对企业经营管理的影响更加深远，甚至影响企业的战略规划。信息系统的规划、设计和应用已经开始同组织的整体战略整合在一起。多数新的生产系统与企业其他系统，以及企业的财务系统，高度整合为一体。当系统运行时，财务数据和会计记录会自动更新。

5. 监控

内部控制随着时间、环境而变化，曾经有效的控制程序可能会变得不太有效，因此需要对内部控制进行监控。监控是评估内控系统在一定时期内运行质量的过程，其目的是保证内部控制持续有效。监控可通过两种方式进行：连续性的监控活动和独立的评估。连续性的监控活动植根于企业日常、重复发生的活动中，连续性监控程序在实时基础上实施，动态地应对环境的变化。独立评估是独立于控制活动之外而采取的定期评估行为。独立评估的范围和频率主要依赖于风险评估和连续性监控程序的有效性。由于所控制风险的大小及内部控制在减小风险中的重要性不同，对于内部控制进行评价的范围和频率也不一样。评价主体包括自我评价和内部审计人员评价。自我评价是指负责某一单位或职责的人员对其控制自身活动的有效性进行评价。内部审计人员评估是指在董事会、高级管理层、子公司及部门主管的要求下，内审人员对内部控制进行评价。

综上所述，内部控制五要素之间的配合和联系，组成了一个完整的系统。COSO内部控制框架适用于各类企业。

4.3.3 内部控制的分类

按照不同标志，可以将内部控制分为不同类别，主要分类有如下几种。

1. 按照控制内容，可以将内部控制划分为一般控制和应用控制

一般控制是指对企业经营活动赖以进行的内部环境所实施的总体控制，也称为基础控制或环境控制，主要包括组织控制、人员控制、业务记录及内部审计等。这类控制的特征是不直接作用于企业的生产经营活动，而是通过应用控制对全部业务活动产生影响。

应用控制是指直接作用于企业生产经营活动的具体控制，也称业务控制，如业务处理程序中的批准与授权、审核与复核，以及为保证资产安全而采用的限制接近等项控制。这类控制构成了生产经营业务处理程序的一部分，具有防止和纠正一种或几种错弊的作用。

2. 按照控制地位可将内部控制划分为主导性控制和补偿性控制

主导性控制是指为实现某项控制目标而首先实施的控制。如凭证连续编号可以保证所有业务活动得到记录和反映，因此，凭证连续号对于保证业务记录的完整性就是主导性控制。在正常情况下，主导性控制能够防止错弊的发生，但如果主导性控制存在缺陷，不能正常运行时，就必须有其他的控制措施进行补充。

补偿性控制是指能够全部或部分弥补主导性控制缺陷的控制。就上例而言，如果凭证没有连续编号，有些业务活动就可能得不到记录。这时，实施凭证、账证、账账之间的严格核对，就可以基本上保证业务记录的完整性，避免遗漏重大的业务事项，是保证业务记录完整性的一项补偿性控制。

3. 按照控制功能可将内部控制划分为预防式控制和侦察式控制

预防式控制是指为防止错误和非法行为的发生，或尽量减少其发生机会，所进行的一种控制，它主要解决"如何能够在一开始就防止错弊发生"的问题。例如，对业务人员事先做出明确的指示和实施严格的现场监督，避免误解指令和发生错弊。

侦察式控制是指为及时查明已发生的错误和非法行为，或增强发现错弊机会的能力，所进行的各项控制。它主要是解决"如果错弊仍然发生，如何查明"的问题。例如，通过账账核对、实物盘点，以发现记账错误和货物短缺等。

4. 按照控制时序可将内部控制划分为原因控制、过程控制和结果控制

原因控制也称为事先控制，是指企业单位为防止人力、物力、财力等资源在质和量上发生偏差，而在行为发生之前所实施的内部控制。例如，领取现金支票前的核准，报销费用前的审批等。

过程控制也称为事中控制，是指企业单位在生产经营活动过程中，针对正在发生的行为所进行的控制。例如，对生产过程中使用材料的核算，对在制造产品的监督和对加工工艺的记录等。

结果控制也称为事后控制，是指企业单位针对生产经营活动的最终结果而采取的各项控制措施。例如，对产出产品的质量进行检验，对产品数量加以验收和记录等。

关于信息系统一般控制和应用控制的详细内容，参见本书第 6 章。

案例分析

大华公司内部控制分析

云霓是个失业的会计员，她的家离大华公司不远。去年遛狗的时候，她注意到垃圾堆里有些物料需求计划(MRP)手册。出于好奇，她把这些手册带回家。她发现手册里的文件标注日期是两个月前，由此断定这些信息是没有过时的。在随后的一个月里，云霓不断遛狗，不断收集各种手册或系统输出的资料。很明显，大华公司正在更新所有的文件手册，并将其移到网上。就这样，云霓发现和掌握了大华公司的存货子系统、开票子系统、销售子系统、支付系统和操作系统等重要技术资料。然后，云霓去了当地的图书馆，尽可能地收集、阅读有关材料和知识。

为了接近大华公司，她应聘大华公司的一名清洁工。云霓经常进出办公场所，猜测账户密码，窥视加班员工输入的口令，最后使用特洛伊木马病毒打印出全部用户的 ID 和口令。最终，她拥有了供货商、客户、系统操作员和系统文件库管理员等多重身份。

作为客户，她可以订购足够的货物，使库存采购系统自动产生购买原材料的需求。然后，她又作为供应商将货物以特定的价格出售，一旦付账，她就调整交易日志掩盖痕迹。就这样，云霓平均每月盗取 12.5 万元。她进入公司工作 16 个月后的一天晚上，财务总监发现她驾驶一辆美洲豹汽车，去了一家高档法国餐厅，并且点菜时法语说得很流利。于是，财务总监告诉内部审计人员密切注意，最后他们在云霓作案时逮到了她。

要求：

(1) 大华公司的控制结构存在哪些缺陷，才使得此类盗窃活动发生？

(2) 根据发现的内控缺陷，请给出具体的防控措施。

资料来源：James.A.Hall. 信息系统审计与鉴证，北京：中信出版社，2003.

知识扩展

1. IT 治理

信息技术的嵌入改变了企业业务流程，给内部控制、治理结构，以及企业运营带来巨大的冲击与挑战，尤其是 SOX 法案颁布以来，要求上市公司提高透明度，完善公司治理水平以保护投资者的利益，IT 治理因此受到前所未有的关注。

IT 治理的重要意义吸引了众多学者的关注。美国麻省理工学院的学者彼得·维尔和珍妮·罗斯在他们撰写的《IT 治理》一书中指出，"IT 治理就是为鼓励 IT 应用的期望行为，而明确的决策权归属和责任担当框架"，强调 IT 治理旨在解决 IT 决策权力的分布问题。他们认为是行为而不是战略创造价值，任何战略的实施都要落实到具体的行为上。要从 IT 中获得最大的价值，就要在 IT 应用上产生期望的行为。期望行为是组织信念和文化的具体体现，它们的确定和颁布不仅基于战略，而且基于组织的价值纲要、使命纲要、业务规则、约定的行为习惯及结构等。美国 IT 治理协会给 IT 治理的定义是："IT 治理是一种引导和控制企业各种关系和流程的结构，这种结构安排，旨在通过平衡信息技术及其流程中的风险和收益，增加价值，实现企业目标。价值、风险与控制是 IT 治理的核心。"上述两种定义几乎代表了 IT 治理研究的两大派别——价值引导与风险控制两大流派。

2. IT 治理的标准

一个有效的 IT 治理架构需要理解组织的核心竞争力，并且在企业目标、治理原型、业务绩效目标之间维持平衡，进而提出 IT 治理框架、制定决策，以及在关键的信息技术领域中加以确定。目前，比较典型的 IT 治理标准有 COBIT、ITIL 和 ISO/IEC 38500。

(1) COBIT

COBIT (Control Objectives for Information and Related Technology) 是美国信息系统审计与控制协会 (ISACA) 推出的用于 IT 审计的知识体系。IT 审计已经成为众多国家的政府部门、企业对 IT 的计划与组织、采购与实施、服务提供与服务支持、监督与控制等进行全面考核的业界标准。为了实现有效的 IT 治理，需要业务管理者在既定的控制框架内对所有 IT 过程实施控制。COBIT 通过 IT 过程来组织 IT 控制目标，控制框架提供了 IT 治理要求、IT 过程和 IT 控制之间清晰的关系，强调关注业务、面向过程、基于控制和度量驱动。

COBIT 是一个基于 IT 治理概念的、面向 IT 建设过程的 IT 治理实施指南和审计规范。有关 COBIT 系列产品，请登录 www.isaca.org 查询最新信息。

(2) ITIL

信息技术基础架构库，即 IT 基础架构库 (Information Technology Infrastructure Library, ITIL) 由英国政府部门 CCTA 在 20 世纪 80 年代末制定，现由英国商务部负责管理，主要适用于 IT 服务管理。ITIL 为企业的 IT 服务管理实践提供了一个客观、严谨、可量化的标准和规范。ITIL 是业界普遍采用的一系列 IT 服务管理的实际标准及最佳实践指南，目前已经成为业界通用的事实标准。它以流程为导向、以客户为中心，通过整合 IT 服务与企业服务，提高企业的 IT 服务提供及支持能力和水平。ITIL 可以引导组织高效和有效地使用技术，让既有的信息化资源发挥更大效能。

有关 ITIL 系列产品，请登录 http://www.itil-officialsite.com/ 查询最新信息。

(3) ISO/IEC 38500

2008 年 6 月，国际标准化组织 (International Organization for Standardization，ISO) 和国际电工委员会 (International Electro technical Commission，IEC) 这两个标准化组织发布 ISO/IEC 38500。该标准的发布有三个目标：确保利益相关者对于组织 IT 治理的信心，指导组织治理信息技术，为 IT 治理的目标评估提供基础。ISO/IEC 38500 可以应用于任何规模的组织，包括公有/私有性质的公司、政府机构及非营利组织。

ISO/IEC 38500 最重要的贡献是提供了一个操作性很强的 IT 治理的框架模型，以及六大简洁明了的 IT 治理原则。该标准明确地从信息技术（硬系统）和管理（软系统）两个方面提出了 IT 治理原则。该标准指出组织的 IT 治理包含三个活动：指导(D)、评价(E) 和监控(M)。DEM 模型不同于管理者普遍使用的 PDCA 模型，它聚焦于更广泛层次上的 IT 治理，比 PDCA 模型更具灵活性和适用性。在该模型中，与 IT 相关的高层管理者可以根据组织的业务需求和压力，对信息技术的使用情况进行监控和评价，然后指导制定和实施相关 IT 政策和规划来实现业务目标。

有关 ISO/IEC 38500 系列产品，请登录 http://www.standardsdirect.org/ 查询最新信息。

思 考 题

1. 什么是风险管理？简述审计风险的管理过程。
2. 简述内部控制的概念及主要目标。
3. 阐述 COSO 内部控制框架。

第5章

IT 环境下的财务审计

【目标与内容】

本章目标： 通过本章学习，正确理解 IT 环境下的内部控制，熟练掌握 IT 环境下的审计流程；掌握 IT 环境下总账系统的关键控制点及数据审计思路与方法、应收管理系统的关键控制点及审计思路与方法、应付管理系统的关键控制点及数据审计思路和方法。

本章内容： (1)IT 环境下的风险与控制；(2)IT 环境下的审计思路；(3)IT 环境下总账系统关键控制点及数据审计分析；(4)IT 环境下应收管理系统关键控制点及数据审计分析；(5)IT 环境下应付管理系统关键控制点及数据审计分析。

5.1 IT 环境下的风险与控制

随着企业对信息技术的依赖性不断增强，加强 IT 风险管理，成为越来越多的企业关注的焦点。本章在第 4 章风险管理与内部控制基本理论和方法的基础上，我们将进一步介绍 IT 环境下的内部控制及风险管理的基本知识。

5.1.1 IT 风险管理

1. IT 风险管理的含义

乔治·韦斯特曼和理查德·亨特在《IT 风险》中指出："IT 风险引发的事故导致企业不得不承受远比以前更高的成本。它们在企业内外伤害我们的顾客和支持者；它们损害企业的名誉；它们将企业管理团队的弱点暴露无遗。而且，它们侵蚀企业的利润，削弱企业的竞争优势。"因此，管理 IT 风险是所有企业管理者要面对的一项挑战。企业的风险来自很多方面，不仅仅来自市场和财务，企业管理者要同时考虑计算机系统的漏洞、操作失误、人为攻击、灾害破坏等一系列风险。IT 风险是所有对信息资产造成破坏的可能性的统称。

COSO 报告明确指出，企业里的每个人对企业风险管理都有责任。尽管内部控制和企业风险管理都是由董事会负责，但企业风险管理使董事会扮演更加重要的角色和承担更大的责任，并且要求其变得更加警惕。企业风险管理成功与否在很大程度上依赖于董事会，董事会需要批准企业的风险偏好，对企业风险管理进行监督，把握企业的风险承受能力。其他管理人员支持企业风险管理的理念，促使与风险承受能力的协调，并在各自负责的领域把风险控制在相应的风险容忍度内。风险主管、财务主管和内部审计等人员通常承担关键的支持性责任。其他人负责按照制定的指令和协议执行企业风险管理。

由此可见，IT 风险管理就是围绕企业的发展战略，以 IT 风险为导向，动员和组织各类资源，综合采取各种技术手段和管理手段，对信息资产实施全员、全方位、全生命周期管控的过程。IT 管理的核心是 IT 风险的评估、识别、处理等，关键是信息安全管理体系建设，使得对 IT 风险的管理控制是全方位、可持续的过程。IT 风险管理包括 IT 治理和 IT 管理。IT 治理与 IT 管理不同，IT 治理侧重决策，强调董事会在提升 IT 价值和降低 IT 风险方面的作用；IT 管理侧重执行力，强调在企业管理的各个环节中提升 IT 价值和降低 IT 风险。

2. IT 风险管理过程

通常，IT 风险管理的过程包括 IT 风险识别、IT 风险评价、IT 风险处理和 IT 风险监控。

(1) IT 风险识别

风险管理的第一步是要对那些具有脆弱、易受威胁、需要保护的信息资产或资产进行识别与分类。分类目的一是为进一步调查进行优先级排序，以确定适当的保护级别；二是为确保安全保护标准模型得以实施。与 IT 相关的典型资产包括：信息和数据、硬件、软件、服务、文档及人员等。

对于信息资产来说，不同的对象存在不同的情况，有的资产可能具有较多脆弱性，有的资产可能受到诸多威胁，有的资产可能目前尚未受到威胁，但是对于风险评估来说属于高重要性对象。造成信息资产风险的主要因素有：脆弱性、威胁和资产的价值。脆弱性又称弱点或漏洞，是信息资产中存在的可能被威胁利用造成损害的薄弱环节。脆弱性本身不会造成损害，一旦被威胁利用就可能对资产造成损害。威胁是指一切可能造成信息资产损害的事件，这些事件既可能是人为事故，也可能是自然灾害；既可能是蓄意破坏，也可能是意外失误。资产价值又称重要性，是信息资产的重要程度，可以从完整性、可用性和机密性等方面评估信息资产的重要性。

脆弱性、威胁和资产价值对风险的影响可以用 IT 风险识别模型来描述，如图 5-1 所示。

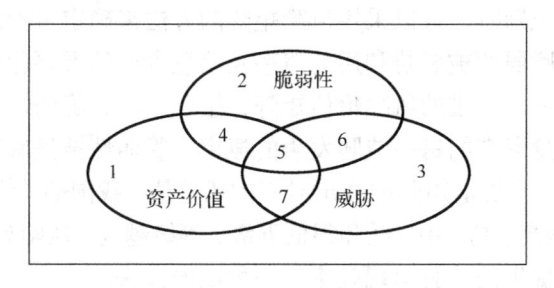

图 5-1　IT 风险识别模型

图 5-1 中的三个椭圆区域分别代表脆弱性、威胁和资产价值，三个椭圆相互重叠，将其划分为 7 个区域，分别用区域 1 至区域 7 表示，各区域代表的含义如下。

区域 1：一部分重要的信息资产，这些资产不存在脆弱性，也没有遭到威胁。该区域是比较理想的状态，可以不考虑。

区域 2：一部分非重要的信息资产，这些资产存在脆弱性，但没有遭到威胁。该区域可以关注，但暂时不需要考虑。

区域 3：一部分非重要的信息资产，虽然不具有脆弱性，但遭到威胁，这样的威胁不能形成危险，可以不考虑。

区域4：一部分重要的信息资产，存在脆弱性，但是没有遭到威胁，说明需要密切关注，但暂时不考虑。

区域5：一部分重要的信息资产，既有脆弱性，又遭到威胁，这是风险管理的重点区域。

区域6：一部分非重要的信息资产，既有脆弱性，又遭到威胁，这些风险是企业可以接受的。

区域7：一部分重要的信息资产，不存在脆弱性，但是遭到特定的威胁。说明通过技术升级、加强管理等措施，可以堵塞漏洞，防范资产遭到威胁。

(2) IT风险评价

IT风险管理的第二步是评价与信息资源相关的威胁和脆弱性及其发生的可能性。IT风险评价围绕着资产、威胁、脆弱性和安全措施这些基本要素展开，在对基本要素的评估过程中，需要充分考虑业务战略、资产价值、安全需求、安全事件、残余风险等与基本要素相关的各类属性。在基本要素中，威胁是对信息资源造成损害的任何潜在的情况或事件，如数据的破坏、泄露、篡改、或拒绝服务。通用的威胁分类为错误、恶意损害、攻击、欺诈、盗窃、设备失效和软件失效。威胁发生是由于信息资源存在脆弱性，脆弱性是信息资源的固有特性，其可以被威胁利用造成损害。脆弱性的例子有：用户知识的匮乏；安全职能的缺乏；弱口令的选择；未经测试的技术；未经保护的通信传输等。一旦各种风险要素被确定，把它们结合起来考虑就可以形成对风险的总体评价。结合这些风险要素的通用方法是对每个威胁计算其对资产脆弱性的影响，把这些影响累计起来就形成对总体风险的度量。

由于风险是信息资产本身的脆弱性、受到的威胁及其价值共同作用的结果，因此从数学角度来说，风险是三个变量的函数，用公式表示为：

$$IT风险 = 资产价值 \times 脆弱性 \times 威胁$$

信息资产的价值可以用三个变量的函数来表示：

$$资产价值 = 完整性 \times 可用性 \times 机密性$$

在进行具体的风险识别时，可以采用风险矩阵的方法来确定风险的大小等级。风险主要是由威胁发生的概率、脆弱性被威胁利用的概率及信息资产的重要程度来确定，因此我们可以根据这三个因素构成一个三维的风险价值矩阵，按照威胁、脆弱性和重要程度的识别与评价方法逐一确定目标信息资产的每一威胁发生的概率、脆弱性被该威胁利用的概率和资产的重要程度，从而可以从风险价值矩阵中查出对应的风险值。我国的《信息安全风险评估指南》提出将IT风险划分为很高、高、中、低和很低五级，等级越高，风险越高。表5-1是我国《信息安全风险评估指南》提供的威胁出现频率的一种赋值方法。

表5-1 威胁赋值表

等级	标识	定义
5	很高	出现的频率很高(1次/周)，或在大多数情况下几乎不可避免，或可以证实经常发生过
4	高	出现的频率较高(1次/月)，或在大多数情况下很有可能会发生，或可以证实多次发生过
3	中	出现的频率中等(1次/半年)，或在某种情况下可能会发生，或被证实曾经发生过
2	低	出现的频率较小，或一般不太可能发生，或没有被证实发生过
1	很低	威胁几乎不可能发生，仅可能在非常罕见和例外的情况下发生

(3) IT风险处理

一旦风险被确定，就可以评价组织中的现有控制措施或制定新的控制措施将风险降低到一个可接受的水平。这些控制通常是作为风险对策来部署，可能是行动、设备、程序或技术。控制的强度可以通过其固有强度或设计强度，以及其作用效率来计量。应对IT风险的措施有规避风险、接受风险、降低风险和转移风险。

规避风险是指通过避免受未来可能发生事件的影响而消除风险。通常情况下可以采用多种方法来规避风险，如建立防灾备份中心、数据多重备份、软件及时更新、技术升级等措施可以规避一些风险。

接受风险是指不采取任何行动，将风险保持在现有水平。组织应当综合考虑风险控制成本与风险造成的影响，提出一个可接受的风险范围。对于某些资产的风险，如果风险计算值在可接受的范围内，则该风险是可接受的风险，应保持已有的安全措施。

降低风险是指采取政策或措施将风险降低到可接受的水平。如果风险评估值在可接受的范围外，即风险计算值高于可接受范围的上限值，是不可接受的风险，需要采取安全措施以降低、控制风险。另一种确定不可接受的风险的办法是根据等级化处理的结果，不设定可接受风险值的基准，达到相应等级的风险都进行处理。

转移风险是指将风险转移给其他能够承担的组织，综合考虑风险控制成本与风险造成的影响，将一些自身难以承受但又不得不承担的风险进行转移。如软件外包、IT服务外包、防灾备份中心外包等，可以把自己不擅长的IT项目外包，从而将相关的IT风险转移给有能力承担的组织，或者与其他组织联合建设灾备中心等需要大量资金的项目，将风险进行部分转移。

(4) IT风险监控

构筑信息安全管理体系，设立IT风险管理机构，是提高IT风险管理水平的重要保证。董事会应该成为组织IT风险管理工作的最高决策者和监督者，就组织IT风险管理的有效性对股东会负责。董事会内部可以设专门的IT风险管理委员会，制定组织风险管理政策与策略等，如确定风险基调、提出正确的风险问题、划分风险类别、将风险与绩效考核挂钩等。组织成立专门的IT审计部门，负责监督执行效果。

IT风险管理需要在多种层面上进行综合分析，这些重要层面包括运行层面、项目层面和战略层面。在运行层面，应关注危害IT系统及其基础设施有效性的风险、绕过系统安全措施的风险、造成重要资源损失或不能正常运行的风险、违反法律和法规的风险。在项目层面，管理层应当理解并管理项目的复杂性，关注项目目标不能达成时所带来的后续风险。在战略层面，应当关注IT能力如何与业务战略保持一致，如何保持对竞争对手的优势，如何应对新技术发展带来的威胁等。

风险是组织中不同的个人与集体所要承担的职责，但这些职责又不能完全割裂开来考虑，因为某一层面的风险可能会影响其他层面的风险。如果主要系统发生了故障，将会影响组织为客户提供服务的能力及影响与供应商的关系，这种故障会引起最高管理层的关注，对战略层产生影响。同样，主要项目的问题也会对战略层产生影响。因此，要从运行层、项目层、管理层各层面识别、评估和管理风险。

5.1.2 IT环境下的内部控制

1. IT内部控制的概念

IT环境下的内部控制是企业在应用信息技术条件下，由董事会、经理层和其他职员实施的,为实现控制目标提供合理保证的过程。在 IT 环境下,企业借助信息技术对业务过程进行优化和重构,通过控制和集成化管理企业生产经营活动中的各种信息,形成企业内外部信息的共享和有效利用,提升企业运营的效率和效益。因此,IT 环境下企业内部控制系统发挥作用依赖于信息系统运行中的控制,而信息系统中的控制主要体现在业务流程的控制活动之中。

IT 环境下内部控制的主要目的是建立一个可持续监控的控制环境,使组织风险可识别、可控和可管理,具体表现在如下几个方面。

① 与业务目标一致。信息系统内部控制要从组织目标和信息化战略中抽取信息需求和功能需求,形成总体的信息系统内部控制框架,为系统的运行提供保障,保证信息技术跟上持续变化的业务目标。

② 有效利用信息资源。通过信息系统内部控制可以对信息资源进行统一有效管理,保护投资的回收,并支持业务的运营及管理决策。

③ 风险管理。由于组织越来越依赖信息系统,新的风险不断涌现。信息系统内部控制强调风险管理,通过制定信息资源的保护级别,强调关键的信息技术资源管控,有效实施监控和事故处理。信息系统内部控制是使组织适应外部环境变化,使组织内部实现对业务流程中资源的有效利用,从而达到改善管理效率和水平的重要手段。

按照 COSO 内部控制基本框架,在 IT 环境下,企业内部控制系统仍然由内部控制环境、风险评估、控制措施、信息与沟通和监督检查五个基本要素构成,但每项基本内容都呈现出新的特征。

① IT 内部控制环境。控制环境在企业 IT 领域的体现是 IT 内部控制环境,同样,IT 内部控制环境是实施 IT 内部控制的基础,主要包括 IT 治理架构、IT 组织与职责、IT 决策机制、IT 合规与 IT 审计等。

② IT 风险评估。企业信息化带来的 IT 风险已经成为企业风险管理的主要方面。风险评估主要包括目标设定、风险识别、风险分析和风险应对。IT 目标设定可以理解为 IT 战略与 IT 规划,IT 风险识别分析与应对包括对信息资产的风险、IT 流程的风险及应用系统的风险识别分析与应对。

③ IT 控制措施。针对风险评估的结果,在 IT 方面需要实施具体的 IT 控制措施,包括 IT 技术类控制措施,如防火墙、防病毒、入侵检测、身份管理、权限管理等,以及 IT 管理类控制措施,包括各类 IT 管控制度与流程,如开发管理、项目管理、变更管理、安全管理、运营管理、职责分离、授权审批等。

④ 信息与沟通。在 IT 领域需要明确具体的 IT 管理制度和沟通机制,建立服务台与事件管理程序,及时传递企业内部层级之间和企业外部相关的信息。

⑤ 监督检查。需要建立 IT 内部控制体系的审核机制,评价 IT 控制的有效性,通过 IT 技术手段如日志、监控系统、综合分析平台等,以及管理手段如内部 IT 审核、管理评审、专项检查等措施,不断改进企业的 IT 内部控制。

2. IT 内部控制的设计原则

在建立和设计 IT 内部控制框架时,企业必须遵循和依据的客观规律和基本法则被称为 IT 内部控制的基本原则。一般来说,企业在 IT 内部控制建设方面应遵循以下原则。

① 合法性原则。IT 内部控制的设计必须遵循国家法律法规的要求，具有高度的权威性。

② 有效性原则。为使 IT 内部控制充分发挥控制作用，企业各部门和各岗位必须贯彻实施和有效执行所建立的内部控制制度。

③ 审慎性原则。IT 内部控制的核心是有效防范各种 IT 风险。为了将各种风险控制在许可的范围之内，建立 IT 内部控制必须以审慎为出发点，充分考虑 IT 环境可能存在的风险，设立适当的操作程序和控制步骤来避免和减少风险。

④ 全面性原则。IT 内部控制必须渗透到企业各项业务过程和各个操作环节，覆盖企业的所有部门和岗位。

⑤ 及时性原则。IT 内部控制的建立和完善应紧跟业务和信息技术发展的需要，当企业建立新的信息系统、架构新的 IT 基础设施时，必须树立"内控先行"的思想。

⑥ 独立性原则。IT 内部控制的检查与评价部门必须独立于 IT 内部控制的建立与执行部门。

⑦ 成本效益原则。在设计 IT 内部控制时，要考虑控制投入成本和控制产出效益之比。对那些在业务处理过程中发挥作用大、影响范围广的关键控制点进行严格控制，对那些只在局部发挥作用、影响特定范围的一般控制点，只要能起到监控作用即可。

⑧ 系统网络原则。按照系统网络原则的要求，各项 IT 控制点应在企业管理模式的控制下，设立齐全且点点相连、环环相扣、不能脱节。各个 IT 控制点的设立必须考虑到控制环境、控制活动对它的影响。

综上所述，企业的 IT 内部控制从设计角度来看，应能达到一个基本目标，即在保证企业经济效益最大化的前提下，保证企业顺畅运转而又不失控制；同时，要能对非常规业务进行有效的反应，通过对 IT 内部控制的检测和评价，保证企业 IT 内部控制能进行有效的自我调节。

3. IT 内部控制的设计内容

实施 IT 内部控制主要涉及决策层面、一般控制层面和应用控制层面。

(1) 决策层面

决策层面主要涉及如下四个方面。

① 政策制定。公司整体的 IT 治理架构、决策机制和 IT 基本策略。

② 信息与沟通。IT 制度的发布、沟通机制与管理程序。

③ 风险评估。建立风险评估流程和 IT 风险矩阵，包括信息资产评估程序，流程风险评估。

④ 监控检查。建立 IT 技术监控措施，内部 IT 审核、管理评审、专项检查等措施。

(2) 一般控制层面

一般控制层面主要涉及如下五个方面。

① 信息系统的开发和实施。包括开发与实施活动的管理、项目启动，需求分析与设计、系统的自行开发管理。

② 信息系统的建设与软件包的选择、测试和质量保证、数据转换。上线、文档与培训等。

③ 信息系统的变更和维护。包括授权和跟踪变更申请、系统编程、测试和质量保证、迁移到生产环境的授权、文档和培训、变更管理等。

④ 信息系统的操作和运行。包括对系统操作的总体控制、批处理、数据安全、操作系统

安全、内部网络安全、边界网络安全、物理安全,数据管理与数据质量等。

⑤ 系统和数据访问安全。包括信息安全组织和管理、信息安全策略和流程、数据操作、数据安全、操作系统安全、网络安全、物理安全等。

(3) 应用控制层面

应用控制层面主要包括在信息系统及其相关的业务处理及控制流程上。

4. IT 内部控制的实施

IT 内部控制体系建设包括现状调研及诊断、风险识别与分析、IT 内部控制体系设计与整改方案、培训宣讲与运行推广实施、体系改进修正和监督优化。

(1) 现状调研及诊断

本阶段的主要任务是对 IT 内部控制现状进行了解,确认 IT 控制的相关范围,审阅相关政策和程序,调研和识别企业内部控制规范所要求范围内的重点应用系统及模块清单,对信息系统的相关控制设计情况进行了解,在现有业务流程控制文档基础上,识别有关自动或半自动控制活动描述,提出调研报告和改进建议。

(2) 风险识别与分析

本阶段的主要任务是在对现有的信息系统建设、实施与支持运行维护各个流程进行充分的风险评估、调研及访谈的基础上,找到现有内部控制体系与完善的内部控制体系之间的差距,并分析所得到的差距结果,建立 IT 风险控制矩阵。

(3) IT 内部控制体系设计与整改方案

本阶段的主要任务是参照《企业内部控制规范》《COSO 内部控制总体框架》及 COBIT 框架等要求,结合 ISO20000 与 ISO27001 标准,设计一套较为完善严谨、具有实际操作性及可推广性的 IT 内部控制体系。

(4) 培训宣讲与运行推广实施

本阶段的主要任务是通过宣讲、培训等方式,对企业各单位和人员进行内部控制流程设计和相关制度的学习,在领导统一的部署下,督导其改进流程,并根据建立好的 IT 控制框架体系进行试运行,从而方便后期的推广实施。

(5) 体系改进修正和监督优化

本阶段的主要任务是就各个部门和终端操作人员对试运行阶段发现的问题、产生的问题及反馈意见进行讨论研究,进而对整个 IT 内部控制体系进行有针对性的改进或修正,以实现对流程的实际可操作性和可行性做进一步优化和完善。

5.2 IT 环境下的审计思路

审计程序是审计工作从开始到结束的整个过程,下面我们介绍 IT 环境下的审计程序及主要工作内容。

5.2.1 IT 环境下的审计实施流程

IT 环境下的审计与手工审计相比,审计目标是相同的,但审计技术和方法、审计作业方式发生了根本性变化。通常,IT 环境下审计项目实施的一般流程包括:审计准备阶段、审计实施阶段、审计报告阶段和审计结果执行阶段,具体如图 5-2 所示。

5.2.2 IT环境下的审计准备

审计准备是整个审计工作的基础，审计人员应根据审计目标，了解被审单位的基本情况，做好全面、细致的准备工作。

```
审计准备阶段 ┌─ 明确审计业务性质和范围
           │  审前调查
           │  制定审计方案
           └─ 签发审计通知书
审计实施阶段 ┌─ 数据采集
           │  数据预处理
           │  数据分析
           └─ 生成审计底稿
审计报告阶段 ┌─ 汇总审计证据
           │  审计事实确认
           └─ 出具审计报告
结果执行阶段 ┌─ 执行审计结果
           └─ 审计材料的归档和管理
```

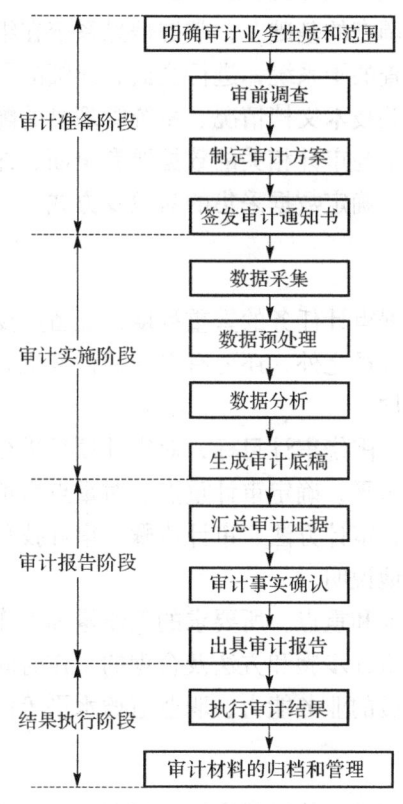

图 5-2 IT 环境下审计项目实施的一般流程

1. 审前调查

在明确了审计项目的业务性质和范围后，需要对被审计单位进行审前调查。审前调查应在传统审计调查内容的基础上，采用现场观察、询问和调查表等方式，对被审计单位的基本情况、内部控制的实现和信息系统的具体应用进行调查。

(1) 调查被审计单位的基本情况

需要了解的基本情况包括：第一，被审计单位的业务性质和生产经营情况，即被审计单位从事什么样的业务，其生产经营在整个行业中所处的地位和处境，将来可能会面临什么样的风险。第二，被审计单位的组织结构和管理水平，即被审计单位组织和管理的架构是什么样的，管理活动的水平如何，关键管理人员的素质和品行，以及对内外部环境的应变能力等。第三，被审计单位信息系统的一般情况，即信息系统的结构、所使用的软硬件和网络设施及运行环境。第四，被审计单位信息系统所承载的业务信息及其所处理的交易和事项的类型。第五，被审计单位对外包给其他组织的信息系统活动的依赖程度。审计人员通过对这些基本情况的调查了解，可以对被审单位进行初步评价。

(2) 调查被审计单位信息系统的内部控制

审计人员应了解被审计单位的内部控制特别是信息系统内部控制，对内部控制的健全性和有效性进行评估，初步确定控制风险的大小。在进行信息系统的内部控制调查时，审计人员应关注相关内部控制与业务数据的真实性、完整性和正确性的关系，发现由于内部控制设计不合理、执行不到位等原因导致的对业务数据真实性、完整性、正确性的影响。

(3) 详细调查被审计单位信息系统的应用情况

在对被审计单位基本情况调查的基础上，掌握信息系统在组织内的分布和应用的总体情况。根据审计目的确定深入调查的子系统，进行全面和详细的了解，具体内容包括软硬件系统、应用系统的开发情况和有关技术文档情况、系统管理员的配置情况、系统的功能、系统数据库的情况等。对信息系统中与审计相关的数据要有全面、详细、正确的认识，提出可行的、满足审计需要的数据需求，确定数据采集的对象及方式。

2. 制定审计方案

在审前调查的基础上，根据审计任务的繁重程度，配备必要的人员组成审计小组。小组成员中除了应该有专业的审计人员之外，还要有专业的计算机人员参加，必要时还可以邀请被审计单位的内部审计人员参加。

根据审前调查了解的情况，围绕审计目标，对审计项目进行风险识别和评估，确定审计项目的重要性水平和审计风险水平，确定审计重点。对重点事项要详细清晰地说明具体的审计目的、审计对象、审计范围、审计方法、审计步骤、审计技巧、工作要求、时间要求；对非重点的审计事项，可以简单地说明。

根据确定的审计范围、内容和重点，所要求的工作量和工作标准，经审计组成员充分研究讨论后，确定可操作性强的审计步骤和方法及合理的工作时间。根据确定的审计方法、步骤及工作时间，结合审计组成员的业务能力、职业道德水平等情况，恰当地进行审计分工。

3. 签发审计通知书

在进行审计之前，要对被审计单位发出审计通知书。审计通知书是审计部门对被审计单位进行审计的书面文件，主要包括被审计单位的名称、审计目的、审计范围、审计内容、审计时间和审计方式等。

5.2.3 IT 环境下的审计实施

审计实施是整个审计工作的重要环节，主要工作有数据采集、数据预处理、数据分析和生成审计底稿等。

1. 数据采集

数据采集是信息化环境下对于被审计单位电子数据开展审计工作的首要前提和基础，也是最关键的环节。数据采集是否全面、准确、客观，会直接影响评估的结果。数据采集是在审前调查提出数据需求的基础上，按照审计目标，采用一定的工具和方法对被审计单位信息系统中的数据库文件进行采集的过程，按照审计需求对被审计单位信息系统中各类数据文件下载和收集。修订后的《审计法》第三十一条规定：审计机关有权要求被审计单位按照审计机关的规定提供预算或者财务收支计划、预算执行情况、决算、财务会计报告，运用计算机储存、处理的财政收支、财务收支电子数据和必要的计算机技术文档，在金融机构开立账户的情况，社会审计机构出具的审计报告，以及其他与财政收支有关的资料，被审计单位不得拒绝、拖延、谎报。被审计单位负责人对本单位提供的财务会计资料的真实性和完整性负责。

常见的数据采集方式有如下几种。

① 直接读取方式。被审计单位信息系统中的数据库系统与审计人员使用的数据库系统相同，或者虽不完全相同，但审计人员的数据库引擎可以直接访问被审计单位信息系统的数据库，这时只要将被审计单位的数据采集到审计人员的计算机上即可。例如，利用审计软件的数据库接口模板，可采用直接复制和直接读取的方法采集被审计单位的数据。

② 文件传输方式。在数据采集工作中，经常会遇到被审计单位数据库应用系统的特殊情况，审计人员手头又没有能使用的数据库管理系统软件，致使数据无法采集。在这种情况下，审计人员可与被审计单位约定，以文本文件的形式从被审计单位的数据库中导出数据。审计人员也可依据有关审计法规和规定，要求被审计单位将审计机构要求的数据转换成能够读取的格式输出。

③ 使用数据库连接方式。审计人员通过开放数据库互联(Open Database Connectivity, ODBC)等数据库访问接口直接访问被审计单位信息系统的数据，并把数据转换成审计所需要的格式。

2. 数据预处理

在完成数据采集之后，审计人员必须对从被审计单位获取的原始电子数据进行预处理，即数据的清理、转换和验证，以及数据的集成与优化处理，以满足后面审计数据分析的需要。

由于被审计单位所提供的数据内容并不完美，可能存在着数据有不完整、有噪声、不一致等现象。为了控制这些数据对数据分析结果的影响程度，必须采取各种有效的措施，对其进行处理以便满足数据使用的需要，这一处理过程称为数据清理。数据清理的控制手段有：一是数据补缺，对于空数据，可以采用忽略元组、用一个全局常量填充空缺值、用属性的平均值填充空缺值、使用与给定元组同类的所有样本的平均值填充空缺值、使用最可能的值填充空缺值等方法；二是数据替换，对无效数据进行数据的替换；三是格式规范化，将源数据采集的数据格式转换成为便于进入目标数据库处理的目标数据格式；四是主外键约束，通过建立主外键约束，对非法数据进行替换或导出到错误文件重新处理；五是聚类分析，对于噪声数据可以利用分箱或聚类等方法处理；六是使用特定方法，对于不一致的数据，必须依据应用领域的特点，使用特定的方法加以解决。

数据转换是指将经过清理后的数据转换成目标数据库需要的格式的过程。由于外部数据源的文件格式、所依赖的数据库平台等多种多样，因此在建立目标数据库时必须对这些数据进行转换处理，统一格式。数据转换的控制手段有：一是直接映射，即数据源字段和目标字段长度或精度相同，则不需做任何处理；二是字符串处理，即从数据源的字符串字段中获取特定信息作为目标数据库的某个字段，则对字符串的操作有类型转换、字符串截取等；三是字段运算，即对于数值型字段来说，有时数据源的一个或多个字段进行数学运算而得到目标字段；四是空值判断，即对于数据源字段中的空值，可能在目标数据库进行分析处理时会出问题，因此必须对空值进行判断，并转换成特定的值；五是日期转换，由于目标数据库中的日期类型格式是统一的，所以对数据源字段的日期格式需要相应的转换；六是聚集运算，目标数据库表中的一些度量字段，通常需要通过数据源中一个或多个字段运用聚集函数进行聚集运算得来；七是既定取值，即这条规则对于目标字段取一个固定的或是依赖系统的值，而不依赖于数据源字段。

数据验证是指为了确认数据的真实性、完整性和准确性而对数据进行的检验过程。数据验证贯穿于数据采集、清理和转换过程。在数据采集阶段，需要检查数据的完整性，保证数据采集工作准确有效地进行，同时对采集到的数据进行确认，排除遗漏和失误；在数据清理阶段，需要确认数据清理工作没有损害数据整体的完整性和正确性；在数据转换阶段，需要进行大量的查询、替换修改、插入数据、更新数据、删除数据等操作，每一步转换工作都有可能影响数据的完整性和正确性，所以在这一阶段进行数据验证确认更有必要。数据验证的控制手段有：一是数据基础的格式验证，利用定义的数据基础格式检查数据的准确性和完整性；二是数据之间的关联性验证，利用数据之间存在的平衡钩稽关系进行检查，验证数据的真实性、完整性和准确性；三是单条数据记录验证，利用错误数据的业务规则进行顺序检查，检查数据的准确性和完整性。单条数据的验证通常利用应用软件来进行自动检查。

3. 数据分析

审计数据分析是通过对采集来的电子数据进行分析，获取审计证据。进行审计数据分析的目的是把隐没在一大批看来杂乱无章的数据中的信息集中、萃取和提炼出来，以便找出所研究对象的内在规律。在 IT 环境下，审计的对象是电子数据，因此，审计证据的获取多是通过采用信息技术对被审计数据的分析来完成的。一般来说，常用的审计数据分析方法主要包括数据查询分析、统计分析、多维分析、挖掘分析和大数据分析等。

(1) 查询分析

查询分析是指根据不同的分析要求，通过编写 SQL 语句来对数据源的数据进行采集、清理、转换和验证，建立审计中间表和审计模型进行数据分析，从而达到核查问题或筛选审计线索的目的。查询分析主要对数据库中的记录进行访问查询。由于关系数据库管理系统是目前数据库管理系统的主流，因此查询型分析的主要对象就是关系数据库中的二维表。需要使用数据库管理系统的基本操作语言，完成对数据库的访问和操作。

进行查询分析，必须先对目标系统的数据模型有所了解，然后利用 SQL 等语言构建数据模型。查询分析中的数据建模方法有：一是根据相关法律法规建立模型；二是根据系统数据之间的钩稽关系建立模型，如资产负债表的资产合计应等于负债与所有者权益之和；三是根据不同系统数据之间的关系建立模型，如在信贷管理系统与会计核算系统之间通过借据号码建立数据模型，分析信贷管理系统中数据的准确性；四是根据审计业务流程建立模型，如根据信贷业务流程，借款人在信贷部门办理相关审批手续后，才可以在会计柜台进行会计核算处理。据此可以建立模型，检查是否存在核算在前、审批在后的贷款业务；五是根据以往审计经验建立模型，如在银行承兑汇票业务的审计过程中，如果发现有单个客户的频繁大额业务记录时，就应特别关注，核实是否存在滚动办理、无贸易背景办理等问题；六是根据自然规律建立模型，如对日期类型的字段进行检查等；七是根据相关分析指标建立模型，如财务审计中的比较分析、回归分析等。

(2) 统计分析

统计分析是指运用统计方法及与分析对象有关的知识，将定量与定性相结合进行的数据分析活动。统计分析的基本步骤有：收集数据、整理数据和分析数据三个步骤。收集数据是进行统计分析的前提和基础。收集数据的途径众多，可通过实验、观察、测量、调查等获得直接资料，也可通过文献检索、阅读等来获得间接资料；整理数据就是按一定的标准对收集到的数据进行归类汇总的过程;分析数据指在整理数据的基础上,通过统计运算,得出结论的过程。数据分析是统计分析的核心和关键,通常可分为两个层次:第一个层次是用描述统计的方法计算出反映数据集中趋势、离散程度和相关强度的具有外在代表性的指标;第二个层次是在描述统计基础上,用推断统计的方法对数据进行处理,以样本信息推断总体情况,并分析和推测总体的特征和规律。

统计分析有指标对比分析法、分组分析法、时间数列及动态分析法、因素分析法、平衡分析法、预测分析法等。指标对比分析法是统计分析中最常用的方法,是通过有关的指标对比来反映事物数量上差异和变化的方法;分组分析法就是根据统计分析的目的和要求,把所研究的总体按照一个或者几个标志划分为若干个部分,加以整理,进行观察、分析,以揭示其内在的联系和规律性;时间数列及动态分析法是将同一指标在时间上变化和发展的一系列数值,按时间先后顺序排列,就形成时间数列,又称动态数列。它能反映社会经济现象的发展变动情况,通过时间数列的编制和分析,可以找出动态变化规律,为预测未来的发展趋势提供依据;因素分析就是将研究对象分解为各个因素,把研究对象的总体看成是各因素变动共同的结果,通过对各个因素的分析,对研究对象总变动中各项因素的影响程度进行测定;平衡分析法是把对立统一的双方按其构成要素一一排列起来,给人以整体的概念,以便于全局来观察它们之间的平衡关系;预测分析法是指根据已知的过去和现在推测未来的一种分析方法。

(3) 多维分析

多维分析是对多维数据集中的数据进行上卷、下钻、切片、切块、旋转等各种分析操作,以便剖析数据,使分析者、决策者能从多个角度、多个侧面、多个层次来观察数据库中的数据,从而找出数据反映的各类信息。

多维分析是以数据仓库为基础,以多维数据集为核心的分析系统。进行多维分析时,首先需要构建多维数据集,然后在多维数据集上进行分析操作。多维数据集是一个数据集合,通常从数据仓库的子集构造,并组织和汇总成一个由一组维度和度量值定义的多维结构。其中,度量值是决策者所关心的具有实际意义的数值,它所在的数据表称为事实表;维度是指人们观察数据的角度,包含维度信息的表是维度表,维度表包含描述事实表中的事实记录的特性。人们观察数据的某个特定角度(即某个维)还可以存在不同的细节程度,这些维度的不同细节程度称为维的层次。维的一个取值称为该维的一个维度成员。在多维数据集上进行的分析操作有:上卷、下钻、切片、切块、旋转等操作。上卷是在多维数据集中执行聚集操作,通过在维级别中上升或通过消除某个或某些维来观察更概括的数据;下钻是通过在维级别中下降或通过引入某个或某些维来更细致地观察数据;切片是在给定的多维数据集的一个维上进行选择操作,切片的结果是得到了一个二维的平面数据;切块是在给定的多维数据集的两个或多个维上进行的选择操作,切块的结果是得到了一个子多维数据集;旋转就是改变维的方向。

在设计多维数据分析模型时,常常根据事实表和维度表之间的关系,将模型设计成星型模型和雪花模型。星型模型是指每个维度表中的主码都只能是单列的,同时该主码被放置在事实数据表中,作为事实数据表与维表连接的外码。星型模型是以事实表为核心,其他的维度表围绕这个核心表呈星型分布;雪花模型是指每个维度可由多个维度表进行描述,与事实表相连的维度表可以向外连接到其他详细维度表,呈雪花状。

(4) 挖掘分析

挖掘分析是从大量的、不完全的、有噪声的、模糊的、随机的实际应用数据中,提取隐含在其中的、人们事先不知道的、潜在有用的信息和知识的过程。挖掘分析是一个完整的过程，该过程从大型数据库中挖掘先前未知的、有效的、可用的信息，并使用这些信息做出决策。一般的，挖掘分析经过确定业务对象、数据准备、建立模型、数据挖掘、结果分析与应用五个阶段。其中建立模型和数据挖掘是非常重要的阶段，需要使用适当的数据挖掘算法对前面准备的数据进行分析，进而得到可能的模式或模型。

数据挖掘常用的模式有：分类模式、聚类模式、关联模式、序列模式、偏差模式、广义模式和孤立点模式等。

分类模式旨在根据样本数据寻求相应的分类规则，然后根据该规则来确定某一非样本个体或对象是否属于某一特定的组或类。在这种分类知识发现中，样本个体或对象的类标记是已知的。挖掘的任务在于从样本数据的属性中发现个体或对象分类的一般规则，从而根据该规则对非样本数据对象进行分类。

聚类模式用于发现在数据库中未知的数据类，考察个体或对象间的相似性，满足相似性条件的个体或数据对象划分在一组内，不满足相似性条件的个体或数据对象划分在不同的组。由于在数据挖掘之前，数据类划分的数量与类型均是未知的，因此在数据挖掘后需要对数据挖掘结果进行合理的分析与解释。

关联模式用于发现关联规则，这些规则展示属性值频繁地在给定数据集中一起出现的条件。例如，两个或多个数据项的取值之间重复出现且概率很高时，就存在某种关联，可以建立起这些数据项的关联规则。挖掘关联规则就是发现存在于大数据集中的关联性或相关性，即发现某些经常在一起出现的属性并以规则的形式把它们之间的关系符号化。

序列模式是描述基于时间或其他序列经常发生的规律和趋势，由历史和当前的数据去推测未来的数据，并对其建模。序列模式将关联模式和时间序列模式结合起来，也可以认为是以时间为关键属性的关联知识，重点考察数据之间在时间维上的关联性。

偏差模式是对差异和极端特例的描述，揭示事物偏离常规的异常现象，如标准类外的特例、聚类外的离群值等。大部分数据挖掘方法都将这种差异信息视为噪声而丢弃，然而在一些应用中，罕见的数据可能比正常的数据更有用。

广义模式是指根据数据的微观特征发现其表征的、带普遍性的、较高层次概念的、中观和宏观的知识，反映同类事物之间的共同性质，是对数据的概括、精练和抽象。该方法的基本思想是实施某些常用的代价较高的聚集函数的计算，诸如计数、求和、平均、最大值等，并将这些计算结果存储在多维数据库中。既然很多聚集函数需经常重复计算，那么在多维数据集中存放预先计算好的结果将能保证快速响应，并可灵活地提供不同角度和不同抽象层次上的数据结果。

孤立点模式是指对明显偏离其他数据，即不满足一般模式或行为的数据进行的分析，它包括孤立点发现和孤立点分析。孤立点发现往往可以使人们发现一些真实的但又出乎意料的知识；而孤立点分析则可能发现比一般数据所包含的信息更有价值的数据。

(5) 大数据分析

大数据分析就是指对规模巨大的数据进行分析。大数据分析包括五个基本方面：一是可视化分析，利用图表完整展示数据分析的过程和数据链走向；二是数据挖掘算法，从海量的、随机的、不相关的数据中构建数据挖掘模型，提取有价值的、隐含在数据内部的信息；三是预测性分析能力，根据可视化分析和数据挖掘的结果，做出预测性的判断；四是语义引擎，借助一系列的工具去提取、解析和分析数据，从"文档"数据中自动提取信息；五是数据质量和数据管理，通过标准化的流程和工具对数据进行处理，保证数据分析结果的质量。

应用大数据分析技术，审计方法从数据验证性分析向数据挖掘性分析转变。传统的审计，通过数据采集进行验证，构建方法模型进行数据分析；而大数据分析技术，能使审计数据分析向挖掘性分析转变。利用数据挖掘和模型进行分析，从大量数据中发现规律，包括分类分析、聚类分析、关联分析和序列分析等。其中，在分类分析中根据数据的属性不同分为不同的类别；聚类分析则按照数据的相似性原则，具体分析数据之间的差别；关联分析可发现隐藏在会计数据间的相互关系，研究这种相互关系能够更好地进行审计，通过挖掘发现不同数据间的密切度或关系；序列分析可研究在不同的时间段下的数据之间的关系。

应用大数据分析模式，审计方式从发现问题向风险预警转变。在传统的审计工作中，主要以发现会计账目中的问题为主要的审计方式，但是对于经济环境的研究很少。在大数据时代下，必须对审计所处的环境进行分析，只有找到影响审计的环境及经济因素，才能更好地分析审计的结果。大数据技术能够对经济形势进行有效的预测和分析，还可以利用搜集到的数据对未来的经济环境进行预测，这样就能及时发现问题，并且提前做好准备。大数据技术可对大规模经济数据进行分析，提前关注异常动态，实现早期预警。

应用大数据分析模式，审计覆盖面由部分被审计单位向审计全覆盖转变。传统的一个项目一个单位逐个审计的方式，审计覆盖面窄，逐渐不能适应"全面履行审计监督职责"的要求，必须创新审计方法，依靠信息化技术手段，将全部被审计单位的财务和业务数据采集到位，运用大数据分析工具，全面把握相关领域的总体情况，确定审计的重点领域、关注的重点问题，落实审计全覆盖的要求。

应用大数据审计作业平台，实现单机审计向云审计转变，以大数据为中心建立一个"云审计"平台，可以保留需要进行审计的数据，并且能够实现远程存储，也可以在不同的地点进行移动计算，这样可增强审计的可控制性，不一定非要在固定的地点进行审计，促进审计的进步，利用大数据分析解决数据采集中发生的问题，实现审计成果共享的目标。通过完善联网，逐步建立实时监督系统，运用大数据技术，加大数据的比对和分析，可以提高核查问题的能力。

4. 生成审计底稿

通过数据分析的结果，发现被审计单位存在问题的线索，审计人员应该对这些线索进行综合评估和仔细分析，抓住重点，找出薄弱环节，对重大问题线索应该仔细论证和延伸审计。在可能的情况下，最好将查询分析的明细结果交予被审计单位征求意见，被审计单位对结果确定后，可将分析结果具体化并以纸质资料的形式，交由被审计单位签字或盖章确认，作为审计取证资料。同时在编制审计工作底稿时，应将数据分析的过程、使用数据的情况和查出问题的线索进行详细记录，以便反映审计的详细实施过程和审计人员对数据分析及分析结果的判断。

5.2.4 IT环境下的审计报告

审计报告是IT环境下审计工作的最终总结。审计报告阶段的目的有两方面：一是要把信息系统数据文件审计工作中查出的问题进行分类、归纳、整理并分清主次，对重要问题要进一步核实；二是通过总结，找出工作中的成绩、经验和教训，使今后的信息系统审计工作做得更好。

审计人员在经过符合性测试和实质性测试后，要根据在数据文件审计中形成的审计工作底稿进行整理分类，在相关审计工作的基础上，编制审计报告。除对被审计单位电子数据的合法性、公允性、一致性发表意见，给出审计结论外，还应对被审计单位信息系统的处理功能和内部控制进行评价，并提出改进意见。审计报告完成后，应先征求被审计单位的意见，然后报送审计部门和相关机构。

被审计单位对审计结论若有异议，可提出复审要求，审计部门可组织复审并给出复审结论。特别是被审计单位的信息系统有变动时，还需组织后续审计。

5.3 IT 环境下总账系统的关键控制点及数据审计分析

集成与融合是企业信息化突出的特点和优势，在集成环境下，企业信息系统各模块之间无缝集成，内部控制与信息系统控制紧密结合，业务流程环环相扣，业务数据与财务数据高度融合，数据之间紧密关联。在这种情况下，如何结合信息系统本身具有的功能和特点，寻求合理、有效的审计是审计人员面临的挑战。本节以企业信息化所构建的典型信息系统——企业资源计划系统(简称 ERP 系统)为标准，阐述总账系统的关键控制点分析和数据审计的思路和方法。

5.3.1 总账系统的关键控制点分析

1. 总账系统的主要业务流程

总账系统在整个 ERP 系统中发挥着核心和集成的中心平台作用，所有的业务和经营数据，最后都会生成相关的财务信息并以一定方式传递到总账系统。

总账系统的主要业务流程如图 5-3 所示

编制会计分录 → 登录账簿 → 期末结账 → 编制会计报表

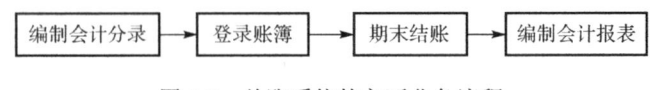

图 5-3　总账系统的主要业务流程

① 编制会计分录。根据审核后合格的原始凭证，按照规定的会计科目和复式记账方法，确定业务事项的借贷方的账户和金额，然后制作记账凭证。

② 登录账簿。根据记账凭证中的借贷方账户和金额，登录日记账、明细分类账和总分类账。根据权责发生制原则，调整有关账户的经济业务，处理会计期间需要递延或预计的收入和费用项目。

③ 期末结账。结账就是在会计期末计算并结转各账户的本期发生额和期末余额。当一个会计期间结束时，需要进行账目结算，结束有关账户，确定本期净收益的有关收入和费用账户，并将本期净收益转入权益类账户，同时编制试算表。

④ 编制报表。根据结账的账户余额及本期发生额编制会计报表，如资产负债表、损益表、现金流量表等。

总账是会计核算的核心部分，它支持和统驭其他各部分，会计核算各系统以总账为核心来进行数据的传递。总账系统与其他系统的关系如图 5-4 所示。

由于 ERP 系统是一个高度集成的系统，总账系统与采购、库存、生产、销售、人力资源等系统集成，各系统发生的经济业务，ERP 系统都将产生相应的财务信息和凭证信息，直接传递到总账。

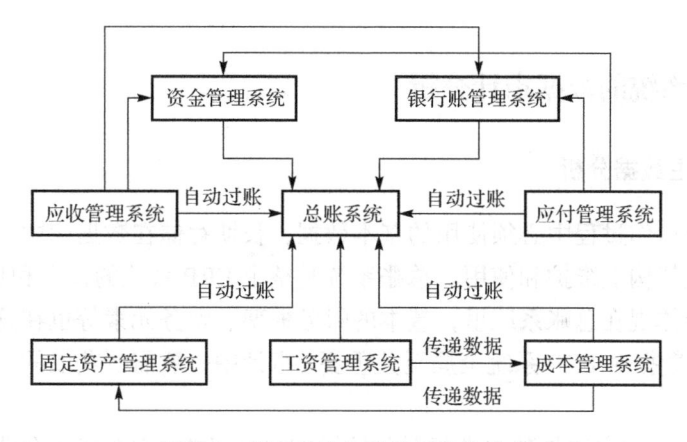

图 5-4 总账系统与其他系统的关系

2. 总账系统关键控制点分析

总账系统的关键控制点主要包括三个环节，即数据输入环节的内部控制、数据处理环节的内部控制和数据输出环节的内部控制。

数据输入环节的关键控制点分析如下：

① 未经审核的原始凭证或非法的原始凭证录入总账系统；
② 记账凭证输入时凭证编号错误或漏号、数量金额错误、凭证借贷方不平衡；
③ 未经授权的非法人员随意操作记账凭证，形成虚假账务资料；
④ 对未经审核的记账凭证进行记账，造成报表数据不可信；
⑤ 已经与 ERP 总账系统集成的其他业务系统，所有在总账中反映的业务是否都自动记账。

数据处理环节的关键控制点分析如下：

① 对借贷方不平衡的记账凭证记账，形成不平衡资产负债表；
② 结账后仍有未记账凭证，造成会计资料不全；
③ 对已输入系统的凭证数据随意修改；
④ 提供了反记账、反结账的功能，为做假账提供方便。

数据输出环节的关键控制点分析如下：

① 输出的报表数据严重偏离实际，财务指标明显异常；
② 会计资料无控外流；
③ 财务报告是否包含未记账凭证数据；
④ 会计信息电子数据缺少备份，输出会计资料保管不善导致会计资料丢失。

3. 总账系统的控制参数分析

根据 ERP 环境下总账系统关键控制点的分析，应对以下总账系统的控制参数进行审查。

数据输入环节的控制参数有：①凭证录入控制参数；②凭证编号控制参数；③凭证序时控制参数；④会计科目控制参数；⑤发生金额控制参数；⑥凭证审核控制参数。

数据处理环节的控制参数有：①结账标志控制参数；②凭证更正控制参数。

数据输出环节的控制参数有：①报表检验控制参数；②数据输出控制参数；③数据备份控制参数。

5.3.2 总账系统的数据审计分析

1. 总账系统主数据分析

主数据是企业运作过程中必须使用的基本数据，长期存储在数据库中，它们集中存储并且可以在各级组织架构上维护和使用。总账系统是整个ERP系统的核心和集成的中心平台，企业的组织架构会体现在总账系统里，基本的财务框架、财务元素等也在这里统一定义，因此，总账系统的主数据对ERP系统全局至关重要。审计中一般需要获取的总账系统主数据包括如下几个。

① 会计主体。会计主体是独立进行财务核算的组织机构，它明确了企业会计核算的空间范围。会计主体可以是公司主体，也可以是部门二级主体。

② 会计期间。会计期间是会计核算的前提，ERP系统中不仅总账系统用到会计期间，其他模块如现金管理、管理会计、供应链系统都有会计期间的概念，以便进行数据的归集，ERP系统中每个公司都可以设置其会计期间。

③ 会计科目。在ERP实例中，一般由集团统一定义会计科目的上层结构，各公司可以在上层结构下定义自己的下层结构。会计科目主数据除包含科目编码、科目名称、科目类别、余额方向等主要信息外，还包括说明该科目是否为现金科目或银行科目、是否允许公司新增下级科目等特征信息。

④ 币别。币别是ERP系统全局统一的主数据，币别主数据包括币别的编码、名称、ISO编码、符号、基本单位等。

⑤ 核算项目。核算项目是专为总账系统使用的基础资料。一个科目一旦选择了某一核算项目，则该科目的所有凭证分录的核算信息都不能空。

⑥ 现金流量项目。现金流量项目定义得是否合理、准确，关系到现金流量表能不能正确地取数，ERP系统定义的现金流量为系统内全部财务组织所使用。

2. 总账系统业务数据及数据流向分析

总账系统业务数据包括账簿信息、凭证信息和账表信息。其中账簿信息有：账簿名称、本位币、会计期间、会计科目体系、币种、结算方式、部门等信息；凭证信息有：凭证编号、凭证日期、凭证类型、凭证摘要、凭证行编号、凭证行科目、凭证行科目名称、制单人、审核人、记账人、出纳人、凭证状态等信息；账表信息有：科目余额、科目发生额、余额方向、期初期末本币金额、期初期末原币金额、报表名称、报表报告日期、编制单位、报表项编号、报表项名称、报表项数值等信息。

总账系统业务数据流向如图5-5所示。

3. 总账系统数据分析程序

总账数据集中反映了企业的财务状况，总账数据分析是从财务信息入手分析企业运营状况的重要手段，是财务收支审计的切入点。总账数据审计的分析程序包括总账总体分析和总账数据分析。

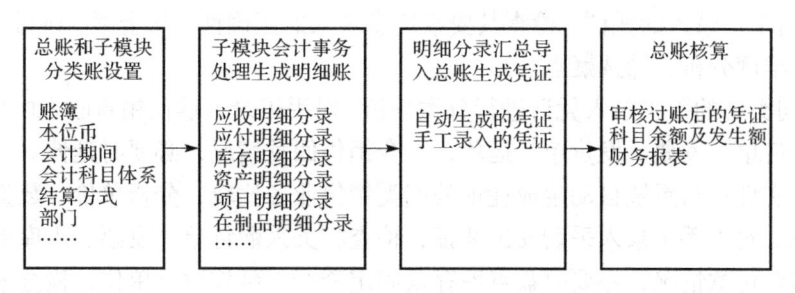

图 5-5　总账系统业务数据流向

总账总体分析是对凭证、账表数据的结构、变化趋势等进行分析。它一般包括如下分析内容。

① 横向结构分析。从公司、部门、产品等维度入手，对营业收入、成本、费用、利润、毛利率等指标进行占比分析，确定审计重点。

② 纵向趋势分析。以年、季、月为维度，对营业收入、成本、费用、利润、毛利率等指标进行趋势分析，查找异常，发现线索。

③ 重点信息分析。筛选出大额凭证、调整凭证、红冲凭证、反记账等应重点关注的信息进行有针对性的检查。

总账数据分析包括以下几个步骤。

第一步，了解系统总账系统应用状况。

在进行总账数据分析之前，应首先对总账系统的应用状况进行调查了解，调查了解总账系统的分析程序如下：

① 总账系统实施的范围，检查分支机构采用总账系统进行财务核算的情况；

② 分析系统实施的业务蓝图，检查总账系统实现了哪些业务流程，关键的业务流程是否都在系统中完成；

③ 检查总账系统与其他模块集成情况。

第二步，利用 ERP 系统已有总账相关报表进行分析。

ERP 系统的总账系统能输出各经营单位的财务报表及部分管理报表，因此，总账数据分析应充分利用 ERP 系统的财务报表及管理报表功能。除了科目余额表、科目明细账、日记账、现金流量表、资产负债表、利润表等传统账表，总账系统一般还可以提供 ERP 系统所特有的一些报表。例如，将往来账目与客户或供应商关联起来形成的客户往来明细表、供应商往来明细表，将费用明细与部门关联起来的部门费用明细表等，这些报表可以为审计提供更为清晰详尽的信息，在审计中应当充分利用。总账系统报表分析程序如下：

① 利用资产负债表、利润表、现金流量表等账表进行财务指标分析；

② 利用科目余额表、科目明细账、现金日记账、银行日记账对重点科目、重点部门、关键业务等进行分析检查；

③ 根据审计目标，利用客户往来明细表、供应商往来明细表等特有报表进行分析。

第三步，手工录入数据分析。

总账系统中的绝大多数凭证数据都来源于其他模块，与之相关的业务可以追溯到具体的业务模块，而与手工录入凭证相关的业务无法追溯，应当在总账数据分析中予以重点关注。总账系统手工录入数据分析程序如下。

① 检索出手工录入的凭证，检查其要素信息录入的正确性。从金额、科目、制单人、辅助核算项目等维度分析，筛选疑点。

② 对不同类别的手工录入凭证进行分类分析。对手工录入确认销售收入的凭证，检查相关销售合同、订单、发票、发货单、运单，结合销售回款情况，必要时延伸对方单位，检查销售收入的真实性；与系统自动生成凭证的同类销售业务比较，分析单价、数量关系，追踪异常销售业务。对于手工录入采购支出凭证，检查相关采购订单、发票、入库单、质检单、领用记录，结合付款情况，必要时盘点库存及固定资产，延伸对方单位，检查采购业务的真实性；与系统自动生成凭证的同类采购业务比较，分析单价、数量关系，追踪异常采购业务。对于手工录入调整凭证，结合原始凭证，检查调整依据、批准程序，分析账务调整是否合规、手续是否完备。对于其他手工录入凭证，如大额现金支付、往来挂账等，结合具体业务和原始凭证，分析业务的真实性、合规性。

第四步，外部数据分析。

ERP系统能通过系统控制确保财务数据与业务数据的一致性，但是，很多企业的ERP环境中集成了多种外围系统，这些外围系统可以将数据传递给ERP系统的总账系统。数据分析中应当充分利用外部系统的数据与ERP数据对比分析，检查是否存在账实不符等问题。总账系统外部数据分析程序如下。

① 总账销售收入、应收账款数据与销售数据对比。分析销售订单、发票、发货单等业务单据与对应的财务凭证的一致性，检查数量、金额、单价、入账时间、往来单位等是否一致。

② 总账原材料采购、固定资产采购及应付账款数据与采购数据对比。分析采购订单、采购发票、入库单等业务单据与对应的财务凭证的一致性，检查数量、金额、单价、入账时间、往来单位等是否一致。

③ 总账薪酬数据与人力资源数据对比。分析工资发放数据与人力资源档案中提供的薪资数据是否一致。

④ 总账固定资产及折旧与固定资产数据对比。分析固定资产及折旧等科目的凭证数据与固定资产档案中的数据是否一致。

⑤ 总账资金收支数据与资金数据对比。分析总账中的资金收支与外部提供的资金结算数据，如银行对账单、票据台账等是否一致。

⑥ 总账数据与预算数据对比。比较总账中的成本、费用等账目数据与外部提供的对应预算科目数据，分析预算执行和控制情况。

⑦ 总账数据与其他外部数据对比。分析与总账有钩稽关系的其他外部数据与总账数据的一致性。

第五步，关联数据分析。

总账系统内部数据之间的关联主要体现在账证之间及账表之间的数据关联上，总账系统与采购、库存、生产、销售、人力资源、项目管理、固定资产等模块都有数据关联关系。总账系统数据关联分析程序如下。

① 根据凭证明细数据统计科目发生额，查找差异，关注未记账凭证、红冲、反记账凭证及调整凭证。

② 根据凭证明细数据及科目汇总数据，统计资产负债信息、损益信息及现金流量信息与资产负债表、利润表、现金流量表等进行对比，验证输出报表的正确性。

5.4 IT 环境下应收管理系统的关键控制点及数据审计分析

本节以企业信息化所构建的典型信息系统——企业资源计划系统为标准，阐述应收管理系统的关键控制点分析和数据审计的思路和方法。

5.4.1 应收管理系统的关键控制点分析

1. 应收管理系统的主要业务流程

应收管理系统的主要业务流程如图 5-6 所示。

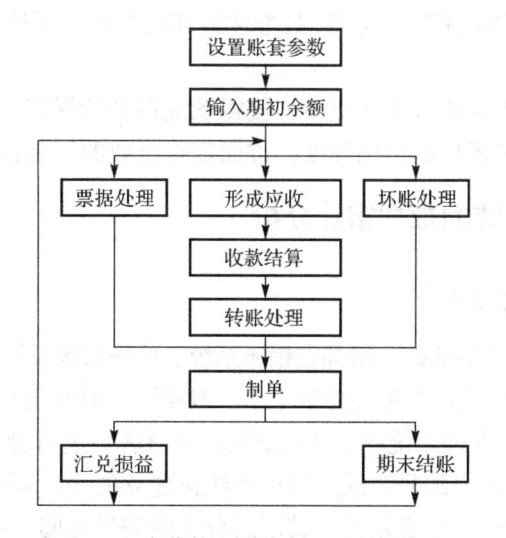

图 5-6 应收管理系统的主要业务流程

① 开始使用应收管理系统时应建立一个新的账套。
② 首次进入一个账套时，要对账套控制数据进行设置。
③ 在进入正常业务处理之前，需要进行一些初始设置，并且录入期初余额。
④ 日常业务处理包括单据的处理、单据的核销、票据的管理、凭证的处理及坏账处理等。
⑤ 期末处理包括汇兑损益的处理及月末结账的处理。

应收管理系统与其他系统的主要关系如图 5-7 所示。

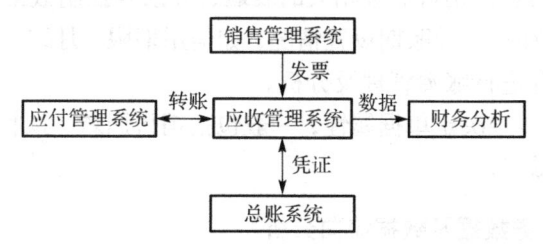

图 5-7 应收管理系统与其他系统的主要关系

图 5-7 中，应收管理系统与其他系统的主要关系如下。

① 销售管理系统为应收管理系统提供已审核的销售发票、销售调拨单及代垫费用单，在此基础上生成凭证，并对发票进行收款结算处理。应收管理系统为销售管理系统提供销售发票、销售调拨单的收款结算情况及代垫费用的核销情况。

② 应收管理系统可以向总账系统传递有关凭证，并能够查询其所生成的凭证。

③ 应收管理系统和应付管理系统之间可以进行转账处理，如应收冲应付。

2. 应收管理系统关键控制点分析

在对应收业务处理流程描述和关键环节分析的基础上，应收管理的风险控制点主要存在以下几个方面。

① 发票与销售订单不一致，或将未开具真实发票的销售业务过账。

② 收款没有及时入账或被挪用，导致应收账款更新不及时而影响客户的赊销额度，进而影响企业的正常销售活动。

③ 无法收回的应收款项证据不真实，批准注销坏账的理由不恰当，执行坏账注销处理的人未经授权。

④ 系统的初始设置错误或被非法更改，使得系统自动计提坏账出错。

⑤ 清账不及时而影响客户的信用额度，进而影响企业的正常销售活动。

5.4.2 应收管理系统的数据审计分析

1. 应收管理系统主数据分析

应收管理系统引用的很多基础数据都在销售系统、总账系统及资金管理系统中定义，如客户主数据、账户数据等。应收数据审计分析中，一般需要获取的主要基础数据包括如下几项。

① 客户分类。在应收管理系统中，可以根据需要对客户进行分类，同一类的客户为一个客户分类。客户分类里的客户编号，既可以由系统按建立的先后顺序自动产生，也可以由外部统一编号，但每个客户的编号必须符合其所属分类的编号区间。在应收管理系统里，每个客户的编号都是唯一的。

② 客户主数据。客户主数据通常包含三部分：一般数据、公司代码数据，以及和销售相关的数据。一般数据维护客户名称、地址、增值税号等信息。系统通过一般数据的控制可以在集团级对客户进行统一管理。公司代码数据维护客户的记账科目，其作用是对客户开票时，系统可以在登记客户明细账的同时根据记账科目登记总账。公司代码数据还包括催款条件、付款条件、付款方式等控制数据，用来控制催款建议的产生，进行账龄分析和信用控制等。和销售相关的数据包括与客户销售业务相关的装运、开票等控制数据。

③ 收款条件。企业存在多种账期设置情况，如信用期限、月结等，可以针对不同的客户维护不同的收款条件，并进行账龄管理及分析。

④ 收款类型。收款类型决定单据属性，一般包括销售回款、预收款、代收款、退销售回款、退预收款和退代收款等。

2. 应收管理系统业务数据及数据流向分析

应收管理系统的业务数据主要体现为单据的流转，如图 5-8 所示。

```
销售发票 → 收款单 → 催款单
```

图 5-8 应收管理系统的单据流转

当应收管理系统与销售系统完整集成时，系统可以从销售系统的发票处理功能直接生成应收账款。在这种模式下，主营业务相关应收发票金额与应收账款金额一致。

收款是结清发票产生的应收账款的过程，收款业务生成的收款单主要信息包括客户名称、客户编码、部门、业务员、会计期间、币种、汇率、会计科目、收支项目、现金流量项目、存货编码、存货名称、存货分类、收付款协议、银行账户、现金账户、票据类型、结算方式等。销售发票与收款单金额一致时，销售发票对应的应收账款才能清账。对于逾期未清账的应收账款，应根据逾期时间生成催款单。

3. 应收管理系统数据分析程序

应收管理系统的审计分析程序包括总体分析和数据分析两方面。

应收管理系统的总体分析是在获取电子数据后，根据关键控制点分析中形成的审计疑点构建审计分析模型，可以在 ERP 系统中进行关联查询，或者借助审计智能系统和一些先进方法，如人工神经网络、模糊逻辑等进行数据式审计。审计模型的建立应考虑如下几个方面。

① 所有权审计。确认应收账款中是否将企业没有所有权的应收账款纳入管理，可以通过分析应收账款结构进行筛选与审查。

② 存在性审计。检查 ERP 系统应收账款明细表中的客户应收账款是否真实存在。

③ 完整性审计。检查企业发生的应收账款是否均已完整记录于 ERP 系统中。

④ 计价审计。检查企业的应收账款金额计价是否准确合理，并附有原始凭证作为依据。

⑤ 截止期审计。检查应收账款是否记录于恰当的期间。

⑥ 准确性审计。获取导致应收账款发生的各种业务数据，检查各项有关的业务是否准确地生成总账凭证，业务金额和应收账款账户发生额数据是否相符，应收账款明细账与总账科目金额是否一致。

应收管理数据分析包括以下几个步骤。

第一步，了解应收管理系统应用状况。

在对应收数据分析之前，应首先对应收管理系统的应用情况进行调查了解。调查了解应收管理系统应用情况的数据分析程序如下。

① 系统是否启用应收管理系统。

② 应收管理系统是否在所有分支机构都得到启用。

③ 应收管理系统管理的应收账款范围，是对企业所有应收账款进行管理还是只对部分应收账款进行管理。

④ 应收管理系统应用程度。查看系统实施的业务蓝图，检查应收管理系统实现了哪些业务流程，关键的业务流程是否都在系统中完成。

⑤ 应收管理系统与其他系统集成情况。

第二步，利用 ERP 系统已有的应收管理相关报表进行分析。

如果应收管理系统得到全面实施，那么可以利用应收管理相关报表进行总体分析。应收账款变动可以通过 ERP 系统的查询反映出来。每个查询都有追溯联查功能，通过查询可以了解每笔应收账款的产生、核销及异常信息。在应收管理系统中，常见的报表输出有：应收业务总账报表、应收业务余额报表、应收业务明细报表、应收对账单报表、应收账款分析表、应收账款账龄分析表、应收账款控制表等。这些报表可以比较全面地反映企业应收账款业务的各类信息，利用这些报表可以为财务收支审计提供丰富的信息。

应收管理系统的报表数据分析程序如下。

① 利用应收账款分析表等分析企业应收账款的变化和波动，并与企业销售的变化和波动情况进行对比，判断有无异常。

② 利用应收账款账龄分析表等报表，计算应收账款的账龄，检查应收账款账龄及应收账款的回收情况。

③ 利用应收账款控制表等查看应收账款的审批控制情况。

第三步，应收原始录入数据分析。

除来源于销售管理系统的发票数据外，应收管理系统还存在一些手工直接录入的发票数据，如其他业务收入发票、营业外收入发票等。需要对这些数据的真实性、可靠性进行检查。应收管理系统的原始录入数据分析程序如下。

① 筛选手工录入发票，查阅对应的销售原始凭证，检查发票数据的真实性。

② 计算、复核手工录入的发票单价、总额、数量、增值税等数据的准确性。

第四步，应收管理系统外部数据分析。

应收管理系统的外部数据有多种来源，因此需要对这些数据的真实性、一致性和可靠性进行检查。应收管理系统的外部数据分析程序如下。

① 从独立的开票系统中提取开具发票的明细信息，与应收管理系统中的主营业务收入数据比对。

② 如果被审计单位采用独立的销售系统，提取销售系统中的销售数据，与应收管理系统中产品的金额、数量、单价等进行比对。

第五步，应收关联数据分析。

应收管理系统是企业销售业务循环的重要环节，与其他多个系统互相集成，数据关联密切。如果ERP系统中的应收管理系统得到全面应用并且与其他系统集成，审计时应充分利用集成系统间的关联关系查找异常，发现线索。应收管理系统的应收关联数据分析程序如下。

① 将应收发票数据与销售管理系统的销售数据进行对比分析。

② 将应收发票数据与总账系统的应收账款及收入数据进行对比分析。

第六步，应收的期末截止分析。

从系统数据中筛选资产负债表日前后若干天的应收明细数据、记账凭证和相关原始凭证，检查这些业务是否计入了正确的会计期间，其会计截止是否正确。或通过应收账款账龄分析表检查在期末最后发生的应收账款是否计入了正确的会计期间。重点检查系统时间与记账时间不一致、相差较大及集中登账的数据。

5.5 IT环境下应付管理系统的关键控制点及数据审计分析

本节以企业信息化所构建的典型信息系统——企业资源计划系统为标准，阐述应付管理系统的关键控制点分析和数据审计分析的思路和方法。

5.5.1 应付管理系统的关键控制点分析

1. 应付管理系统的主要业务流程

应付管理系统的主要业务流程如图 5-9 所示。

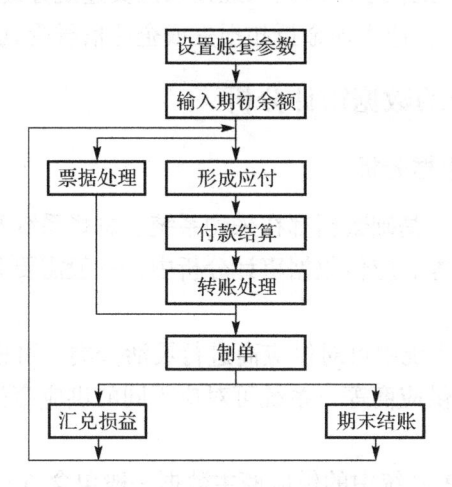

图 5-9 应付管理系统的主要业务流程图

① 开始使用应付管理系统时应建立一个新的账套。
② 首次进入一个账套时，要对账套控制数据进行设置。
③ 在进入正常业务处理之前，需要进行一些初始设置，并且录入期初余额。
④ 日常业务处理包括单据的输入、单据的结算、票据的管理、凭证的处理及转账处理等。
⑤ 期末处理包括汇兑损益的处理及月末结账的处理。

应付管理系统与其他系统的主要关系如图 5-10 所示。

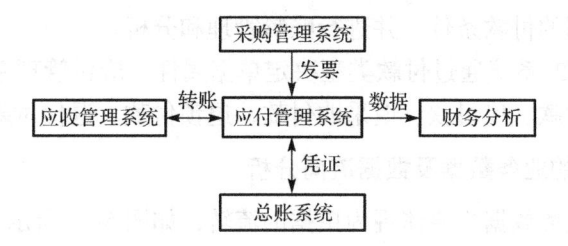

图 5-10 应付管理系统与其他系统的主要关系

应付管理系统与其他系统的主要关系如下。

① 应付管理系统接收采购管理系统提供的各种发票，在此生成凭证，并对发票进行付款结算处理。
② 应付管理系统向总账系统传递凭证，并能够查询其所生成的凭证。
③ 应付管理系统和应收管理系统之间可以进行转账处理，如应付冲应收。

2. 应付管理系统关键控制点分析

在对应付业务处理流程的描述和关键环节分析的基础上，应付管理系统的风险控制点主要存在于以下几个方面。

① 发票与采购订单不一致，以虚假发票套取现金。
② 同一笔业务出现重复付款。
③ 付款金额与采购订单、合同等相关单据不一致，或者付款信息错误，收款人信息不正确。
④ 付款未履行应有的审批程序，或是未经授权人员违规办理付款业务。
⑤ 付款时间提前或延后，造成现金折扣损失或企业信誉受到影响。

5.5.2 应付管理系统的数据审计分析

1. 应付管理系统的主数据分析

应付管理系统引用的很多基础数据都在采购系统、总账系统及资金管理系统中定义，例如供应商主数据、账户数据等。应付数据审计分析中，一般需要获取的主要基础数据包括如下几类。

① 供应商分类。ERP 系统中可对供应商进行灵活分类，可根据供应商特点分为一般供应商、员工供应商和一次性供应商等。系统可对应不同的供应商类别使用不同的代码范围及编号机制。

② 供应商主数据。ERP 系统中的供应商主数据一般包含 3 个层次：一般数据、公司代码数据，以及和采购相关的数据。一般数据维护供应商名称、地址、增值税号等信息。系统通过一般数据可在集团级对供应商进行统一管理，避免供应商在不同公司的重复创建，从而减少了信息冗余和编码不一致情况。公司代码数据可以维护供应商的记账科目，其作用是在对供应商进行发票校验时，系统可以在登记供应商明细账的同时根据记账科目登记总账。公司代码数据还包括付款条件、付款方式等控制数据，用来产生付款建议，进行账龄分析。和采购相关的数据有采购组织、开票方等数据。

③ 付款条件。ERP 系统支持企业使用多种账期设置，如信用期限、月结等，可以针对不同的供应商设置不同的付款条件，并进行账龄管理和分析。

④ 付款类型。ERP 系统通过付款类型决定单据属性。应付管理系统预设的付款类型一般包括采购付款、预付款、代付款、退采购付款、退预付款、退代付款等。

2. 应付管理系统的业务数据及数据流向分析

应付管理系统的业务数据主要体现为单据的流转，如图 5-11 所示。

采购发票 → 支付建议 → 付款清单

图 5-11 应付管理系统的单据流转

应付管理系统与采购系统完整集成时，系统从采购系统的发票处理功能生成应付账款，这就是主营业务相关应付的来源。这种模式下采购发票与应付金额是一致的，付款会结清发票产生的应付账款。

ERP 系统可以提供项目管理和内部订单管理功能，工程项目的管理过程可以通过项目管理或内部订单管理来核算。当为工程进行物资或劳务等采购时，可在采购订单中标注采购的具体项目或内部订单，这样就可以将采购与具体的工程项目关联起来。根据此类采购订单的发票校验产生的应付账款可以追溯到具体的工程项目。

3. 应付管理系统的审计分析程序

应付管理系统的审计分析程序包括总体分析和数据分析两方面。

应付管理系统的总体分析就是在获取电子数据后，根据关键控制点分析中的疑点形成审计模型，可以在 ERP 系统中进行关联查询，或者借助审计智能系统和一些先进方法，如人工神经网络、模糊逻辑等进行数据式审计。审计模型的建立应考虑如下几个方面。

① 所有权审计。确认应付管理系统中是否包含了企业所有的应付账款，可以通过应付账款的结构分析进行筛选与审查。

② 存在性审计。测试企业所有记录的采购都确已收到商品或已接受劳务。

③ 完整性审计。测试已发生的采购业务是否均已记录。

④ 计价审计。测试所记录的采购业务估价是否正确。

⑤ 截止期审计。测试采购业务是否按正确的日期记录。

⑥ 准确性审计。测试采购业务是否被正确记入应付账款和存货等明细账中，并正确汇总。

应付管理系统的数据分析包括以下几个步骤。

第一步，了解应付管理系统的应用状况。

在进行应付数据分析之前，应首先对应付管理系统的应用状况进行调查了解。调查了解应付管理系统应用情况的数据分析程序如下。

① 系统是否启用应付管理系统。

② 应付管理系统是否在所有分支机构都得到启用。

③ 应付管理系统管理的应付账款范围，是对企业所有应付账款进行管理还是只对部分应付账款进行管理。

④ 应付管理系统应用程度。查看系统实施的业务蓝图，检查应付管理系统实现了哪些业务流程，关键的业务流程是否都在系统中完成。

⑤ 应付管理系统与其他系统的集成情况。

第二步，利用 ERP 已有应付相关报表进行分析。

若企业应付管理系统得到全面实施，则可利用应付管理相关报表进行总体分析。应付账款金额的变动可以通过 ERP 系统的查询反映出来。每个查询都有追溯联查功能。通过查询可以了解每笔业务的来源、去向及异常信息。应付管理报表可以进行总账、明细账、余额表和对账单的查询，并可以实现总账、明细账、单据之间的联查。

常见的应付管理报表有到期债权债务明细表、应付对账单、应付账款汇总查询表、预付账款汇总查询表、应付票据汇总查询表、其他应付款汇总查询表等。这些报表可以比较全面地反映企业应付账款的各类信息。在确认报表基础数据真实，统计口径、计算方法正确的前提下，利用这些报表可以为财务收支审计提供丰富的信息。

应付管理系统的报表数据分析程序如下。

① 利用到期债权债务明细表等报表对企业发生的应付账款情况进行统计，分析其变化和波动，并与企业生产、采购的变化和波动情况进行对比，判断有无异常。

② 利用应付对账单等报表同以往年度或在各季、各月之间按不同应付账款种类进行比对，检查是否存在高估或低估应付账款价值的情况。

③ 利用应付票据汇总查询表等报表计算应付票据汇总金额，并同以前年度应付票据比较，检查应付票据的波动变化情况。

④ 利用预付账款汇总查询表等报表计算预付账款汇总金额，并同以前年度预付账款比较，检查预付账款的波动变化情况。

第三步，应付原始录入数据分析。

应付管理系统的原始录入数据主要包括与应付相关的主数据及发票数据等。ERP 应用情况不同，原始录入数据的范围也不同。如果 ERP 中应付与采购、库存管理系统集成，那么应付数据中的价格、供应商等信息一般来源于相应的采购系统，对输入数据的检查需要延伸到相应的源头。如果没有集成，那么应付管理系统的信息都来自原始录入数据，需要对这些数据的真实性、可靠性进行检查。应付管理系统原始录入数据分析程序如下。

① 录入的折扣和折让需与真实的折扣与折让保持一致。

② 由计算机将记录采购的日期和采购入库通知单上的日期进行比对，检查这些日期是否归属不同的会计期间。

③ 通过抽样等方法检查应付账款的状态，核查这些数据的真实性、可靠性。

第四步，应付管理系统外部数据分析。

应付管理系统的外部数据有多个来源，因此需要对这些数据的真实性、一致性和可靠性进行检查。应付管理系统的外部数据分析程序如下。

① 将债权人一方的销售收款数据与被审计单位采购付款的情况进行核对。

② 提取关联方销售系统中与被审计单位发生采购业务的数据。将关联方销售的业务数据与被审计单位应付账款进行比对。

③ 与收到的购货发票明细进行比对，分析异常情况。

第五步，应付管理系统关联数据分析。

应付管理系统与其他多个系统互相集成，数据关联密切。如果企业 ERP 系统中应付管理系统得到全面应用并且与其他系统集成，审计中应充分利用集成系统间的关联关系查找异常、发现线索，应付管理系统关联分析程序如下。

① 将应付账款记录与存货系统中的存货入库记录、收货记录进行比对，分析异常情况。

② 检查应付账款冲销的凭证，与存货出库记录进行匹配。

③ 将应付账款记录与采购系统的采购合同、订单等进行对比分析，查找差异。

第六步，应付的期末截止分析。

从系统数据中筛选资产负债表日前后若干天的应付明细数据、记账凭证和相关原始凭证，检查这些业务是否计入了正确的会计期间，其会计截止是否正确。或通过应付账款余额表检查在期末最后发生的应付账款是否计入了正确的会计期间。重点检查系统时间与记账时间不一致、相差较大及集中登账的数据。

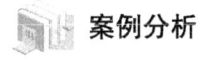

案例分析

某单位 SAP 系统审计报告

一、执行总结

(一)项目背景

某单位的信息技术部门负责信息技术整体架构的设计和管理，以及机构内各种信息系统的运营维护。某单位于 2005 年开始在其总部使用 SAP 的企业资源计划(ERP)系统，主要使用的是财务核算和后勤管理模块。该单位正在全面开发基于 SAP 的 VISION 系统，推进 ERP 系统的使用。

(二)审计总体目标

鉴于某单位的日常业务管理和财务核算高度依赖信息系统，为实现对其财务报表及管理绩效发表审计师意见的总体审计目标，将本次 ERP 审计的目标确定为：

(1)通过检查信息系统的安全性控制、业务流程控制及评估信息系统数据质量，发现影响财务记录和业务管理记录真实性、完整性的问题，为财务收支审计和绩效管理审计提供技术支持；

(2)在检查信息系统现有应用控制和数据质量状况分析的基础上，结合某单位系统开发的业务流程设计方案，在对新开发系统中的应用控制有待提升的方面，提供恰当的审计改进建议。

(三)审计重点

本次 ERP 审计的重点包括以下两方面。

一是在以前年度已开展的一般控制审计的基础上，对被审计单位的关键信息系统——SAP 系统开展应用控制审计：(1)验证系统控制配置的有效性；(2)验证访问授权的安全性；(3)验证系统数据的完整性和准确性；(4)尝试发现利用信息系统提高管理效益的途径，提出适当的审计建议。

二是在现有 SAP 系统控制审计发现的基础上，检查 VISION 系统的实施情况。在此次审计过程中，重点关注 SAP 系统中采购和付款管理、人事和薪资管理、存货管理、总账和成本管理五个流程的内部控制评估。

(四)审计工具和方法

主要审计事项如下：

审计事项类别	审计事项名称
应用控制配置审计	系统应用控制配置审计
授权安全审计	离职员工账号管理审计
	敏感权限访问控制
	不相容职责授权分离审计
数据质量评估	数据的准确性、一致性和完整性

主要审计步骤和方法如下：

(1)收集信息系统管理政策和操作手册，掌握 SAP 系统的基本情况，了解系统日常管理和安全控制等环节；

(2)审阅相关管理文档，确定政策和业务过程；检查执行过程文档，确定控制的实际执行情况；

(3)访谈主要信息系统管理人员和业务流程负责人员，了解具体业务情况和系统管理执行详细流程；

(4)运用 SAP 系统审计工具，对 SAP 系统应用控制有效性、授权安全性(包括账号管理、敏感权限访问授权和不相容职责授权分离)，以及系统数据质量一致性和完整性等方面进行深入审阅和分析；

(5)在审计工具初步检查结果的基础上，登录 SAP 系统生产环境，对于系统配置、用户权限授权及系统数据质量等方面的初步审计发现进行进一步检查和确认；

(6)利用必要的数据分析技术和工具，检查重要系统应用控制的实际执行情况；

(7)与信息系统管理人员和相关业务流程负责人员沟通和确认SAP系统审计过程中的发现，并提供改进建议。

(五)工作总结

本次ERP审计是对某单位信息系统的初步审计尝试，审计人员从信息系统应用控制有效性、授权安全性及数据质量评估三方面对某单位的SAP系统进行了现场审计，主要发现以下几方面问题：

(1)SAP系统供应商管理、采购发票容差设置和校验、货物移动等方面的应用控制配置有待改进；

(2)缺乏有效的SAP离职账号管理流程；

(3)SAP系统授权缺乏有效的敏感权限授权控制及适当的不相容职责授权分离；

(4)SAP系统存在大量冗余和信息不完整的主数据。

二、发现、建议和管理层回应

(一)系统应用控制配置审计

SAP系统应用控制配置待改进。

发现描述：

审计人员通过收集和审阅某单位SAP系统管理政策和操作手册，并访谈SAP系统管理员，对SAP系统的使用情况进行理解。

基于对某单位SAP系统使用情况的初步理解，在审计过程中，审计人员利用审计工具Assure Control对SAP系统中的采购和付款管理、人事和薪资管理、存货管理、总账和成本管理五个流程中关键的系统控制配置进行审阅。

结合某单位SAP系统功能实现情况，审计人员重点关注以下方面的SAP系统应用控制参数配置情况。针对不同的SAP系统应用控制点配置，提供详细的各公司代码和组织的参数配置情况报表。

流程	子流程	审计重点关注点描述	风险等级
采购和付款管理	供应商管理	重复供应商检查的系统标准被恰当设置，不允许重复输入名称、城市相同的供应商	高
采购和付款管理	采购申请、合同及订单的下达	系统中所有采购订单都必须经过适当的审核，经过审核的采购订单不能被修改或删除	高
采购和付款管理	采购收货	采购收货容差-订单价格数量容差B1/B2的预设置为：B1-±%;B2-±%，当收货的数量单位与库存成本的数量单位不同时，系统根据预设置的换算公式判断收货的数量与采购订单的差异是否超过B1/B2容差	中
采购和付款管理	采购收货	系统被恰当设置，收货数量不允许超过采购订单允许超收的容差范围	中
采购和付款管理	采购的财务记录	系统被恰当设置，采购发票的发票号、发票金额、发票日期、过账日期及计算账龄的开始日期等为必填项	高
采购和付款管理	采购的财务记录	预设置贷记凭证输入时，备注字段为必填字段，从而确保贷记凭证可以与原发票关联	中
采购和付款管理	采购的财务记录	系统被恰当设置，出现重复发票时系统报错	高

续表

流程	子流程	审计重点关注点描述	风险等级
采购和付款管理	采购的财务记录	发票和收货容差DQ被恰当设置,发票数量与收货数或者发票价格和订单价格不一致且超出容差范围的发票会被冻结	中
采购和付款管理	采购的财务记录	预设置PP(价格变化)容差的最高金额及比例,如果订单价格乘以发票数量与发票金额的差异超过容差限额,则系统冻结发票的付款	中
存货管理	收货	系统不允许物料账过账到以前期间	中
存货管理	收货	预设置当收货数量在订单数量的容差范围内时,自动关闭采购订单	中
存货管理	收货	所有货物接收的移动类型必须参照相应的采购文档,如采购订单,生产订单,交货通知	中
存货管理	收货	只有在收货时才能进行物料估价,并且收货和发票记账对应的总账科目不能被修改	中
存货管理	总账科目集成	在系统中设定库存移动类型对应的总账科目	中
人事和薪资管理	员工入职管理	系统不允许重复录入员工编号	中
人事和薪资管理	薪资处理	进行工资维护时,系统不允许超过该工资类型的支付容差	中
总账管理	会计科目主数据维护流程	SAP系统提示不允许重复输入已存在的会计科目代码	高
总账管理	总账凭证记账	除了修改凭证抬头文本和参照外,SAP系统不允许修改已正式过账的(包括由系统子模块自动产生的)会计凭证的关键信息(包括凭证行项目、过账日期、凭证日期、制单人)	高
成本管理	内部订单创建及结算流程	每种订单类型应被恰当分配一个结算参数文件	中
成本管理	内部订单创建及结算流程	结算参数文件被适当配置以确保所有的成本被正确地结算	中

审计人员发现当前SAP生产系统中7处关键系统控制配置尚未启用,包括重复供应商的错误信息提示设置、采购订单和收货的容差设置、供应商发票行的金额校验及容差设置、禁止修改已过账的供应商凭证规则设置、重复供应商发票校验设置、禁止手工进行货物移动类型的科目分配,以及库存盘点差异过账容差限制等。

风险:未设置有效的SAP系统应用控制配置,或通过手工控制的方式替代SAP系统自动控制,会对SAP系统环境下内部控制的效率和效果产生影响,从而存在最终影响SAP系统中业务和财务数据准确性和有效性的风险。

重要性:中。

改进建议:我们建议某单位在VISION系统环境中,根据业务需求启用相关系统控制配置,以期提高业务流程中控制环节的效率和效果。

管理层整改方案:管理层反馈VISION系统已基本开发完成,正处于用户接受性测试阶段。为了保证现有版本VISION系统环境的稳定性,确保新的VISION系统按时上线运行,暂时保持原有VISION设计配置方案。在VISION系统上线运行稳定后,管理层会考虑根据实际业务需要,对VISION系统应用控制配置进行改进。

(二)系统授权安全审计

(1)缺乏有效的SAP离职账号管理流程。

发现描述:审计人员从SAP系统中提取了SAP系统活动账号,并从人事管理模块中导出所有人员主数据信息。

通过对比SAP系统活动账号与人事管理模块中的员工主数据信息,审计人员发现有部分离职员工的 SAP 账号未能及时关闭，截止审计日，至少有 2 个已离职员工的 SAP 系统账号仍处于活动状态。

主要原因：通过访谈 SAP 系统管理员，审计人员发现，产生上述问题的主要原因是在员工离职流程中未明确要求离职员工的信息系统账号需及时被关闭，也缺乏必要的流程环节。

作为补偿性措施，SAP 系统账号管理部门只是每月按业务部门从 SAP 系统中导出非活动账号报表(超过 180 天未登录账号)，分发至各业务部门以确认是否需要禁用相关账号。采用上述账号检查方法，在用户离职超过 180 天后，才能通过非活动账号报表发现并进行后续禁用工作，导致存在离职员工账号不能及时被禁用的情况。

风险：现有的 SAP 系统账号管理流程，不能及时、有效地发现并禁用离职人员账号，从而存在已离职人员或非授权人员继续使用已离职人员账号，对 SAP 系统数据进行非授权性访问和篡改的风险。

重要性：高。

改进建议：我们建议某单位完善 SAP 系统账号管理的离职员工相关流程，确保在离职日期生效前禁用相关系统账号。

管理层整改方案：管理层同意对现有的离职员工账号管理流程进行审阅，确保及时禁用离职人员的 SAP 系统账号。

(2) SAP 系统授权缺乏有效的敏感权限授权控制及适当的不相容职责授权分离。

发现描述：

审计人员对采购和付款管理、人事和薪资管理、存货管理、总账和成本管理五个流程中的 SAP 系统用户账号授权情况进行分析。

基于对某单位 SAP 系统使用情况的了解，审计人员发现 SAP 系统以下不相容职责冲突规则。

流程	冲突功能 A	冲突功能 B	风险等级
采购和付款管理	采购订单录入	采购订单审批	高
采购和付款管理	采购订单录入	供应商主数据维护	中
采购和付款管理	供应商主数据维护	采购订单审批	中
采购和付款管理	供应商主数据维护	应付发票录入	中
采购和付款管理	供应商主数据维护	处理供应商付款	高
采购和付款管理	应付发票录入	处理供应商付款	高
采购和付款管理	银行主数据维护	处理供应商付款	高
采购和付款管理	采购协议录入	应付发票录入	中
采购和付款管理	采购订单审批	应付发票录入	中
采购和付款管理	采购订单审批	处理供应商付款	高
采购和付款管理	采购订单录入	处理供应商付款	中
总账管理	总账主数据维护	会计凭证过账	高
总账管理	会计凭证预制	会计凭证过账	高
总账和成本管理	成本主数据维护	成本计算和分摊	高
存货管理	采购订单录入	物料主数据维护	中
存货管理	盘点差异录入	盘点差异过账	高
人事和薪资管理	人事主数据维护	薪资处理	高
人事和薪资管理	人事主数据维护	职位主数据维护	中

续表

流程	冲突功能 A	冲突功能 B	风险等级
人事和薪资管理	人事主数据维护	考勤信息维护	中
人事和薪资管理	员工银行主数据维护	员工付款主数据维护	中
人事和薪资管理	员工银行主数据维护	员工薪资主数据维护	中
人事和薪资管理	职位主数据维护	薪资处理	高

通过权责分离分析报表，审计人员发现当前 SAP 系统用户账号存在大量的过度系统授权和不相容职责冲突情况。如非人事处理岗位人员拥有员工信息维护的系统权限，同时拥有采购订单和采购发票处理的不相容职责权限；非财务人员拥有总账日记账处理的系统权限，同时拥有成本中心结构维护和成本转移处理的不相容职责权限等。

主要原因：通过访谈信息系统账号管理部门及相关业务部门负责人，审计人员了解到产生上述问题的主要原因是员工账号授权时审批人员没有有效地审核账号所需权限的合理性，且现有 SAP 系统的权限角色也没有与部门岗位职责定义明确的映射关系；同时也缺乏完善的系统角色职责分离表，导致无法有效地分析和发现 SAP 系统用户授权中存在的职责分离冲突问题。

风险：缺乏有效的敏感权限授权控制及适当的不相容职责授权分离控制，可能导致非授权人员对 SAP 系统敏感数据进行访问和篡改，甚至存在业务舞弊的风险。

重要性：高。

改进建议：我们建议某单位借助 VISION 系统实施的时机，对 SAP 系统用户授权管理流程进行改进，维护适当的系统权限角色和部门岗位职责映射文档，在用户授权审批时须由业务部门负责人和系统角色所属部门共同审批通过后执行；同时维护完善的系统不相容角色清单矩阵，在进行用户授权前须进行不相容职责分析和确认。

管理层整改方案：管理层在新的 VISION 系统设计方案中已经重新设计系统权限角色，会与当前部门岗位职责相对应，并且也会同步实施 APPROVA 工具软件，用以监控违反职责分离的业务操作。

（三）数据质量评估

SAP 系统存在大量冗余和信息不完整的主数据。

发现描述：

审计人员对 SAP 系统的采购和付款管理、人事和薪资管理、存货管理、总账和成本管理五个流程中从 2010.1.1 至 2011.4.30 日发生的实际业务数据进行提取和分析（审计数据质量评估关注点，参见附件一：SAP 系统内部控制审阅范围）。

审计人员发现在现有 SAP 生产环境中，关键主数据（科目表、供应商和员工）存在大量潜在的冗余和不完整的记录。

某单位科目表中存在 335 条潜在重复的科目主数据（具有相同的短描述、长描述和账号组）。

某单位公司代码中，存在 16 516 条在 2010 年 1 月 1 日至 2011 年 4 月 30 日间未发生任何业务的供应商主数据，占供应商主数据总体的 31%；存在 93 组 188 条潜在重复的供应商主数据（具有相同的名称、街道地址和城市）；有 7 条供应商主数据不完整，缺少名称、统驭账户或重复发票校验等重要字段信息。

某单位的员工主数据中存在 92 组 185 条潜在重复的记录(具有相同的姓氏、名称、城市和出生日期),此外有 3 条不完整员工信息缺少必要的成本中心。

主要原因: 审计人员与某单位信息系统管理部门及相关数据所有部门人员访谈后了解到,现有的 SAP 系统从 1999 年上线使用至今,尚未进行过正式全面的数据审阅和清理,导致系统中遗留着大量的录入不完整的、冗余的或重复的关键主数据记录。

风险: 不完整的、冗余的或者重复的主数据信息,可能导致录入和处理不正确的业务数据,最终影响财务报告数据的准确性。

重要性: 高。

改进建议: 我们建议某单位利用 VISION 系统上线前数据迁移准备的契机,对现有 SAP 系统中的科目、供应商和员工等关键主数据进行审阅和清理,确保数据准备的完整性和一致性;在将来的 VISION 环境下,建立完善的数据管理流程,在系统中维护主数据前,对系统中已有数据进行检查核对,避免重复性录入;增强系统应用控制功能,依据设定的验证标准,自动校验和阻止录入重复数据;形成定期的主数据审阅机制,以确保及时发现和处理异常数据信息,如录入不完整、不准确或重复的数据信息。

管理层整改方案: 管理层反馈新的 VISION 系统正在进行系统数据迁移的前期准备,包括对关键主数据(科目表、供应商和员工)的清理和整理;在新的 VISION 系统环境下,管理层会考虑增强系统应用控制功能,实现自动校验和阻止录入重复的数据;此外,在新的 VISION 系统上线后,管理层会考虑建立定期的主数据审阅机制。

附件一:SAP 系统审计范围

	业务流程	审计范围	审计重点
1	采购与付款(SAP FICO & MM)	1. 供应商管理	非活动供应商
			重复供应商
			主数据维护权限
		2. 采购申请	采购申请维护/审批权限
		3. 采购订单	重复采购订单
			大金额采购订单
			采购订单维护/审批权限
		4. 采购收货	采购收货/退回维护权限
		5. 采购发票	采购发票统计分析(按供应商/公司代码)
			采购物资类别/采购份额统计分析(按供应商)
			重复采购发票
			采购发票付款条件与供应商主数据之间的差异
			采购发票维护/释放/过账权限
		6. 付款	大金额发票付款
			采购付款维护权限
		7. 职责分离	关键职责分离规则
2	会计账务处理(SAP FICO & Travel)	1. 会计科目	会计科目维护权限
		2. 会计凭证	重复凭证(工资/差旅)
			凭证统计分析(按用户/公司/类型)
			大金额凭证
			凭证录入/过账权限
		3. 汇率	银行/汇率维护权限

续表

	业务流程	审计范围	审计重点
		4. 内部订单	内部订单/成本结构/利润中心/活动类型/成本转移维护权限
		5. 职责分离	关键职责分离规则
3	人力资源(SAP HR)	1. 员工信息	重复员工
			员工信息与供应商信息匹配
			员工空缺率分析
			员工信息维护权限
		2. 薪资	大金额年薪
			薪资维护/计算权限
		3. 职责分离	关键职责分离规则
4	存货管理(SAP MM)	1. 物料管理	物料主数据维护权限
		2. 出入库管理	出入库维护权限
		3. 盘点	库存调整和审核权限

资料来源：审计内部经验交流稿件。

要求：

(1) 根据上述资料说明审计作业流程的划分及其内容。
(2) 主要审计事项是如何确定的？
(3) 你是如何理解控制参数配置的？
(4) 你认为采购子系统的核心业务有哪些？
(5) 请给出采购子系统的业务流程？
(6) 采购子系统的审计关注点有哪些？

知 识 扩 展

1.《中国注册会计师审计准则第1211号》

2010年11月1日修订的《中国注册会计师审计准则第1211号——通过了解被审计单位及其环境识别和评估重大错报风险》，其制定目的是为了规范注册会计师通过了解被审计单位及其环境，识别和评估财务报表重大错报风险。该准则第二十一条明确规定，注册会计师应当从下列方面了解与财务报告相关的信息系统(包括相关业务流程)：(1) 在被审计单位经营过程中，对财务报表具有重大影响的各类交易；(2) 在信息技术和人工系统中，被审计单位的交易生成、记录、处理、必要的更正、结转至总账及在财务报表中报告的程序；(3) 用以生成、记录和报告(包括纠正不正确的信息及信息如何结转至总账)交易的会计记录、支持性信息和财务报表中的特定账户；(4) 被审计单位的信息系统如何获取除交易以外的对财务报表重大的事项和情况；(5) 用于编制被审计单位财务报表(包括做出的重大会计估计和披露)的财务报告过程；(6) 与会计分录相关的控制，这些分录包括用以记录非经营性的、异常的交易或调整的非标准会计分录。

有关《中国注册会计师审计准则第1211号》，请登录 http://www.chinaacc.com/ 查询。

2.《商业银行信息科技风险管理指引》

中国银行业监督管理委员会(简称"中国银监会")于2009年6月颁布的《商业银行信息科技风险管理指引》,共11章76条,分为总则、信息科技治理、信息科技风险管理、信息安全、信息系统开发、测试和维护、信息科技运行、业务连续性管理、外包、内部审计、外部审计和附则11个部分。该指引全面涵盖商业银行的信息科技活动,进一步明确信息科技与银行业务的关系,对于认识和防范风险具有更加积极的作用;将信息科技治理作为首要内容提出,充实并细化了对商业银行在治理层面的具体要求;重点阐述了信息科技风险管理和内外部审计要求,特别要求审计应贯穿信息科技活动的整个过程之中;参照国际国内的标准和成功实践,对商业银行信息科技整个生命周期内的信息安全、业务连续性管理和外包等方面提出高标准、高要求,使操作性更强。

有关《商业银行信息科技风险管理指引》,请登录 www.cbrc.gov.cn 查询。

思 考 题

1. 简述 IT 环境下的审计工作流程。
2. IT 环境下审计准备阶段的主要工作有哪些?
3. 简述 IT 环境下审计实施阶段的主要工作。
4. 常见的数据采集方式有哪些?
5. 简述数据预处理的目的及工作步骤。
6. 常用的审计数据分析方法有哪些?
7. 总账系统的关键控制点有哪些?
8. 总账系统的控制参数分析有哪些?
9. 总账系统的主数据分析内容有哪些?
10. 简述应收管理系统的关键控制环节及关键控制点。
11. 简述应收管理系统的主数据分析。
12. 简述应付管理系统的关键控制环节及关键控制点。
13. 简述应付管理系统的主数据分析。
14. 结合本章案例谈谈如何对 ERP 系统进行审计?

第6章

信息系统审计

【目标与内容】

本章目标：通过本章学习，理解信息系统的一般控制和应用控制的概念，掌握一般控制和应用控制的内容；掌握一般控制和应用控制的审计程序及审计方法。

本章内容：(1)一般控制及其审计；(2)应用控制及其审计；(3)信息系统开发审计；(4)信息系统运营与维护审计；(5)信息系统业务连续性审计。

6.1 一般控制及审计

一般控制有助于保证信息系统持续恰当地运行，支持应用控制作用的有效发挥。

6.1.1 一般控制

信息系统一般控制作为内部控制的一个方面，是确保组织信息系统正常运行的制度和工作程序，其主要目标是保护数据与应用程序的安全，并确保在异常中断情况下计算机信息系统能持续运行。如果计算机环境发现了信息系统一般控制的缺陷，那么会影响系统整体的可信程度。信息系统一般控制在被审计单位的组织层面、系统层面以及应用程序总体层面实施，其效果是信息系统应用控制效果的决定性因素。如果没有适当的一般控制，应用控制容易被规避、篡改而导致失效。所以审计工作通常要求对一般控制是否有效进行单独评估，或者在应用控制评估之前实施。

信息系统一般控制包括硬件控制、软件控制、访问控制、职责分离等关键控制问题。审计人员应当采用合适的方法、合理的技术手段对被审计信息系统的安全管理、访问控制、基础架构、数据保护以及灾难恢复等方面的控制进行检查与测试，以评估信息系统一般控制的效果，也可以为数据审计提供审计线索和依据。审计人员制订信息系统审计计划时，应当将注意力集中在那些直接影响应用程序的一般控制上，确定关键审计领域、重要审计事项以及关键控制活动。在确定重要审计事项和关键控制活动时，审计人员既要考虑与审计目标直接有关的应用程序，也要考虑系统的架构，因为它们对于评估信息系统一般控制是否有效实施十分关键。审计人员还要考虑获取审计证据的方式，通过证据判断该审计事项的控制活动是否有效。

被审计单位通常在其组织层面、系统层面和应用层面实施信息系统一般控制。在组织层面和系统层面实施的信息系统一般控制具有普适性，其审计测试技术和方法基本相同，而在应用程序层面实施的一般控制由于应用程序的多样性，其控制技术以及相关的审计测试会各不相同。因此，为了对被审计单位的信息系统一般控制进行有效的评估和检查，审计人员要掌握一定的专业技术知识，能够依据被审计单位具体使用的软件及控制技术提出详细的一般控制审计实施方案。

1. 信息系统硬件控制

信息系统硬件是信息系统的重要组成部分，是系统运行的重要保障，它是由多种执行特定功能、相互依赖的部件所构成的，对信息系统硬件设施实施合理控制，是保证信息系统安全性的重要措施。对硬件基础设施的控制主要涉及计算机硬件环境的控制和网络环境的控制。

（1）硬件环境的控制

在计算机硬件环境控制方面，需要考虑计算机硬件系统的采购、运行、维护、监控和支持能力管理等方面的控制。

硬件的采购通常以招标书和请求建议书的形式作为硬件规格说明书送达各供应商，该规格说明书必须尽可能全面说明所需设备的用途、任务和要求，包括设备所处环境的描述。根据招标书或请求建议书，硬件供应商提供其投标书或建议书。组织应安排对投标书或建议书从技术和商务层面进行评估、分析与比较，在评标结果获高层批准后，应与设备供应商签订正式的合同，合同中应包括审计权利条款，以确保组织利益。

硬件维护需求随系统复杂性和运行负载的不同而不同。组织应制订明确的维护计划，最大限度地满足供应商要求的维护规格。组织应将硬件维护的执行过程形成文件，明确要求日常维护的硬件资源信息、维护日程表、维护成本，并记录可提供特殊设备维护的服务商信息。文件还应明确维护记录的保存，对维护执行历史，包括计划内的、计划外的、已执行的和例外的维护都要有相应的审计轨迹。

硬件监控是对信息系统硬件使用的控制，可确保硬件的可用性与可靠性，保证组织利益。通过分析硬件使用的相关报告可以监控硬件的使用，常见的报告有硬件错误报告、硬件可用性报告和硬件利用率报告。

硬件容量管理是对计算机资源的计划和监控，其目标是根据总体业务的增长或减少动态地增减资源，以确保可用资源的有效利用。容量计划应由用户和信息系统管理部门共同参与完成，并至少每年都进行审查和修改。容量计划应包括被以往经验所证实的预测，同时考虑现有业务的潜在增长和未来业务的扩充，重点应考虑 CPU 的利用、计算机存储的利用、远程通信和广域网带宽的利用、I/O 通道的利用、用户的数目、新的技术、新的应用以及与设备供应商的服务水平协议等。

（2）网络环境的控制

网络环境的控制目标是通过加强网络控制的策略和措施，保障网络结构和网络通信的可靠性，保障存储处理和机房系统的完整性和可用性。根据网络控制目标要求，依据信息系统承载业务需求，网络控制可分为网络结构控制、网络通信控制、存储处理控制和机房控制四个具体控制。

网络结构控制的目标是指通过合理的网络结构规划，确定网络配置策略和接入选择，以恰当的分级等级保护标准，配备适当的网络支撑和管理设备，保证整体网络的可靠性、安全性、经济性。网络结构控制的可靠性是指网络管理部门应妥善保管网络建设资料，并维护与当前运行情况相符的网络拓扑结构图。网络结构规划应根据各部门的工作职能、重要性和所涉及信息的重要程度等因素，划分不同的子网或网段，并保证网络各个部分的带宽满足业务高峰期的需要；同时按照方便管理和控制的原则为各子网、网段分配地址段，应保证主要网络设备的业务处理能力具备冗余空间，满足业务高峰期的需要。网络结构控制的安全性是指应避免将重要网段部署在网络边界处且直接连接外部信息系统，重要网段与其他网段之间应采取可靠的技术隔离手段，应为涉密网络建立与非涉密网络物理隔离的独立网络。网络结构控制的经济性是指通过充分的调研论证，科学经济地划分子网和配备设备，应在确保安全可靠的前提下减少子网数量，并实施严格的设备选型与采购程序，选择质优价廉的设备。

  网络通信控制的目标是指对整个网络系统的可靠性、安全性以及网络系统承载业务信息资源的真实性进行的控制。网络通信控制的可靠性是指应确保不同网络结构的关键节点边界设备、各通信链路的承载能力，能够在规定条件和规定时间实现网络系统设计规定的通信容量和通信速率，并能够对网络系统突发的过容过载进行恰当处理，确保网络通信有效运行，支撑网络系统承载业务通信需求持续和稳定地实现。网络通信控制的安全性是指应确保网络通信的各种通信链路不受自然和人为因素的威胁和危害，保证网络通信按需传输，确保敏感信息不暴露于规定范围之外，以免信息泄露。网络通信控制的真实性是指应保证网络通信信息与系统设计要求的实际情况相符合。技术控制的真实性目标应确保网络通信过程中，真实信息从真实的信息产生源以真实的内容提交到真实的目的地，并进行真实地处理；它涉及网络通信的防抵赖、防篡改、信息封装等控制技术。

  存储处理控制的目标是指按照网络系统目标，围绕存储处理系统的建设与运行管理，保证构建存储处理系统的经济性、支撑信息存储与处理过程的可靠性和安全性，以及存储处理业务信息时的真实性与完整性等。存储处理系统的经济性是指在保证构建存储处理系统的经济性的过程中，应按照网络系统目标，按照分阶段建设原则，在投资尽可能低的情况下，选择能够满足网络系统分期存储资源需求目标，选取适度先进、资源容量易于扩展的技术路线。存储处理系统的可靠性是指支撑信息存储与处理过程的可靠性，确保满足网络系统中对信息资源存储处理容量和速度的要求，能够实现故障追踪管理、数据分级存储和灾难恢复等。存储处理系统的安全性是指确保在具体网络规划中，能够实现存储处理系统的按需访问控制，支持信息资源可以按敏感程度实施有效保护防护等安全性要求，能够有效与应用系统配合，支撑应用系统实现信息资源存储与处理的真实性与完整性要求。

  机房控制的目标包括计算机机房运行环境的可靠性、安全性、经济性。计算机机房运行环境的可靠性控制主要围绕功能支撑设置，包括计算机机房及各类房间功能布局容量是否满足功能及扩展要求、承重布局是否足以支撑摆放有关设备的要求、供电系统是否满足设计和运行设备的电源功率要求，并按相关标准规范留足安全冗余、照明系统是否能提供充足照明、新风空调系统是否能够支撑人员新风需要并足以匹配温湿度调节需要。计算机机房运行环境的安全性控制目标主要围绕物理安全设置，包括计算机机房及相关功能布局是否满足有利于按授权控制人员物理接触访问相关设备的需要；承重布局能否支撑蓄电池等重点承重对象并不引入承重结构风险；供电系统在浪涌、缺相等极端情况下能否有效发挥抑制作用；防雷系统、消防系统是否按要求布设并经相关部门检测；纳入分级保护的涉及国家秘密的信息是否纳入屏蔽机房或屏蔽机柜管理；相关安防系统是否按标准设计施工并与机房功能布局吻合。计算机机房运行环境的经济性控制目标是指除包括项目建设管理所要求的经济性要求之外，是否存在超标准配备与使用非必要的屏蔽机房；配备除功能要求以外的奢侈性装修；基础的可靠性支撑功能是否存在因能力不匹配而产生的超过项目生命周期的能力闲置等。

2. 信息系统软件控制

信息系统软件主要包括系统软件和应用软件。系统软件是指控制和协调计算机及外部设备，支持应用软件开发和运行的系统，是无须用户干预的各种程序的集合，主要功能是调度、监控和维护计算机系统，负责管理计算机系统中各种独立的硬件，使得它们可以协调工作。应用软件是为满足用户不同行业、不同问题的应用需求而提供的软件。信息系统软件控制主要涉及操作系统的控制、数据库的管理控制和应用软件的控制。

(1) 操作系统的控制

为了有效地实现安全策略，提高系统的安全性，大多数操作系统通过账户管理、文件加密、访问权限控制、安全漏洞扫描和安全审计等，形成了一系列有效的安全机制。

账户管理必然涉及系统对用户的标识与鉴别。系统标识用户主要是通过设定用户标识符来实现的；而操作系统的鉴别通常在用户登录时进行，例如系统可以提示用户输入密码，然后判断用户输入的密码是否与系统中存储的该用户密码一致。密码系统提供的安全性依赖于密码的保密性，因此在使用密码系统时必须注意以下几点：①用户在系统中注册时，必须设定用户密码；②用户密码应当定期修改；③系统必须维护密码数据库的保密性；④用户必须能够记住自己的密码；⑤在系统认证用户时，用户必须输入正确的密码。

文件加密是一种根据要求在操作系统层自动地对写入存储介质的数据进行加密的技术。对于用户而言，文件系统的加密应该是透明的，换言之，用户感觉不到是在加密文件系统上工作，只要是合法用户，就能和访问普通文件系统一样进行访问。常用的加密算法有 IDEA 算法、RSA 算法和 AES 算法。

访问权限控制是指按用户身份及其所归属的某项定义组来限制用户对某些信息项的访问，或限制对某些控制功能的使用。访问权限控制通常用于系统管理员控制用户对服务器、目录、文件等系统资源的访问。访问权限控制需要实现如下三种基本功能：①防止非法的主体访问受保护的系统资源；②允许合法主体访问受保护的系统资源；③防止合法的主体对受保护的系统资源进行非授权的访问。

安全漏洞扫描的主要目的是评估由于操作系统配置方式不当所导致的安全漏洞。目前，市场上提供了大量的安全漏洞扫描软件。通常，这些软件在一台指定的机器上运行，通过一系列测试探测本地网络中的每一台机器，发现潜在的安全漏洞和缺陷，提供问题报告，并给出解决问题的建议。

安全审计是对操作系统中有关安全的活动进行记录、检查及审核。它是一种事后追查的安全机制，其主要目标是检测和判定非法用户对系统的渗透或入侵，识别误操作并记录进程基于特定安全级活动的详细情况，并显示合法用户的误操作。安全审计为操作系统进行事故原因的查询、定位，事故发生前的预测、报警及事故发生之后的实时处理提供详细、可靠的依据和证据支持，以备在违反系统安全规则的事件发生后能够有效地追查事件发生的地点、过程和责任人。

(2) 数据库的管理控制

数据库管理控制是指为保证数据库系统的正常运行和服务，有关人员必须进行的一系列技术管理工作。数据库管理控制的环节主要有：数据管理、数据库安全管理和数据库可用性管理。数据管理是指对数据库中数据的完整性、保密性、可信性等进行的管理控制；安全管理是指对数据库的访问、操作、安全审计等进行的管理控制；数据库可用性管理是指保证业务持续正常运营进行的管理控制。

常见的数据库管理控制的手段如下。

① 数据加密。在数据处理、传输和数据存储过程中采用数据加密、数字签名、数字证书等手段，保证数据的机密性、完整性和可靠性。

② 访问控制。在数据库中用登录身份、角色、功能权限、操作权限等手段，保证使用数据库的安全性。

③ 安全标记及强制访问控制。将主体和客体分级，然后根据主体和客体的级别来决定访问模式，由此实现对客体访问的限制，降低数据库管理系统使用的风险。

④ 安全审计控制。把对数据库的特定操作自动记录下来，存入审计日志，事后进行线索分析。

⑤ 数据库备份与恢复策略。通过确定需要备份的内容、时间和方式，采用合适的数据库备份和恢复技术，实现对数据库连续可用性的控制。

（3）应用软件的控制

应用软件的控制主要是指应用软件获取与实施的控制、应用软件的运行维护控制和应用软件的应用控制。

应用软件的获取无论是采用开发方式还是购买标准软件包实施方式，都可以看作应用软件的获取与实施过程。在这个过程中需要对所采用的方法和流程进行评价，确保应用软件满足组织发展目标和业务目标需求；评估项目管理框架和项目治理实务，确保组织在风险管理基础上，以成本—效益原则达成组织的业务目标；确保项目按项目计划进行，并有相应文档充分支持；评估组织相关系统的控制机制，确保其符合组织的政策；评估系统的开发、采购和测试流程，确保其交付符合目标。对系统实施定期检查，确保其持续满足组织目标，并受到有效的内部控制；评估系统的维护流程，确保其持续满足组织目标，并受到有效的内部控制。

应用软件的运行维护控制是指评估信息系统日常运行的效率，以及IT基础设施管理的有效性及效率，以确保其充分支持组织的商业目标。评估服务管理实务，确保内部和外部服务提供商的服务等级是明确定义并受管理约束的；评估运营管理，保证IT支持职能有效满足业务要求；评估数据管理实务，确保数据库的完整性和最优化。评估能力的使用和性能监控工具与技术；评估变更、配置和发布管理实务，确保被详细记录；评估问题和事件管理实务，确保所有事件、问题和错误都被及时记录下来，分析和解决评估IT基础构架功能，确保其对组织目标的支持。

应用软件的应用控制请读者参见本书6.2节相关内容。

3. 系统访问控制

访问控制是保证信息系统的资源只能由被授权主体按照授权方式进行访问的一种策略和机制，通常体现为一组控制活动集。信息系统的资源是指系统中可供访问的实体，包括文件、数据、设备、设施、服务、进程等；被授权主体是指经过特定流程授予可执行某些操作权限的实体，包括信息系统用户、进程或设备等。信息系统访问控制包括物理访问控制和逻辑访问控制。

(1) 物理访问控制

物理访问的暴露风险可能引起组织的财务损失、法律诉讼、信誉受损或丧失竞争优势。来自自然环境和人为的灾害可能使企业的业务资源面临非授权访问和不可用的风险。物理访问控制的目的主要是使存放计算机、网络机房、设置有网络终端的办公环境等重要区域，免受非授权的物理访问。

物理访问控制主要是对被审计单位内部授权人员和临时外部人员进出主要物理工作环境时进行人员控制，包括对物理位置选择、周边环境控制、进出口控制、办公区域的安全控制、外部和环境威胁的安全防护、重要区域安全防护、公共访问交接区安全等方面，是防止非授权人员对系统进行本地恶意操作的重要防护措施。在进行物理访问控制时，应该重点关注以下几点：

① 硬件设施在合理范围内是否能防止强制入侵；
② 计算机场所与设施的钥匙是否有良好的控制，以降低未授权者进入的威胁；
③ 计算机终端是否上锁或有安全保护，以防止电路板、芯片或计算机被搬移；
④ 计算机设备在搬离受保护的场所时，是否需要设备授权通行的证明。

(2) 逻辑访问控制

逻辑访问控制主要防止未授权主体通过软件界面、网络等手段对信息系统实施非授权访问。逻辑访问控制活动通常包括：密码控制、访问路径控制、数据文件和软件程序的逻辑控制、数据库的逻辑控制、远程通信访问的逻辑控制等。逻辑访问控制与信息技术密切相关，通常采用有效的识别和认证机制、有效的授权控制、有效的审计和监督等方式来实现逻辑访问控制。

信息系统用户访问管理的目的是确保授权用户按照被授权方式访问信息系统，防止对信息系统的未授权访问。组织应建立正式的规程来控制用户访问管理，这个规程应涵盖用户访问信息系统整个生命周期的各个阶段，从用户注册、用户权限分配、用户变更、到用户注销等。组织应当正式建立用户权限管理规定。密码、标记或其他安全机制都可用来识别并验证用户。验证是将一个用户与其他用户区别开来的过程，通常是通过用户的身份，最通用的验证是使用密码。除了密码，还可以使用身份证卡、访问卡、标记、密钥等识别机制，还有基于生物学特征自动验证或识别身份的方法。为了进一步加强安全性，可以使用多种综合办法来进行识别和验证，比如把一个数字和标记身份证一起用，把密码和生物性识别装置一起用。

有效的授权控制是基于定义好的授权规则，允许或者禁止用户的活动。授权包括合法使用、最小特权和职责分离等原则。操作系统有一些内置的授权功能，如用户权限、用户组和文件与文件目录的访问权限等。网络设备，如路由器，可能具有访问控制列表，用来授权哪些用户可以访问设备，以及可以进行哪些操作。访问权限和特权可以用来实施安全策略，即确定用户进入系统后可以进行哪些活动。访问权限也称为访问许可，用来允许用户对特定文件或文件目录进行查看、读取或写入。特权是指访问控制系统所允许的访问权限集合。为了有效地实现授权控制，需要做好如下工作。

① 管理用户账号。为了对用户账户进行充分有效的控制，组织应该为信息资源的授权访问制定相应的策略和程序，并对这些授权进行文档记录。这些策略和程序应当包括用户的日常操作访问、紧急访问及与被审计单位以外的个体或组群共享和处理数据。合理的访问控制应该增强职责分离。对于用户账号的管理应该做到经批准的授权应记录在案、停用账户和已

终止的个人账户应该及时禁用或删除，紧急和临时访问授权应该得到严格控制，管理部门应定期审查紧急和临时访问的账户。

② 控制进程和服务。只有经过授权的进程和服务才被允许在信息系统中执行，并且只限于有效执行任务和业务功能所必需的功能。对信息系统进程和服务的正确控制是确保用户数据保密性、完整性和一致性，并最终确保组织任务完成的关键。各组织应采用访问控制策略和执行机制，控制信息系统中的各用户和对象之间的访问。访问控制策略可以是基于身份的、基于角色的，或者基于规则的。相关的执行机制包括访问控制列表、访问控制矩阵和加密方法等。当对存储的信息采用加密方法作为访问控制机制时，使用的加密方法应该符合相关的标准。

审计监督包括搜集并审阅规定及操作记录，分析可审查的事件，以发现异常活动或不当行为的迹象，开展恰当的调查并报告这些活动。集成审计监控、分析及报告功能，形成一个完整的自动化流程调查并应对可疑的活动。审计监控可以帮助安全专家执行常规的计算机安全评估，对攻击行为进行实时或事后的审查，甚至可以识别攻击。审计监控技术包括基于网络和主机的入侵检测系统、审计日志、安全事件关联分析工具及计算机取证等。基于网络的入侵检测系统捕获并分析网络不同位置的流量情况，而基于主机的入侵检测系统分析专用计算机或主机上的活动，两类入侵检测系统各有优劣。

4. 职责分离控制

职责分离控制是为了避免和降低职责冲突风险而采取的控制措施。此处的职责冲突风险是指企业的管理层、员工或业务岗位因为不合理的职责授权而存在的可能导致舞弊、欺诈和过失等事件发生的风险。

实现职责分离和人员管理是信息系统安全管理控制的主要目标之一。职责分离的目的在于保证不同的人员承担不同的职责，人员之间可以互相监督和检查，从而防止错误和舞弊行为。对于信息系统来说，有效的职责分离应当在系统层面和应用程序层面执行，确保某个岗位不会控制业务流程的所有关键阶段。例如，应当严格限制程序员对生产环境中的程序进行修改，或者不允许一个计算机程序员独立完成程序设计、测试和变更等关键环节，以减小舞弊风险。

(1) 职责分离控制的策略

为了更有效地实现职责分离，应关注以下几点。

① 制定职责分离的管理制度。信息系统的安全管理控制的主要目标是实现职责分离和有效的人员管理。在计算机信息处理环境中，业务处理环境发生了重大变化，业务流程处理是基于信息系统平台来完成的，同一笔业务的授权、处理、复核、记录等工作可以通过计算机程序来实现，整个工作可以由一个人单独操作计算机完成。所以在计算机信息系统环境中，职责分离原则在业务处理层次被削弱，信息系统需要从组织结构和人员管理上来实现信息系统环境下各种职务之间的职责分离。职责分离的目的在于保证不同的人员承担不同的职责，人员之间可以互相监督和检查，从而防止错误和舞弊行为。

② 员工明确其岗位职责。在书面的岗位职责描述和关键岗位分离制度下，员工应当明确其岗位职责及行为准则，充分理解他们的职责，并且按照职位描述履行职责；被审计单位管理层应当提供足够的安全意识教育和培训，确保员工对职责分离原则的理解及在组织内部建

立和实施职责分离制度,尤其在关键的业务操作和编程岗位,审计人员应当关注并检查相关控制。

③ 对关键岗位进行监控。有效的职责分离控制需要对关键岗位人员的活动进行监督和审查,组织应该制定详细的操作手册,指导员工履行其职责。在信息系统的运行中,这些手册对计算机操作人员尤其重要。例如,计算机操作员手册应当提供系统启动和关闭的程序、紧急事件处理程序、系统工作状态汇报程序,以及操作员禁止从事的活动等方面的规定。操作手册还应该为每个应用程序的操作员提供更多的指导,如对职位设置、控制台和错误信息、工作检查点及系统故障后重启和恢复步骤的指导。操作手册应该明确规定禁止操作员撤销文档标记或设备错误信息。

监督和审查员工在计算机系统中的活动,能帮助确保这些活动按照规定的手续来进行,有效纠正错误,并且确保员工只有在得到授权的情况下才会使用计算机。为了实施有效的监督,计算机系统上的所有用户活动都应当记录在活动日志上作为审计轨迹。监督人员应该定期审查这些活动日志,寻找不相容的活动,调查任何异常情况。对计算机系统活动的定期审查能确保员工按照既定政策来履行职责,并且在操作流程改变时明确更新的需求。

(2) 职责分离控制的机制

加强职责分离可以采用如下一些控制机制。

① 交易授权。授权是指对组织单元中的人员授予一定程度的职责权利,管理层和审计师应当定期进行检查,以发现非授权交易记录。

② 资产保管。组织必须确定并适当分配资产保管责任。数据所有人通常指定为特定的用户部门,其职责应当书面说明。数据所有人负责确定能充分保证安全所需的授权水平,而管理层通常负责实施和加强安全体系。

③ 数据访问。对数据访问的控制是通过在用户场所和计算机信息处理设施综合采用物理层、系统层及应用层安全措施形成的。必须保护物理环境,以防止非授权人员访问与中央处理单元连接的各种物理设备,系统层和应用层安全则可以预防非授权人员访问数据库。

④ 授权单。用户部门管理人员必须向信息系统部门提交正式的授权单,明确其员工的访问权限,授权单必须经过管理层的明确批准。在大型公司或远程站点中,应当保留签字授权单,把申请表和签字单进行核对,定期审查访问权限,以确保它们与用户工作职责是匹配的。

⑤ 用户授权表。信息系统部门应当使用授权单的数据来建立和维护用户授权表,明确谁有权更新、修改、删除和查看数据。用户授权表也是用户访问控制列表,必须通过额外的口令或数据加密加以保护,以防止非授权访问,并且应当采用控制日志记录所有用户的活动情况。管理层应定期对日志进行审查,并对所有例外事项进行调查。

管理层应当定期审查那些物理或逻辑访问控制之外的活动,这些活动通常依靠监督和批准授权的文件来进行有效控制。

6.1.2 一般控制审计

一般控制审计主要涉及系统环境控制审计、系统网络安全审计、数据和数据库安全审计、信息系统开发审计、信息系统运营与维护审计和信息系统业务连续性审计等内容,本节主要介绍系统环境控制审计、系统网络安全审计、数据和数据库安全审计,其他内容在本章各自单列一节进行详细介绍。

1. 系统环境控制审计

系统环境控制审计主要包括物理安全控制审计、主机安全控制审计和应用安全控制审计。

(1) 物理安全控制审计

物理安全控制审计主要检查系统机房及其重要工作房间的物理位置选择、物理访问控制、防盗窃和防破坏、防雷击、防火、防水和防潮、防静电、温湿度控制、电力供应、电磁防护等方面的安全策略和防护措施。审计方法如表 6-1 所示。

表 6-1 物理安全控制审计

审计内容	审计方法
物理位置选择	检查机房和办公场地是否选择在具有防震、防风和防雨等能力的建筑内
	检查机房场地是否避免设在建筑物的高层或地下室,以及用水设备的下层或隔壁
物理访问控制	检查机房出入口是否安排专人值守,控制、鉴别和记录进入的人员
	检查进入机房的来访人员是否经过申请和审批流程,并限制和监控其活动范围
	检查是否对机房划分区域进行管理,区域和区域之间设置物理隔离装置,是否在重要区域前设置交付或安装等过渡区域
	检查重要区域是否配置电子门禁系统,控制、鉴别和记录进入的人员,并检查门禁系统记录,必要时与监控录像和出入登记簿进行比对
防盗窃与防破坏	检查是否将主要设备放置在机房内
	检查是否将设备或主要部件进行固定,并设置明显的不易除去的标记
	检查是否将通信线缆铺设在隐蔽处,如铺设在地下或管道中
	检查是否对介质分类标识,存储在介质库或档案室中
	检查是否利用光、电等技术设置机房防盗报警系统
	检查是否对机房设置监控报警系统
防灾	检查机房建筑是否设置避雷装置
	检查是否设置防雷保安器,防止感应雷
	检查机房是否设置交流电源地线
	检查机房是否设置火灾自动消防系统,能够自动检测火情、自动报警,并自动灭火
	检查机房及相关的工作房间和辅助房间是否采用具有耐火等级的建筑材料
	检查机房是否采取区域隔离防火措施,将重要设备与其他设备隔离开
	检查水管安装,确认没有穿过机房屋顶和活动地板下
	检查是否采取措施防止雨水通过机房窗户、屋顶和墙壁渗透
	检查是否采取措施防止机房内水蒸气结露和地下积水的转移与渗透
	检查是否安装对水敏感的检测仪表或元件,对机房进行防水检测和报警
工作环境控制	检查主要设备是否采用必要的接地防静电措施
	检查机房是否采用防静电地板
电力供应	检查是否在机房供电线路上配置稳压器和过电压防护设备
	检查是否提供短期的备用电力供应,至少满足主要设备在断电情况下能正常运行要求
	检查是否设置冗余或并行的电力电缆线路为计算机系统供电
	检查是否建立备用供电系统
电磁防护	检查是否采用接地方式防止外界电磁干扰和设备寄生耦合干扰
	检查电源线和通信线缆是否隔离铺设,避免互相干扰
	检查是否对关键设备和磁介质实施电磁屏蔽

(2) 主机安全控制审计

主机安全控制审计检查主要服务器操作系统、重要终端操作系统和主要数据库管理系统的身份鉴别、访问控制、安全审计和剩余信息保护方面的安全策略和防护措施，检查主要服务器的入侵防范、恶意代码防范和资源控制措施。审计方法如表 6-2 所示。

表6-2 主机安全控制审计

审计内容	审计方法
身份鉴别测评	检查是否对登录操作系统和数据库系统的用户进行身份标识和鉴别
	检查操作系统和数据库系统管理用户身份标识是否具有不易被冒用的特点，口令是否有复杂度要求并定期更换
	检查是否启用登录失败处理功能，可采取结束会话、限制非法登录次数和自动退出等措施
	检查在对服务器进行远程管理时，是否采取必要措施，防止鉴别信息在网络传输过程中被窃听
	检查是否为操作系统和数据库系统的不同用户分配不同的用户名，确保用户名具有唯一性
	检查是否采用两种或两种以上组合的鉴别技术对管理用户进行身份鉴别
访问控制测评	检查是否启用访问控制功能，依据安全策略控制用户对资源的访问
	检查是否根据管理用户的角色分配权限，实现管理用户的权限分离，仅授予管理用户所需的最小权限
	检查是否实现操作系统和数据库系统特权用户的权限分离
	检查是否严格限制默认账户的访问权限，重命名系统默认账户，修改这些账户的默认口令
	检查是否及时删除多余的、过期的账户，避免共享账户的存在
	检查是否对重要信息资源设置敏感标记
	检查是否依据安全策略严格控制用户对有敏感标记重要信息资源的操作
主机安全审计测评	检查审计范围是否覆盖到服务器和重要客户端上的每个操作系统用户和数据库用户
	检查审计内容是否包括重要用户行为、系统资源的异常使用和重要系统命令的使用等系统内重要的安全相关事件
	检查审计记录是否包括事件的日期、时间、类型、主体标识、客体标识和结果等
	检查是否能够根据记录数据进行分析，并生成审计报表
	检查是否保护审计进程，避免受到未预期的中断
	检查是否保护审计记录，避免受到未预期的删除、修改或覆盖等
剩余信息保护	检查是否保证操作系统和数据库系统用户的鉴别信息所在的存储空间被释放或再分配给其他用户前得到完全清除，无论这些信息是存放在硬盘上还是在内存中
	检查是否确保系统内的文件、目录和数据库记录等资源所在的存储空间，被释放或重新分配给其他用户前得到完全清除
主机入侵防范	检查是否能够检测到对重要服务器进行入侵的行为，能够记录入侵的源 IP、攻击的类型、攻击的目的、攻击的时间，并在发生严重入侵事件时提供报警
	检查是否能够对重要程序的完整性进行检测，并在检测到完整性受到破坏后具有恢复的措施
	检查操作系统是否遵循最小安装的原则，仅安装需要的组件和应用程序，并通过设置升级服务器等方式保持系统补丁及时得到更新
恶意代码防范	检查是否安装防恶意代码软件，并及时更新防恶意代码软件版本和恶意代码库
	检查主机防恶意代码产品是否具有与网络防恶意代码产品不同的恶意代码库
	检查是否支持防恶意代码的统一管理
主机资源控制	检查是否通过设定终端接入方式、网络地址范围等条件限制终端登录
	检查是否根据安全策略设置登录终端的操作超时锁定
	检查是否对重要服务器进行监视，包括监视服务器的 CPU、硬盘、内存、网络等资源的使用情况
	检查是否限制单个用户对系统资源的最大或最小使用限度
	检查是否能够对系统的服务水平降低到预先规定的最小值时进行检测和报警

(3) 应用安全控制审计

应用安全控制审计检查主要应用系统的身份鉴别、访问控制、安全审计、剩余信息保护、通信完整性、通信保密性、抗抵赖、软件容错和资源控制等方面的安全策略和防护措施。审计方法如表 6-3 所示。

表 6-3 应用安全控制审计

审计内容	审计方法
身份鉴别	检查是否提供专用的登录控制模块对登录用户进行身份标识和鉴别
	检查是否对同一用户采用两种或两种以上组合的鉴别技术实现用户身份鉴别
	检查是否提供用户身份标识唯一和鉴别信息复杂度检查功能,保证应用系统中不存在重复用户身份标识,身份鉴别信息不易被冒用
	检查是否提供登录失败处理功能,可采取结束会话、限制非法登录次数和自动退出等措施
	检查是否启用身份鉴别、用户身份标识唯一性检查、用户身份鉴别信息复杂度检查以及登录失败处理功能,并根据安全策略配置相关参数
访问控制	检查是否提供访问控制功能,依据安全策略控制用户对文件、数据库表等客体的访问
	检查访问控制的覆盖范围是否包括与资源访问相关的主体、客体及它们之间的操作
	检查是否由授权主体配置访问控制策略,并严格限制默认账户的访问权限
	检查是否授予不同账户为完成各自承担任务所需的最小权限,并在它们之间形成相互制约的关系
	检查是否具有对重要信息资源设置敏感标记的功能
	检查是否依据安全策略严格控制用户对有敏感标记的重要信息资源的操作
安全审计	检查是否提供覆盖每个用户的安全审计功能,对应用系统重要安全事件进行审计
	检查是否保证无法单独中断审计进程,无法删除、修改或覆盖审计记录
	检查审计记录的内容是否至少包括事件的日期、时间、发起者信息、类型、描述和结果等
	检查是否提供对审计记录数据进行统计、查询、分析及生成审计报表的功能
剩余信息保护	检查是否保证用户鉴别信息所在的存储空间被释放或再分配给其他用户前得到完全清除,无论这些信息是存放在硬盘上还是在内存中
	检查是否保证系统内的文件、目录和数据库记录等资源所在的存储空间被释放或重新分配给其他用户前得到完全清除
通信安全	检查是否采用密码技术保证通信过程中数据的完整性
	检查在通信双方建立连接之前,应用系统是否利用密码技术进行会话初始化验证
	检查是否对通信过程中的整个报文或会话过程进行加密
	检查是否具有在请求的情况下为数据原发者或接收者提供数据原发证据的功能
	检查是否具有在请求的情况下为数据原发者或接收者提供数据接收证据的功能
软件容错	检查是否提供数据有效性检验功能,保证通过人机接口输入或通过通信接口输入的数据格式或长度符合系统设定要求
	检查是否提供自动保护功能,当故障发生时自动保护当前所有状态,保证系统能够进行恢复
资源控制	检查当应用系统的通信双方中的一方在一段时间内未做任何响应,另一方是否能够自动结束会话
	检查是否能够对系统的最大并发会话连接数进行限制
	检查是否能够对单个账户的多重并发会话进行限制
	检查是否能够对一个时间段内可能的并发会话连接数进行限制
	检查是否能够对一个访问账户或一个请求进程占用的资源分配最大限额和最小限额
	检查是否能够对系统服务水平降低到预先规定的最小值时进行检测和报警
	检查是否提供服务优先级设定功能,并在安装后根据安全策略设定访问账户或请求进程的优先级,根据优先级分配系统资源

2. 系统网络安全审计

系统网络安全控制审计主要检查网络结构安全、网络设备访问控制、网络设备安全审计、网络边界完整性、网络入侵防范、恶意代码防范、网络设备防护的安全策略和防护措施。审计方法如表 6-4 所示。

表 6-4　系统网络安全审计

审计内容	审计方法
网络结构安全	检查是否保证主要网络设备的业务处理能力具有冗余空间，满足业务高峰期需要
	检查是否保证网络各个部分的带宽满足业务高峰期需要
	检查是否在业务终端与业务服务器之间进行路由控制建立安全的访问路径
	检查是否绘制与当前运行情况相符的网络拓扑结构图
	检查是否根据各部门的工作职能、重要性和所涉及信息的重要程度等因素，划分不同的子网或网段，并按照方便管理和控制的原则为各子网、网段分配地址段
	检查是否避免将重要网段部署在网络边界处且直接连接外部信息系统，重要网段与其他网段之间采取可靠的技术隔离手段
	检查是否按照对业务服务的重要次序来指定带宽分配优先级别，保证在网络发生拥堵的时候优先保护重要主机
网络设备访问控制	检查是否在网络边界部署访问控制设备，启用访问控制功能
	检查是否能根据会话状态信息为数据流提供明确的允许/拒绝访问的能力，控制粒度为端口级
	检查是否对进出网络的信息内容进行过滤，实现对应用层 HTTP、FTP、TELNET、SMTP、POP3 等协议命令级的控制
	检查是否在会话处于非活跃一定时间或会话结束后终止网络连接
	检查是否限制网络最大流量数及网络连接数
	检查重要网段是否采取技术手段防止地址欺骗
	检查是否按用户和系统之间的允许访问规则，决定允许或拒绝用户对受控系统进行资源访问，控制粒度为单个用户
	检查是否限制具有拨号访问权限的用户数量
网络设备安全	检查是否对网络系统中的网络设备运行状况、网络流量、用户行为等进行日志记录
	检查审计记录是否包括：事件的日期和时间、用户、事件类型、事件是否成功及其他与审计相关的信息
	检查是否能够根据记录数据进行分析，并生成审计报表
	检查是否对审计记录进行保护，避免受到未预期的删除、修改或覆盖等
网络边界完整性	检查是否能够对非授权设备私自联到内部网络的行为进行检查，准确定出位置，并对其进行有效阻断
	检查是否能够对内部网络用户私自联到外部网络的行为进行检查，准确定出位置，并对其进行有效阻断
网络入侵防范	检查是否在网络边界处监视以下攻击行为：端口扫描、强力攻击、木马后门攻击、拒绝服务攻击、缓冲区溢出攻击、IP 碎片攻击和网络蠕虫攻击等
	检查是否在检测到攻击行为时，记录攻击源 IP、攻击类型、攻击目的、攻击时间，是否在发生严重入侵事件时应提供报警
恶意代码防范	检查是否在网络边界处对恶意代码进行检测和清除
	检查是否维护恶意代码库的升级和检测系统的更新
网络设备防护	检查是否对登录网络设备的用户进行身份鉴别
	检查是否对网络设备的管理员登录地址进行限制
	检查网络设备用户的标识是否唯一
	检查主要网络设备是否对同一用户选择两种或两种以上组合的鉴别技术来进行身份鉴别
	检查身份鉴别信息是否具有不易被冒用的特点，口令是否有复杂度要求并定期更换
	检查是否具有登录失败处理功能，可采取结束会话、限制非法登录次数和当网络登录连接超时自动退出等措施
	检查在对网络设备进行远程管理时，是否采取必要措施防止鉴别信息在网络传输过程中被窃听
	检查是否实现设备特权用户的权限分离

3. 数据和数据库安全审计

数据安全审计是指进行数据安全控制的审计，主要内容有检查主要系统管理数据、鉴别信息和重要业务数据的完整性、保密性、备份和恢复方面的安全策略和防护措施。审计方法如表 6-5 所示。

表 6-5 数据安全审计

审计内容	审计方法
数据完整性	检查信息系统数据在存储和传输过程中是否有完整性保证措施
	检查当检测到完整性错误时，是否能够恢复，恢复措施是否得当
	检查主要主机操作系统、主要网络设备操作系统、主要数据库管理系统和主要应用系统，是否配备检测系统管理数据、鉴别信息和重要业务数据在传输过程中完整性受到破坏的功能
	检查是否配备检测系统管理数据、鉴别信息和重要业务数据在存储过程中完整性受到破坏的功能
	检查当检测到完整性错误时，是否能采取必要的恢复措施
	如果没有完整性保证措施，检查是否存在完整性受到破坏的历史记录
数据保密性	检查主要网络设备、主机操作系统、数据库管理系统、应用系统的系统管理数据、鉴别信息和重要业务数据，是否采用加密或其他有效措施实现传输保密性，是否采用加密或其他有效措施实现存储保密性
	测试主要应用系统，必要时可以使用工具获取传输数据包，查看是否采用加密或其他有效措施实现传输保密性
	如果没有保密性保证措施，检查是否存在保密性失败的历史记录
数据的备份和恢复	检查主要网络设备、主机操作系统、数据库管理系统、应用系统是否提供备份和恢复功能，配置是否正确，备份结果是否与备份策略一致
	检查主要网络设备、通信线路和数据处理系统是否采用硬件冗余、软件配置等技术手段提供系统的高可用性
	检查网络拓扑结构是否不存在关键节点的单点故障
	如果没有备份和恢复保证措施，检查是否存在备份和恢复失败的历史记录

数据库管理控制是指为保证数据库系统的正常运行和服务，有关人员必须进行的一系列技术管理工作。数据库管理控制的手段有：一是数据加密，在数据处理、传输和数据存储过程中采用数据加密、数字签名、数字证书等手段，保证数据的机密性、完整性和可靠性；二是访问控制，在数据库中用登录身份、角色、功能权限、操作权限等手段，保证使用数据库的安全性；三是安全标记及强制访问控制，将主体和客体分级，然后根据主体和客体的级别来决定访问模式，由此实现对客体访问的限制，降低数据库管理系统使用的风险；四是安全审计控制，把对数据库的特定操作自动记录下来，存入审计日志，事后进行线索分析；五是数据库备份与恢复策略，通过确定需要备份的内容、时间和方式，采用合适的数据库备份和恢复技术，实现对数据库连续可用性的控制。

数据库是信息系统最核心的资产之一，通常商业目的攻击者的主要攻击目标就是数据库系统，通过数据库系统非法窃取、篡改或者破坏数据信息。除了数据库自身的审计功能，很多的第三方专用数据库审计产品，能够跟踪分析每次数据访问操作行为，并整合数据库系统日志、操作系统日志，通过分析评测是否在数据库系统建立了有效的安全防线，使数据库管理达到可控、可审的安全管理要求，同时满足企业的各项合规需求。

数据库审计常见的安全审计技术主要有四类，分别是基于日志的审计技术、基于代理的审计技术、基于网络监听的审计技术、基于网关的审计技术。

① 基于日志的审计技术。该技术通常是通过数据库自身功能实现，Oracle、DB2 等主流数据库，均具备自身审计功能。通过配置数据库的自审计功能，即可实现对数据库的审计，该技术能够对网络操作及本地操作数据库的行为进行审计。

② 基于代理的审计技术。该技术是通过在数据库系统上安装相应的审计 Agent，在 Agent 上实现审计策略的配置和日志的采集。

③ 基于网络监听的审计技术。该技术是通过将对数据库系统的访问流镜像到交换机某一个端口，然后通过专用硬件设备对该端口流量进行分析和还原，从而实现对数据库访问的审计。

④ 基于网关的审计技术。该技术是通过在数据库系统前部署网关设备，通过在线截获并转发到数据库的流量而实现审计。

6.2 应用控制及审计

6.2.1 应用控制

应用控制是为适应各种业务数据处理的特殊要求，保证业务数据处理的完整性、准确性而建立的内部控制。组织运营过程会涉及各种类型的业务，每种业务及其数据处理都具有特殊的流程和要求，这就决定了具体应用控制的设计需要结合具体的业务。应用控制针对的是与计算机应用相关的事务和数据，控制手段可以采取内嵌在计算机程序中的自动化控制，也可以采取人工控制，或两种手段相结合，以确保数据的准确性、完整性、有效性、可验证性及一致性。

应用控制是应用系统层面的控制，是确保特定业务流程正常运转的重要措施。由于应用控制与交易有关，是作用于具体应用系统的控制，是为保证完整、准确地处理数据、有效应对潜在风险而对特定应用系统进行的控制活动。为提高内部控制水平，应尽可能地把业务处理规则、控制规则嵌入应用系统中，实现自动化控制。应用控制的目标是：

① 确保输入计算机系统中的数据是完整、准确和有效的，并能得到及时更新；

② 保证处理过程完成了正确的事务处理；

③ 处理结果与预期目标相符合；

④ 可以记录并能追踪数据从输入到存储到最终输出的整个处理过程。

根据系统论原理，信息系统及其数据处理可以抽象为输入、处理和输出三个阶段，这三个阶段都涉及权限和访问控制。作为一个信息系统，参数设定是系统运行的基础，如果一个信息系统与其他信息系统存在信息交换，则必定存在接口。因此，信息系统应用控制需要从输入控制、处理控制、输出控制和接口控制几个方面来设计。

1. 输入控制

输入控制是为了确保输入信息系统的数据的真实性、完整性和准确性而实施的控制活动。

（1）输入控制的类型

输入控制对信息系统至关重要，常见的输入控制类型如下。

1）利用原始凭证控制数据来源，以确保数据的真实性

如果输入数据有原始凭证，在输入数据时需要提供原始凭证，以便控制输入数据的来源，防止在系统中人为地输入虚假数据。

2) 通过数据自动处理控制来减少数据出错

这种方法常用来控制编号自动生成或者在不同的业务单据之间复制信息。例如，采购订单的编号是按照预定的规则自动生成的连续编号，入库单中的物料信息自动复制于采购订单。

3) 利用编辑校验机制确保数据的正确性、有效性和完整性

编辑校验的类型主要有10种。①序列校验。数据按顺序编号，序列之外的或重复的数据被拒绝或出错。②限值校验。数据不能超过预定义的值，如折扣小于等于0.3。③范围校验。数据在预定义的范围内，如采购价格大于0小于等于100。④合理性校验。数据符合预定义的发生率。⑤查表方式。输入数据符合预定义的标准，这种标准用计算机可处理的表格来维护，表格中包含了可能的值，如性别只能选择"男"或"女"。⑥二次输入检查。重复输入相同的内容以判断是否输错，如不同的人重复输入同一组数据，比较输入内容。⑦校验位检查。计算一个数值加在原始数据之后，以确保数据没有被篡改。⑧必填项检查。数据不能为空，如订单号必填。⑨重复性检查。数据不能重复，如订单号不能重复。⑩逻辑关系检查。判断多个数据之间的逻辑关系是否正确，例如某个特定条件为真，要求其他一个或多个条件也要为真。

4) 核对批量总数

当输入的数据比较多时，可以将输入数据进行分组，每一组称为一个批量/批次，对每一个批量计算一个总数。通过核对批量事务的总数来确保每笔业务都输入了系统并且仅输入了一次，从而减少数据输入错误。

5) 联机系统或数据库系统中的批输入完整性

①通过限制时段、终端及人员输入等方式来建立批量控制；②监管者检查在线批量，然后将其释放到系统中进行处理。

6) 错误报告和错误处理方法

输入处理需要保证输入数据是正确的，输入错误能够被识别并被修改。数据修改应该通过正式的数据修改流程来进行，并且数据修改经过了授权，修改的结果应该得到验证，这样修改后的数据才能作为正常处理的一部分重新输入系统，输入错误的处理方法有：①拒绝有错误的事务，其他事务继续处理；②拒绝整批事务，在错误纠正后才进行处理；③将整批事务挂起不进行处理，等待修改错误；④接受整批事务，同时标记出错的事务以便识别和修改错误。

(2) 输入控制措施

常见的输入控制措施如表6-6所示：

表6-6 输入控制措施

控制目标	控制措施
在将交易提交系统处理前，系统应当确保交易已经用户审批	(1) 由用户控制，可利用标准的、按数字编号排序的输入表格来实现 (2) 重大输入行为要经用户管理部门授权
确保经用户批准的数据输入在正确的会计期间内得到处理，并且同一交易只处理一次	(1) 提前为原始文件编号。用户部门应当对用过的原始文件进行记录，并保证它们是按顺序进行处理的。如果一些文件丢失，应当查明丢失原因，确保只有经过授权的交易才能进行处理，并识别出未处理的交易 (2) 批控制程序。这些程序是用来控制文件输入的数量及批处理文件中关键字段的数据。这有助于保证所提交的交易被准确地输入系统并进行处理 (3) 将输入计算机的交易信息与输入文件进行一对一的人工检查

续表

控制目标	控制措施
保证数据输入文件完整,而且准确地转录到计算机可以识别的文件中	(1)编制书面指导手册,规范转录工作 (2)指导手册中附有要用到的所有原始文件的样本 (3)要求对重要的输入数据进行键校验。再次输入该数据,以检查最初转入数据的准确性,这个过程称为键校验。如果两次转入的数据之间存在差异,系统就会拒绝接受该数据,因此必须重新输入 (4)在已录入的原始文档上做相应的标记,以避免数据的重复录入 (5)对收到的待输入文档作准确的记录 (6)对数据转入工作进行监督 (7)对原始文件的访问权限进行严格限制 (8)利用每批数据录入前与录入后应当相等这一点进行控制。在此控制程序下,批控制数据随单一数据项目转录到计算机中。然后计算机对一些合适的字段进行汇总,确定该汇总值是否一致,若前后不一致,则拒绝输入 (9)核对数位。检查码是某些字段,作为数据验证程序的一部分,计算机对该字段的其他位数字进行某种运算,得到一位数字,该位数字即是检查码。如果字段中的某一位数字输入错误,那么上述计算机运算结果就会与检查码不符。系统以此拒绝输入该数据
避免不完整或不准确的数据被系统接受并进行处理	(1)对数据类型进行检查,以确保每一字段的数据类型无误 (2)对空白字段进行测试,确保所有相关的字段值都是非空的 (3)对数据范围或其合理性进行检查 (4)将不同字段的数据联合起来进行比较,检查其是否符合计算机程序中已详细说明的某种规则 (5)以账户编号、员工编号、存货编号为基础,检查输入数据是否与相关的数据库信息相匹配 (6)检查系统是否对某些数据重复进行了处理,识别出那些具有相同顺序编号的输入数据 (7)对账户余额进行检查,确保某些交易数据的差额是归零的 (8)利用批控制总值进行检查,检查批输入数据的汇总值是否与批文件标题下的批控制总值相一致

2. 处理控制

处理控制是为了确保应用系统数据处理的准确性和可靠性而实施的控制活动。

(1)处理控制的类型

处理控制是应用控制的关键环节,直接影响应用系统数据的完整与准确,处理控制的薄弱与误差直接影响应用系统中所有交易运行的结果。常见的处理控制类型如下。

① 手工重新计算。采用手工方式重新处理一些事务,与系统中的处理进行比较,以保证系统处理完预期的任务。

② 自动计算。在处理过程中,对某些数值进行自动计算,例如根据销售单价和数量自动计算销售金额等。

③ 自动处理。根据业务运行的规则,自动创建关联信息或记录。例如采购订单在入库后,系统自动制作相对应的会计凭证。

④ 流程控制。将业务处理的规则嵌入业务处理流程中,如采购订单在没有审核前不能进行收货入库等。

⑤ 批处理。即将一系列处理按照一定的顺序集合成一个可执行的文件,然后进行批量的处理。

⑥ 编辑校验。通过数据范围、合理性、限值等来检查数据准确性、完整性和有效性。
⑦ 运行过程总数。验证应用处理过程中不同阶段的数值，确保数据被输入计算机后被正确处理。
⑧ 例外报告。信息系统在处理错误发生时创建例外报告，提醒用户处理相应的错误。

(2) 处理控制的措施

常见的处理控制措施如表6-7所示。

表6-7 处理控制措施

控制目标	控制措施
确保所有被拒绝处理的交易得到及时的纠正和妥善的处理，特别是选择合适的会计截止时间	(1) 设立一个手工登记簿，用以记录被拒绝的交易数据以及其后的重新处理过程 (2) 对纠正后的交易分批处理。这样可以保证所有的拒绝处理交易都已得到妥善的处理 (3) 由原用户根据原始文件的错误对被拒绝处理的交易进行修改，并经正常输入控制和授权再次提交系统处理 (4) 定期对拒绝处理的交易数据进行分析，其中包括重要性分析、原因分析、账龄分析和交易处理截止时间分析等，管理人员可以以此确定是否因输入程序存在缺陷造成交易处理被拒绝，并以此评估交易数据错误造成的影响 (5) 对于重大的拒绝处理交易，在期末要对其进行调整，以便其在恰当的会计期间得到处理 (6) 手工处理被系统拒绝处理的交易数据。在这种情况下，应当根据经适当授权的人工处理数据对计算机数据文件进行及时的更新
确保系统内所有的未决交易数据能够正确并及时地得到处理，尤其是要保证它们被记入正确的会计期间	(1) 与所有其他的输入文件一样，要对用于分配、转移或注销未决数据的行为进行相应的控制。这些行为应当经用户部门进行适当的授权和检查 (2) 在每一处理阶段，将未决数据的任何变动与文件更新报告相比较 (3) 检查用户所做的所有数据调整是否有相应的经授权的输入文件相对应 (4) 抽取部分由信息导致的数据调整，对其进行人工检测 (5) 调查系统报告的异常数据，确定企业是否采取了适当的纠正措施，尤其要关注相应的会计截止日期是否恰当
确保系统可以正确地识别出未决数据，并将其妥善保存等待处理	(1) 采用计算机程序控制。确保后续处理过程中，未决事项信息与数据库中的记录一致，并将处理完的未决交易从临时文件中移除 (2) 将未决交易列入和移出临时文件的信息都打印出来作为一项完整的审计。对于手工和计算机系统对未决交易所做的改动，要分开打印 (3) 采用更新控制程序，确保未决交易处理前后的控制总值相互协调 (4) 在定期的异常报告中，对数值较大及长期出现在报告中的数据项进行突出显示，予以强调 (5) 定期对所有的重大项目进行账龄分析 (6) 根据需要，实用查询程序全部或部分列出临时文件中的重大未决数据
确保所有的数据都按照正确的数据文件得到处理以及检测文件之间平衡	(1) 利用平衡控制程序检查，例如： ①处理阶段的初始结余是否与上一处理阶段的期末结余相等 ②处理阶段的初始结余加上本阶段处理的交易数据之和是否与本处理阶段的期末结余相等 ③处理阶段经首次程序处理后的结余是否与本处理阶段的初始结余加上第一次所处理的交易数据之和相等。在接下来的各个步骤中，亦是如此 ④文件更新之后，各个记录的结余之和是否与控制记录中的净结余相等 (2) 检查标题标签，确认程序所读文件正是所需要的文件。这个检查功能是由信息处理部门中的作业安排功能执行的。通过判断文件名称、程序名称和创建日期是否与作业安排日期相匹配，确定程序所读文件是否正确 (3) 控制记录或尾记录。程序单独计算文件中的记录总数和记录值，然后将这些数值与控制记录或尾记录的值进行比较，以确保整个文件得到正确的处理 (4) 如果这些控制之间未达到平衡，应规定可采取的各种措施 ①立即终止数据的处理 ②立即向用户报告不一致的情况，以便用户进行调查

续表

控制目标	控制措施
确保管理层能够对每笔交易的各处理阶段，从源文件的起源到每个处理结果的输出，进行跟踪。识别存储在计算机中的某单独项目	(1)用唯一的序号或批号鉴别每一文档，以便利用此序号或批号追溯到计算机处理结果；反之，也可以从最终交易处理结果追查至相关的原始文档。在原始文件的准备工作完成后，便对文件做好相应的标记，以便引用 (2)每天或是定期打印所有数据输入和交易生成的报告，这些报告可能包括编辑报告和详细的交易清单 (3)文件更新后报告数据库控制总数以便用户进行协调 (4)如果公司使用缩微胶片来存储原始文档或输出文档，那么记录总数应当与输入输出的总数一致。因此，应当对此进行检查，以确保缩微胶片所存储的数据是完整的 (5)在已处理的交易信息或存入汇总信息中的交易信息被打印出来之前，报告程序已处理的记录总数 (6)明确规定原始文档、输出文档、缩微胶片记录和磁带磁盘文件的保留政策
确保系统及时处理所有经批准的信息输入，并且保证每笔交易不会被重复处理	(1)编制并维护一份数据控制日志，记录数据接收处理的时间、数据处理完成的时间，以及将处理结果反馈给用户的时间 (2)核实批次序号，确定存在遗漏处理或重复处理的时间 (3)确认输入交易都已经过适当的授权 (4)删除已输入文件，以避免重复处理 (5)对被拒绝处理的交易数据进行记录，以便后续跟踪及相应修改后再次提交

3. 输出控制

输出控制是为了确保应用系统输出信息的准确性，以及输出数据以一致和安全的方式传递给经过授权的用户而实施的控制活动。

(1)输出控制的技术

输出控制失效将影响输出信息的准确性，甚至可能造成重要信息泄密、滥用。常见的输出控制技术如下。

① 在安全的地方登记和存储重要表单。可调整的、敏感的和重要的表格要记录日志并且要存放在安全的地方，防止被盗或被破坏。日志要定期调整，有随时可用的详细清单，任何不一致都要适当调查。

② 报告分发。可用手工分发或自动分发。根据不同的权限分发给不同的人。操作人员要证实输出报告是完整的、按计划发送的，所有报告在分发出去之前要登记，报告接收人进行登记以表明收到了报告。含有敏感数据的报告应该在安全的受控制条件下打印，计算机产生的可流通的文书、表格和签字应该被适当控制。当某个系统的输出需要手工向另一个系统输入时，要建立相应的人工控制环节，以防范非法篡改与信息泄密等。

③ 平衡和核对。输出要定期地与控制总量进行平衡，提供审计轨迹以便对事务进行跟踪和调整数据。

④ 输出错误处理。在应用程序输出过程中要建立报告和控制错误的机制，错误报告要及时传递给产生错误的部门进行检查和修改。

⑤ 输出报告保留。要严格遵守保留周期，保留政策中要包括相关的法律法规。信息系统审计师要关注记录保留政策，输出数据可能被限制为特定的 IT 资源。

(2)输出控制的措施

常见的输出控制措施如表 6-8 所示。

表 6-8 输出控制措施

控制目标	控制措施
检测输出结果中的错误和不当之处	(1)将主文件记录的控制总值与用户人工编制的控制总值进行对比检查。该项控制程序可以确保前阶段积累的数据加上当前阶段输入的数据之和与当前阶段末的积累数据值是一致的 (2)将信息系统生成的输出控制总值及中间控制总值与输入控制总值相比较,该控制程序可以保证所有提交的数据均已得到处理 (3)将编辑验证报告中通过验证的输入信息和其他程序生成的信息与文件更新报告相比较。该项控制程序可以确保所有通过验证的交易均得到处理 (4)对比文件更新前后的情况,确保程序对需要处理的文件进行了处理。例如,文件更新前后总数相等 (5)对其他的信息控制总值或输出信息进行检查 (6)制定有效的程序,严格限制机密文件只向经授权的人员发送 (7)利用带有连续编号的可转让票据,并注意安全保存 (8)管理人员对输出的、用作可转让支付工具的输出凭证进行检查,超过一定数额的支付工具应当由 IT 部门以外的相关人员进行会签 (9)对原始凭证、数据文件、计算机输出微胶片文件、打印的纸质文件等规定一个保留期限。所规定的保留期限应当符合客户的实际需要及法律规定的硬性需求。对于原始凭证和计算机输出文件的建档和参考查阅,应当有正确的流程和程序控制 (10)规定适当的确认异常报告的程序,并制定合适的异常报告处理程序,包括对无效数据和不服数据的报告。用户应当确保异常报告的标准切实可行,并且及时对其进行更新。异常报告中应当含有报告的日期及对其所采取的措施,并及时归档 (11)用户部门的管理人员对打印输出的文件进行检查,确定这些文件是否合理,从而发现各种明显的处理错误
确保输出结果合理,并且确保输出结果被正确地分发给用户及其他第三方	(1)在转发处理结果之前,将输出总值与输入总值、累积数据及中间处理控制进行对比。虽然用户对数据处理的完整性及准确性负最终的责任,数据控制部门也要进行初步检查,以避免带有明显错误的输出结果发送到用户手中 (2)建立特殊的控制程序,以确保机密性输出文件传给正确的用户管理部门 (3)对那些直接由数据控制部门发送到第三方的输出结果进行详细审查,以发现明显的错误

4. 接口控制

接口控制是为了确保系统间数据传递和转换的及时性、完整性、准确性、一致性和安全性而实施的控制活动,是整合业务的关键要素。

(1)接口控制的内容

接口是实现应用程序与其他输入输出系统间信息交互的纽带和桥梁,因此接口规划、接口设计和接口处理程序尤其重要。接口规划对接口设计起着宏观指导作用,它具有全局性和战略性的特点,是在较高的层次上描述接口,包括接口说明、接口类型、数据交换字段、控制需求等内容;接口设计在接口规划的框架中进行,规划中的相关要求通过接口设计这一环节予以实现。接口设计要符合规划要求,并且包含适当的设计文档,每个接口均有详细的设计,设计文档要基于业务需求,包括适当的细节;在接口处理过程中,由于异常数据、系统错误、通信故障及人为操作等原因,数据可能存在未被完整、准确处理的情况。有效的接口处理程序可以协调源系统和目标系统之间的控制信息,充分保证接口数据的及时、完整、准确和安全,防止数据处理过程中发生增加、丢失和改变等情况。

(2) 接口控制的措施

常见的接口控制措施如表 6-9 所示。

表 6-9 接口控制措施

控制目标	控制措施
确保数据转换正确	(1) 设计有效的数据导出或提取控制，确保数据提取格式和字段的正确、完整，保障源系统数据提取的顺利实施 (2) 设计有效的数据映射或转换和导入控制，确保数据映射规则或其他转换方式的合理性，保证源系统数据向目标系统的正确转换和加载
有效的数据传输机制检查	(1) 网络自动传输时，应设计有效的数据传输控制，确保数据在系统间及时、准确、完整和安全地传输 (2) 手工传输时，设计有效的接口数据访问控制，防止数据在传输环节被非法访问或者修改
错误处理机制检查	(1) 设计相关控制，用来跟踪和纠正接口数据中的错误 (2) 建立错误提醒机制，确保用户及时获知被拒绝的数据 (3) 保留操作轨迹，以供审计人员日后的审查，并纠正其中存在的错误
接口权限控制检查	(1) 设计有效的接口访问控制，将接口处理、错误纠正、状态监控等权限合理地分配给源系统或目标系统接口用户 (2) 防止未经授权的系统操作，以及对接口数据的非法访问和修改
接口数据处理检查	(1) 数据自动存档或从生产环境中删除，保证数据仅被处理一次 (2) 设计有效的接口重启或恢复控制，确保发生灾难事故时，接口程序能够初始化或者依据存档数据进行恢复
接口变更流程管理	(1) 建立正式的变更申请、授权和审批程序 (2) 测试所有计划或者紧急安排的变更 (3) 记录所有的变更，定期开展检查，确保遵循既定的程序

6.2.2 应用控制审计

应用控制审计是对被审计信息系统的应用控制情况进行全面审查与评价，以确认其是否恰当、完整、准确和有效，是否能够充分保障系统业务处理的完整性与合规性。结合信息系统应用控制的关键控制活动及所面临的重要控制风险，应用控制审计主要包括的内容有输入控制审计、处理控制审计、输出控制审计和接口控制审计。

1. 应用控制审计程序

审计人员从组织的应用控制设置是否符合业务规则、设置是否完善、已有控制是否执行正确、是否发挥了预期作用等几方面对企业内部应用控制进行审查、测试和评价，出具审计意见。应用控制审计的一般审计程序如图 6-1 所示。

① 分析被审计单位的业务流程。了解业务功能和系统的技术体系结构，定义或评估应用控制。参照信息系统的业务流程描述和业务流程图，通过访谈和数据测试等方法了解业务流程，理清业务流程中的信息流、资金流和文档流。

② 找出关键控制点。根据所了解的业务流程，识别控制活动，并根据控制活动的类别，识别出应用控制或手工控制，同时确定这些应用控制的关键程度。

③ 确定控制方法。根据被审计单位的实际情况，确定控制方法。

④ 在系统中测试。根据被审计单位信息系统及软硬件等相关情况，建立测试方法与环境，并进行测试。测试应该涵盖从数据准备到最终输出的整个过程，测试范围主要包括输入控制、处理控制、输出控制和接口控制四个部分内容。

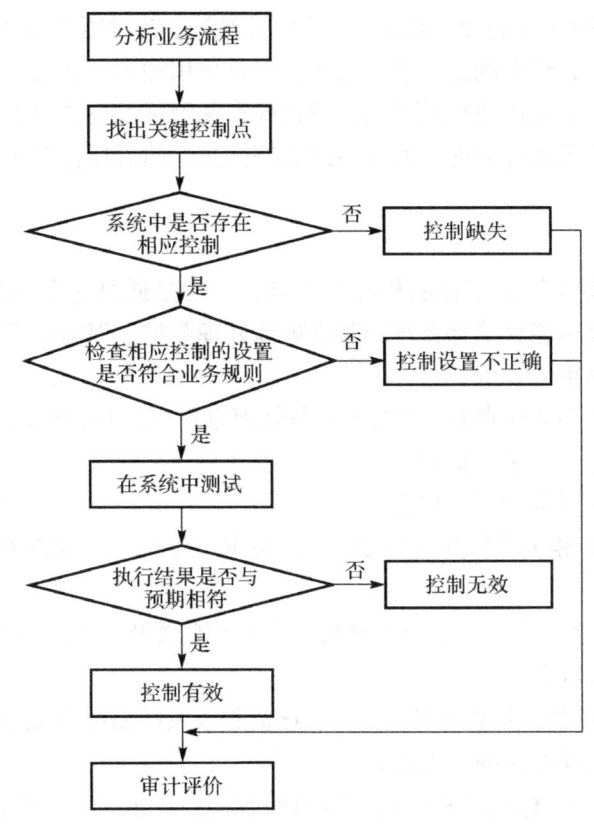

图 6-1 应用控制审计的一般程序

⑤ 出具控制缺陷分析和审计报告。对测试结果发现的控制缺陷进行汇总和分析，确定这些控制缺陷所造成的影响，以及关键程度。

2. 输入控制审计

输入控制审计就是通过审查输入权限、输入格式、输入范围及自动处理等输入控制措施，判断系统是否对输入数据的完整性、准确性和唯一性进行了适当控制，分析数据输入是否符合规定流程并经过合理授权、审批，从而对系统输入控制情况做出评价。

输入控制审计的主要关注点是：①审计数据输入政策的健全性及执行情况；②审计数据输入规则设计的合理性，包括数据格式、内容等方面设计；③审计应用程序的数据输入检验机制是否健全有效，包括数据唯一性控制、必填字段控制、数据格式和范围控制、数据精度控制、钩稽关系控制等方面审查；④审计应用程序数据输入错误处理功能是否健全有效，包括错误提示、跟踪、报告和处理等方面。

输入控制审计可遵循如下程序与方法。

① 调阅被审计单位制定的与输入控制有关的政策文件。审查是否制定了适当的政策规定，以确保数据输入符合规定流程并经过审核和批准；同时，通过人员访谈、输入文件检查等方式，审查政策规定是否被有效执行。

② 获取数据输入规则。如信息采集的标准要求等，审查设计能否满足实际业务需要。

③ 识别主要输入控制项，确认输入方式。通过研究业务政策、访谈经办人员、现场实际观察等方法，识别应用系统的主要输入项及输入方式，明确审计核查重点。

④ 检查系统关键输入项的控制情况，得出审计结论。针对所确定的输入控制审查点，采用软件测试和数据分析相结合的方式进行核查：一是采用测试用例法，设计测试数据，审查输入控制是否健全；二是采用数据验证法，通过检查关键字段格式是否规范、内容是否正确完整以及数据之间逻辑关系等方面，发现系统数据问题，然后反推输入控制漏洞。

3. 处理控制审计

处理控制审计是应用控制审计的核心和难点，目的是通过对系列处理控制措施进行审查，以判断控制措施是否能够确保系统完整准确地处理数据，保障业务的正常运行，从而对应用控制的有效性做出审计评价。

处理控制审计的主要关注点是：①系统业务处理流程；②业务数据处理逻辑正确性控制；③处理错误的识别、记录与解决机制。

处理控制可遵循如下审计程序与方法。

① 熟悉国家、行业相关法律法规制度，熟悉被审单位业务流程管理制度，明确被审系统的关键控制目标。

② 查阅系统设计文档，访谈系统管理员和业务部门操作人员，了解应用系统的业务流程，取得或绘制业务流程图。

③ 识别应用系统中的关键业务流程，明确该流程涉及的系统功能模块和相关接口，并分析应用系统关键业务流程设计的合理性。

④ 依据业务流程图，标识流程中的关键风险控制点，包括手工控制流程和自动控制流程，并最终形成处理控制审计关键核查点一览表。

⑤ 基于所界定的关键核查点列表，编制风险控制测试矩阵，使用测试数据法、集成测试法、程序代码检查法和数据验证法等方法，实施控制测试，并记录测试结果。根据测试结果对应用系统处理逻辑的健全性、有效性做出审计评价。

⑥ 分析系统处理日志记录。一是审查处理中遇到的错误或问题是否被及时准确地记录；二是审查是否及时调查并纠正处理中产生的错误信息；三是分析日志记录，审查是否存在异常或未经授权的处理活动。根据审查结果，对错误处理机制进行审计评价。

4. 输出控制审计

输出控制审计就是要通过审查被审计单位采取的系列输出控制措施，分析输出控制能否保证输出信息被及时、正确地发布，被合理授权使用，被安全备份存储，从而对输出控制在保证输出结果完整、准确和机密等方面的效果做出评价。

输出控制审计的主要关注点是：①审计数据输出政策健全性及执行情况；②审计应用系统输出权限控制，关注用户对输出信息的查看、更新和输出等操作是否与其权限相匹配；③审计数据输出报告生成机制，关注输出的计算机处理结果是否准确无误，包括内容格式、输出总数、数据钩稽关系和输出合理性等；④审计输出信息分发和保存控制，关注输出信息是否被分发给有权使用的人员、输出信息保存与使用是否符合制度规定等。

输出控制审计可遵循如下程序与方法。

① 调阅被审计单位制定的与输出控制有关的政策文件。审查政策规定的适当性：是否规

定了符合业务要求的信息输出格式、内容,是否有恰当的信息发布程序,是否要求对发布信息进行审核等。

② 识别主要输出项,分析审计关键核查点。通过查阅各种纸质资料及报表、访谈经办人员、测试系统输出模块等方法,识别应用系统主要输出项,明确审计核查重点。

③ 针对确定的系统关键控制项,采用系统测试、数据分析等方式,审查输出结果的正确性。一是审查系统权限配置表,结合人员业务职能分析权限配置合理性;二是通过交易数据测试、交易处理过程追踪等方式,检查系统输出处理是否存在逻辑错误;三是将电子数据与纸质资料相比较,分析有无非法修改数据的情况;四是依据业务性质和需要,分析输出结果能否满足工作需要。

④ 通过资料调阅、人员访谈、现场观察等方式,审查输出数据分发与保存的合理性。一是审查输出资料分发与使用登记清单,并抽查询问使用输出结果的部分用户,检查资料接受者是否得到合适授权;二是审查输出资料的保管过程,调阅数据备份记录和备份数据使用登记表,并访谈相关业务管理人员,检查是否及时备份重要输出信息,是否有未经授权人员接触备份数据。

5. 接口控制审计

接口控制审计就是通过核查系统间接口数据提取、转换和加载的控制活动和措施,评价系统是否实施了有效的接口处理程序,发现系统接口控制存在的风险。一般而言,接口控制审计的主要方法有审阅程序模块和文档资料、程序测试及接口数据分析。

接口控制审计主要包括接口数据提取、转换和加载机制,接口数据传输机制,接口错误处理机制,接口权限控制机制,接口重启和恢复机制等内容。

(1) 接口数据提取、转换和加载机制审计

接口数据提取、转换和加载机制审计的主要关注点有:①审计接口数据导出/提取控制机制,包括确保数据提取格式和内容的正确与完整;②审计接口数据映射/转换和导入控制机制,包括数据影射规则或其他转换方式的合理性等。

接口数据提取、转换和加载机制的审计程序如下。

① 审查触发数据提取、转换和加载的事件是否合适。

② 审查源系统数据是否按照设计以正确的格式予以提取,并且提取的信息是否完整准确。

③ 审查程序能否依据转换规则对所提取数据进行转换,并顺利加载到目标系统中。

④ 审查接口数据加载到目标系统后,能否确保数据的完整性和唯一性,需要确认系统到系统的记录总数和总金额是否一致。

⑤ 审查程序是否保留了数据提取和处理痕迹。

(2) 接口数据传输机制审计

接口数据一般通过网络自动传输,特殊情况下也会辅以手工方式进行传输,不同的传输方式对应不同的审计关注点:网络自动传输方式重点审计数据传输控制的有效性,包括数据传输是否及时、准确、完整和安全等;手工传输方式重点审计接口数据访问的安全性,如接口数据传输时被非法访问或修改。

接口数据传输机制的审计程序如下。

① 观察网络负载状况,审查传输日志、报警日志,分析数据传输协议、传输格式是否得以正确实现。

② 审查数据传输是否安全可靠，如果是网络自动传输，要分析数据是否经过加密；如果是手工传输，则要分析是否具备恰当的人员授权和相互的制约机制，以确保数据的安全。

③ 审查数据传输的频率和协调机制是否适当，分析传输中是否存在数据遗漏或者重复问题，能否确保源系统与目标系统数据一致。

(3) 接口错误处理机制审计

接口错误处理机制审计重点审查接口错误识别、记录和纠正措施的有效性，包括错误接口数据跟踪控制、错误信息提示机制、操作轨迹记录等方面。

接口错误处理机制的审计程序如下。

① 审查接口错误日志，分析接口处理中的错误是否被及时识别、记录，阻止不合格的数据进入系统。

② 分析程序功能，审查能否以恰当的方式将错误信息及时、醒目地通知接口用户。

③ 审查错误文件被处理的证据，确认错误是否得到及时纠正，处理的频率和措施是否恰当。

④ 审查系统日志记录，确定是否保留审计轨迹，以便跟踪错误信息和错误纠正过程，并注意分析审计轨迹的记录、审查和维护是否适当。

(4) 接口权限控制机制审计

接口权限控制机制重点审计接口访问控制措施，分析接口处理、错误纠正和状态监控等权限在源系统或目标系统的用户之间分配的合理性。

接口权限控制机制的审计程序如下。

① 结合权限分配文件及权限实际配置情况，审查接口用户的系统访问权限是否经过严格授权和审批，其所具有的权限是否与其工作职责相匹配，如指派专人接触接口信息，以便监控接口状态等。

② 审查敏感、机密的接口数据是否有专人负责管理，是否存在未经授权的使用风险。

③ 审查接口用户的重要操作，系统是否保留了历史痕迹。

(5) 接口重启和恢复机制审计

接口重启和恢复机制审计主要关注接口重启和恢复控制措施是否有效，分析现有措施能否确保发生灾难事故时，接口程序能够重新初始化或者依据存档数据进行恢复。

接口重启和恢复机制的审计程序如下。

① 审查接口存档文件，验证其处理日期和时间，分析数据是否被及时存档。

② 分析接口处理程序功能，一是确认系统是否支持数据初始化和数据恢复操作；二是确认灾难恢复处理时，系统是否保留了历史痕迹。

6.3 信息系统开发审计

6.3.1 信息系统开发的生命周期

1. 应用系统全生命周期的管理要素

应用系统的全生命周期是指应用系统从项目规划开始，到需求分析、设计、实现、实施和维护，直到最终被废止的过程。应用系统的生命周期严格定义了系统开发的各个阶段，每个阶段都有预定义的目标和活动,并建立相应的责任、预期结果和实施日期;前一阶段所有工作完成后才能进入下一阶段,前一阶段工作是下一阶段工作开展的基础。为了避免可能的风险,需要对各阶段相关资源和其他类似活动进行管理和控制。

应用系统全生命周期的管理要素有:项目计划、需求分析、设计、开发、测试、上线、运行和废止等。项目计划是指对问题的定义和可行性研究。需要确定应用系统的目标、应用系统的结构,并对项目进行技术可行性分析、经济可行性分析、执行可行性分析,最终形成可行性分析报告和项目计划书。需求分析是指在确定系统开发可行的情况下,对系统需要实现的各个功能进行详细分析。需要完成应用系统的功能需求、性能需求、可靠性和可用性需求等,最终形成系统需求规格书。设计是指根据需求分析对整个系统进行的设计,最终形成系统设计说明书。如果采用自行开发软件方式,需要进行系统总体设计和详细设计,描述系统功能如何实现;如果采用购买现成软件包方式时,需要考虑商用软件的需求、操作性的支持和技术需求等。开发是指根据系统设计说明书完成应用系统构建的过程。如果采用自行开发软件方式,需要设计编程和规范化系统的支持;如果采用购买现成软件包方式,需要按照组织的需求进行配置。测试是指对开发出来的应用系统进行验证和确认的过程,测试通常分为单元测试、组装测试及系统测试三个阶段进行。上线是指将经过测试后的应用系统投入实际运行中的过程,系统上线方式有直接切换、并行切换和分段切换三种方式。运行是指应用系统成功上线后,组织使用新系统处理业务的过程。废止是指应用系统终止使用,不再支持业务处理的过程。

2. 应用系统全生命周期的影响因素

项目计划方面的影响因素有:一是应用系统建设目标不明确,造成后续不断修改、完善目标,给项目实施带来巨大风险;二是可行性分析不充分,没有按照组织实际需求进行可能性和必要性的论证;三是实施计划设计不合理,没有考虑组织实际资源的协同能力,给项目实施带来压力。

需求分析方面的影响因素有:一是业务人员对需求的表述不全面、不清晰,造成需求定义不准确;二是业务人员和开发人员对需求的理解有偏差;三是开发人员没有熟练掌握需求分析的各项技能,例如需求定义、需求评审、需求跟踪、需求变更等控制措施;四是组织没有从战略上重视需求,没有从领域需求研究的角度挖掘需求。

设计方面的影响因素有:一是子系统和模块划分不合理,造成系统功能不适用;二是数据模型设计不够合理,造成数据管理效率低;三是软件风格设计不统一,给用户使用带来麻烦;四是只关心功能设计,没有综合考虑软件的性能、可扩展性、可复用性等;五是技术架构选取不当,造成系统扩展能力差、可移植能力差;六是平台选择策略不当,由于在一个系列的应用系统中采用多种编程语言、多种差异较大的技术,难以实现技术无缝融合。

开发和测试方面的影响因素有:一是程序员的编程风格差异大,代码质量有高有低;二是没有编程规范,或程序员没有按照已有的编程规范编写代码;三是重复开发相似的功能,互不相通,没有提炼软件的标准构件,没有标准公共技术平台,造成软件的复用性较差,无法提高软件的开发效率和质量;四是测试过程不严格,测试数据构建不全面,错误没有被发现,增大了系统后期维护的成本。

上线方面的影响因素有:一是上线方式选择没有考虑组织的实际情况,造成系统切换的失败；二是没有系统切换预选方案，系统一旦切换失败，没有补救措施；三是上线前的准备工作不充分，影响上线的进度及系统使用的效果，如系统功能操作培训、基础数据的准备及验证等。

6.3.2 信息系统开发的项目管理

1. 系统开发的组织

系统开发涉及的人员较多，为了确保领导与协调有力，分工与职责明确，需要建立相应的组织机构。通常的做法是成立两个小组，即系统开发领导小组和系统开发工作小组。

系统开发领导小组的任务是制定管理信息系统规划，在开发过程中根据客观发展情况进行决策，协调各方面的关系，控制开发进度。小组成员应包括企业领导、系统开发项目负责人、有经验的系统分析师，以及主要部门的业务负责人。领导小组不负责开发的具体技术工作，其成员中有的可能不具备计算机应用的知识和经验。领导小组的职责如下：

① 提出建立新系统的目标、规划和总的开发策略；
② 保证满足企业不同部门对新系统的需求；
③ 对开发工作进行监督与控制，对开发项目的目标、预算、进度、工作质量进行监督与控制，审查和批准系统开发各阶段的工作报告，组织阶段验收，提出继续开发或暂停开发的建议；
④ 协调系统开发中有关的各项工作；
⑤ 向上级组织报告系统开发工作的进展情况；
⑥ 负责主要成员的任用和规定各成员的职责范围等。

系统开发工作小组由系统分析员，即系统工程师负责，其任务是根据系统目标和系统开发领导小组的指导开展具体工作。这些工作包括开发方法的选择、各类调查的设计和实施、调查结果的分析、撰写可行性报告、系统的逻辑设计、系统的物理设计、系统的具体编程和实施、制定新旧系统的交接方案、监控新系统的运行；如果需要，协助组织进行新的组织机构变革和新的管理规章制度的制定。这个小组的成员主要是由负责开发的一方组成，即若干系统分析和设计人员。组织总应该有一个通晓全局的管理者参加，负责具体的联络和沟通。小组的生命周期应该是从系统的设想提出之日起至系统正式交付运行。

2. 系统开发的项目管理

近年来大规模崛起的 IT 行业，由于它的复杂及众多的变数，引起了业内人士对其极度的重视，如何解决 IT 项目中的三大问题：成本、进度和质量，便成了 IT 项目管理所研究的课题。项目管理是在一个连续的过程中为达到项目目标，对项目所有方面所进行的规划、组织、监测和控制。美国项目管理学会《项目管理知识体系（PMBOK）指南》给出了项目管理的明确定义，项目管理是指"在项目活动中运用专门的知识、技能、方法和工具，使项目能够实现或超过项目相关方的需要和期望"。它在强调了项目实现过程中运用专门的知识体系的同时，还特别强调了参与人的重要性。

IT 项目管理在现代项目管理中是最重要也是运用最好的一个领域。由于信息技术行业的特点，使得它的项目管理"在知识、技能、方法和工具"上远远领先于其他行业。近年来，项目管理的工具也被广泛运用到 IT 项目管理中。在系统开发过程中，如何在有限的资源约束下，运用系统的观点、方法和理论，对项目涉及的全部工作进行有效管理，从项目的投资决策开始到项目结束的全过程进行计划、组织、指挥、协调、控制和评价,以实现项目的目标,这是项目经理的主要工作任务。一般而言,系统开发项目管理的内容包括以下几个方面。

(1) 项目计划管理

项目计划管理是为了确保项目按进度完成。它包括:制订总体计划,确定系统开发范围,估算开发所需资源,划分系统开发阶段,分步实施,同时明确系统开发重点;制订阶段计划,分解阶段任务,估算阶段工作,规划阶段工作进度;工程计划执行情况检查,找出无法按计划完成的原因并且提出相应建议,以便对计划做出相应调整。

(2) 项目时间管理

项目时间管理是为了确保项目最终按时完成的一系列管理过程。它包括具体活动界定、活动排序、时间估计、进度安排及时间控制等项工作。

(3) 项目成本管理

项目成本管理是为了保证完成项目的实际成本、费用不超过预算成本、费用的管理过程。它包括资源的配置,成本、费用的预算,以及费用的控制等项工作。

(4) 项目质量管理

项目质量管理是为了确保项目达到客户所规定的质量要求所实施的一系列管理过程。它包括质量规划、质量控制和质量保证等,具体为贯彻系统开发过程质量管理原则;确定系统质量管理指标体系;保证系统的可使用性、系统的正确性、系统的适用性、可维护性及文档完整性;系统开发周期内的质量管理,分阶段确认工作质量指标,实行质量责任制;对各项任务进行质量检查,分阶段进行质量评审,分析影响阶段质量的原因。

(5) 项目人力资源管理

项目人力资源管理是为了保证所有项目关系人的能力和积极性都得到最有效的发挥和利用所做的一系列管理措施。它包括组织的规划、团队的建设、人员的选聘和项目的班子建设等一系列工作。

(6) 项目沟通管理

项目沟通管理是为了确保项目信息的合理收集和传输所需要实施的一系列措施,它包括沟通规划、信息传输和进度报告等。

(7) 项目风险管理

项目风险管理涉及项目可能遇到的各种不确定因素。它包括风险识别、风险量化、制定对策和风险控制等。

6.3.3 信息系统开发审计的实施

如同任何事物一样,信息系统也有一个孕育、诞生、成长、成熟、衰亡的生存过程,这个过程叫作信息系统的生命周期。信息系统的生命周期按时间可划分成系统的开发阶段和系统的运行与维护阶段。其中开发阶段的工作包括对信息系统的规划、分析、设计、编码、测试和试运行,系统运行与维护阶段的工作包括系统的日常运行和系统的维护。为了保证信息系统的设计和进行能满足预定的要求,提高信息系统运行的有效性、可靠性和安全性,需要对信息系统的生命周期进行审计。信息系统的规模越大、复杂程度越高,信息系统生命周期的审计就越重要。

对信息系统生命周期的审计,是以信息系统开发过程及在这一开发过程中所形成的有关文档为对象所进行的审计。系统审计师在系统开发生命周期过程中通过审查现有的标准和过程，进行控制环境的分析，并评估这些标准和过程的完整性及操作效率，初步识别组织战略及管理与控制开发的责任，具体可以按以下内容进行。

1. **系统规划的审计**

在进行信息系统规划审计时，审计的主要内容包括：
① 审查是否制定了系统建设的长期、中期和短期计划；
② 审查系统的目标、功能、性能、安全性等是否清晰、明确；
③ 审查本阶段产生的文档的合理性；
④ 判断是否所有的成本收益都是真实的；
⑤ 识别并判断系统需求的必要程度；
⑥ 判断或评估解决方案的合理性；
⑦ 判断所选解决方案的可行性；
⑧ 审查对项目进度是否进行了评估。

2. **系统分析的审计**

在系统分析阶段，信息系统审计的主要内容包括：
① 获取详细的需求文档，通过和相关用户部门的面谈，确认它的正确性；
② 确定项目组的关键成员是否能够代表所有业务部门；
③ 判断业务过程与管理功能之间的关系是否清晰；
④ 判断项目的发起和成本是否都已经得到适当的授权批准；
⑤ 审查系统的概要设计说明，判断它们是否符合用户的需求；
⑥ 确定适当数目的供应商，并对这些供应商发送涵盖项目所有范围及用户需求的招标书；
⑦ 确定应用系统是否适合嵌入式的审计方法，如果是，要求嵌入程序并入到系统的概要设计中；
⑧ 需求分析文档是否齐全、有效。

3. **软件获取审计**

软件获取阶段是指针对通过外购成品软件来替代开发获得的过程，此阶段的信息系统审计主要包括如下内容：
① 分析可行性研究的文件，判断购买方案的决策是否适当；
② 审查招标建议书的要求，保证它涵盖了用户的需求；
③ 判断在发给软件供应商的各种文件中，是否对供应商选择存在倾向性；
④ 在与软件供应商签订合同之前，审查合同并确定没有遗漏；
⑤ 保证合同在签订之前由法律顾问审查过。

4. **系统设计与编码过程的审计**

在系统设计与编码阶段，信息系统审计的主要内容包括：
① 审查系统流程图是否符合总体设计，确认所有变更均事先与相关的用户讨论过并获得其认可，这些变更均得到适当的批准；

② 审查系统设计的输入、处理及输出控制是否适当；
③ 审查是否提供容错机制；
④ 审查系统关键用户是否理解如何操作,并给出他们在对屏幕格式及输出报告上参与设计的等级；
⑤ 评估审计软件是否能够充分跟踪系统事务处理；
⑥ 确认关键计算及处理程序的正确性；
⑦ 确认系统能识别的数据并能够适当处理；
⑧ 审查本阶段所开发程序的质量保证结果；
⑨ 审查开发人员是否按照详细设计说明书的要求编写程序；
⑩ 证实所有对程序错误所提出的修正建议已被执行,所建议的审计轨迹或嵌入式审计模块已嵌入适当的程序之中；
⑪ 阶段文档是否齐全,是否得到主管人员和用户的认可；
⑫ 源程序代码的管理是否规范。

5. 测试审计

系统测试是信息系统开发生命周期过程中一个十分重要的部分。尽管在系统开发生命周期中的各个阶段都采用了严格的技术审查,但依然难免遗留差错。如果没有在投入运行前的系统测试阶段被发现并纠正,问题会在以后的正式运行中暴露,带来的损失可能会更大。系统测试的工作量和成本都很大,占到整个开发工作的一半左右,因此信息系统审计师对测试阶段的审计必须全面投入。

测试审计有如下主要内容：
① 检查用户参与测试的证据,如测试用例的开发,考虑重新运行关键测试；
② 检查错误报告,判断报告对错误资料的识别及解释能力；
③ 审查周期性作业处理；
④ 审查系统和终端用户文档,判断其完整性与正确性；
⑤ 审查并行测试结果的正确性；
⑥ 进行访问测试,判断系统安全措施是否按设计要求有效执行；
⑦ 检查单元测试和系统测试计划,判断计划是否完整、是否已包含内部控制测试；
⑧ 信息系统审计师需要向管理层合理保证,所有开发组与用户都已详细测试过系统。

6. 系统实施阶段的审计

实施阶段的审计只有在成功的测试过程结束之后方能进行,系统必须按照组织的变更控制程序实施。

实施阶段的信息系统审计有如下主要内容：
① 审查所有系统文档,判断其完整性及所有最近在测试阶段所做的更新均能反映在文档中；
② 在系统投入日常作业前确认所有数据的转换,保证其准确性和完整性。

7. 系统运行与维护阶段的审计

新系统实施后,需要对系统实际运行状况进行集中分析和评价,开展系统运行与维护阶段的审计。系统运行与维护阶段的审计一般采取如下审计程序：

① 审查系统中各种资源的利用率，包括计算机、外部设备、软件、人力、信息资源的利用情况；

② 审查系统内建的控制机制，确定它们是按设计要求运作的；

③ 审查系统运行维护是否有规范的作业流程；

④ 审查操作人员的错误日志，判断系统是否存在固有的操作或资源问题；

⑤ 审查输入及输出的金额并进行报告，证实系统准确地处理了数据；

⑥ 审查系统更新后是否进行了测试和试运行；

⑦ 审查运行维护记录是否保管齐全；

⑧ 指出系统改进和扩展的方向。

6.4 信息系统运营与维护审计

6.4.1 信息系统运营与维护概述

当信息系统通过验收，正式移交给用户以后，系统进入运行阶段。长时间的运行是检验信息系统质量的试金石，通过运行，系统性能的优劣就会暴露在用户面前。要保证信息系统长期有效地正常运行，就要建立规范的运行管理制度，从人员管理、组织结构设计、组织环境建设等方面加强管理工作，及时进行系统的评价和分析；同时，记录系统的运行情况，特别是出现非正常情况时，应将现象、时间、可能原因、处理措施等做详尽的记录，这样对信息系统的完善和维护是很有帮助的。本节主要阐述信息系统运行维护管理、信息系统运行服务管理、变更管理等方面的审计。

6.4.2 信息系统运行维护管理审计

信息系统运行维护管理是指为保障信息系统的正常有效运行，从组织、制度和人员等方面实施运行维护管理的体系。运行维护管理包括运行维护机构管理、运行维护制度管理、运行维护人员管理。

1. 运行维护机构管理

运行维护机构管理是指建设单位为保障信息系统的正常有效运行，组建运行维护机构并建立运行维护机制。运行维护机构管理的主要控制点包括：检查运行维护机构管理是否促进了运行维护机构组织的完整性、运行维护机制的有效性。

信息系统运行维护机构一般由项目建设单位的信息中心承担，负责信息系统的运行维护工作，并组建相应的运行维护处室，常见的设置及职责如下。

① 应用系统运行维护处室。具体负责应用系统、信息资源、主机系统的运行服务和维护工作，保障应用系统的正常有效运行。

② 网络系统运行维护处室。具体负责局域网、城域网、广域网的运行服务，负责机房的供电系统、消防系统、新风空调系统、监视系统、温湿度控制系统等的运行服务和维护工作，保障网络系统的正常有效运行。

③ 安全系统运行维护处室。具体负责物理安全、网络安全、主机安全、应用安全、数据安全的运行服务和维护工作，保障安全系统的正常有效运行。

信息系统运行维护机制主要包括如下内容。

① 系统运行监控。实施对应用系统、信息资源、主机系统、网络系统、安全系统、机房系统运行状况的监控。

② 系统运行情况报告。实行对各系统运行状况的记录和情况报告。

③ 系统运行应急处置。对各系统的运行故障实施应急预案和应急处置。

2. 运行维护制度管理

运行维护制度管理是指建设单位为保障信息系统的正常有效运行，建立相关的管理制度和执行机制。运行维护制度主要包括运行管理制度和运行维护操作规范。运行维护制度管理的主要控制点包括：检查运行维护制度管理是否促进了运行管理制度和运行维护操作规范的完整性和执行有效性。

在运行管理制度方面，主要包括如下内容。

① 应用服务管理制度。应用服务管理制度的目的在于把信息系统的应用服务制度化、常态化。建立健全部门的事务处理类、监测监管类、社会管理类、应急处置类，企业的销售业务类、供应业务类、生产业务类、财务管理类、人力资源类、经营组织类、企业决策类等各类信息系统的应用服务管理制度，把保障各类信息系统的应用服务落到实处。

② 运行服务管理制度。规划和建设信息系统的另一个目是要保障各类信息系统的正常有效运行，保障信息系统承载的各类业务正常有效运行，运行服务管理制度的目的就在于把信息系统的运行服务制度化。

③ 服务队伍管理制度。保障信息系统的应用服务和运行服务的重要基础在于构建一支服务队伍，建立服务队伍管理制度的目的是要把服务队伍的建设和管理制度化。

④ 经费管理制度。保障信息系统应用服务和运行服务的物质基础是要落实系统服务经费，建立合理的系统运行维护经费预算标准和管理制度，是把运行维护经费落到实处的重要保证。

在运行维护操作规范方面，主要包括如下内容。

① 应用系统运行维护操作规程。即应用系统数据输入、处理和输出功能，应用支撑各类组件功能等运行故障的发现和排除的操作规程。

② 数据库运行维护操作规程。即元数据、基础数据表、主题数据库等运行故障的发现和排除的操作规程。

③ 主机系统运行维护操作规程。即数据存储与备份、数据处理性能等运行故障的发现和排除的操作规程。

④ 网络系统运行维护操作规程。即网络接入系统、网络分域管理、网络流量控制、网络通信等运行故障的发现和排除的操作规程。

⑤ 安全系统运行维护操作规程。即物理安全、网络安全、主机安全、应用安全、数据安全等运行故障的发现和排除的操作规程。

⑥ 机房系统运行维护操作规程。即供电系统、消防系统、新风空调系统、监视系统等运行故障的发现和排除的操作规程。

3. 运行维护人员管理

运行维护人员管理是指建设单位为保障信息系统的正常有效运行，配置相关运行维护岗位和人员，并对其职责履行情况进行检查监督的活动。运行维护人员管理的主要控制点包括：检查运行维护人员管理是否促进了系统三大人员和应用、网络、安全运行维护人员及岗位职责履行的合规性和有效性。

系统管理员、安全管理员、安全审计员的三大人员配置和岗位职责，是信息系统运行的重要保障。这三大人员配置和岗位职责如下。

① 系统管理员。明确系统管理员对各类系统运行状况的问题发现与报告、按照批准方案的调整与配置等岗位职责。

② 安全管理员。明确安全管理员对系统管理员发现问题的诊断、对调整方案的审核与批准，重要故障排除方案需要集体会诊和必要的请示等岗位职责。

③ 安全审计员。明确安全审计员对系统管理员和安全管理员岗位职责的履行、行为日志的审核，确保不相容职责分离等岗位职责。

应用系统运行维护的岗位职责是负责应用系统、信息资源、主机系统的运行服务与维护工作，及时发现和报告应用系统的运行故障，配合三大人员对故障的分析、诊断和排除，保障应用系统的正常有效运行。

网络系统运行维护人员的岗位职责是负责局域网、城域网、广域网的运行服务，负责机房的供电系统、消防系统、新风空调系统、监视系统、温湿度控制系统等的运行服务与维护工作，及时发现和报告网络系统的运行故障，配合三大人员对故障的分析、诊断和排除，保障网络系统的正常有效运行。

安全系统运行维护人员负责物理安全、网络安全、主机安全、应用安全、数据安全的运行服务与维护工作，及时发现和报告安全系统的运行故障，配合三大人员对故障的分析、诊断和排除，保障安全系统的正常有效运行。

4. 运行维护管理审计

运行维护管理审计的重点是，检查项目建设单位运行维护机构管理、运行维护制度管理、运行维护人员管理的完整性、有效性，具体如下。

① 运行维护机构管理是否促进了建设单位的运行维护管理，应用运行维护、网络运行维护、安全运行维护等实施机构的机构完整性、职责明确性和执行有效性。

② 运行维护制度管理是否促进了应用服务制度、运行服务制度、经费管理制度的制度完整性和执行有效性；应用系统、数据库、主机系统、网络系统、安全系统、机房系统等操作规程的制度完整性和执行有效性。

③ 运行维护人员管理系统管理员、安全管理员、安全审计员，以及应用、网络、安全运行维护人员的岗位职责的完整性和职责履行的有效性。

6.4.3 信息系统运行服务管理审计

信息系统运行服务管理是指为保障信息系统的有效运行，采用多种方式提供系统运行服务和管理的活动。它包括：系统运行监控管理、系统运行维护服务管理、系统运行维护服务方式等。信息系统运行服务管理的主要控制点包括：各类运行服务的需求符合性、管理规范性、服务有效性。

1. **系统运行监控管理**

系统运行监控管理是指利用信息化手段监控信息化系统的方式，构建信息系统的运行监控系统，对应用系统、信息资源、网络系统、安全系统、机房系统及其信息资产的运行状况进行实时监控、预警报告等。系统运行监控管理的主要控制点包括：检查运行监控管理是否促进了系统运行监控的需求符合性、监控指标设置合理性、监控管理有效性。系统运行监控管理的主要功能有以下几点。

① 设置各类系统和信息资产的运行状况及技术性能的指标阈值。如应用交易响应速度不超过 3 秒；存储设备的实际存储量不超过 80%；CPU 利用率控制在 90%；网络带宽利用率控制在 80%；城域、广域的路由互联等。

② 采集各类系统和信息资产的运行状况。在各类系统和信息资产上设置数据采集模块，采集上述各类运行状况和性能指标的实时运行值。

③ 预警系统运行异常。通过对系统运行状况和信息资产性能指标信息的分析和诊断，对异常情况进行实时报警。例如，各类系统和信息资产的运行状况和技术性能指标在控制值范围内，以绿灯表示；接近阈值 10%时以黄灯表示；超过阈值时以红灯表示，并发出警报声响。

④ 构建系统运行维护知识库，提供故障排除的参考方案。利用系统设计技术路线和软硬件技术故障排除知识、积累的系统运行维护知识和经验，构建信息系统运行维护知识库，对各类异常情况的排除提供可参考的解决方案。

⑤ 分析信息资产的健康状况。利用运行监控系统与信息资产管理系统的信息共享，分析信息资产的使用年度、异常情况的发生频度、主体或部件的运行维护记录等信息，诊断信息资产的健康状况，为信息资产的维修或更换提供有效依据。

2. **系统运行维护服务管理**

系统运行维护服务管理是指信息系统建设项目通过竣工验收并办理交付使用手续后，进入项目所建系统的运行管理，保障各类系统正常有效运行的维护服务的活动。系统运行维护服务管理的主要任务是发现并排除系统运行故障、各类信息资产的维护和更新，保障系统正常运行。系统运行维护服务管理的主要控制点包括：检查运行维护服务管理是否促进了运行维护服务中问题发现的及时性和准确性、故障排除的及时性和有效性、信息资产维护和更新的合规性和对系统运行的保障性。

发现并排除系统运行故障是信息系统运行维护服务的主要内容。服务要素包括：

① 服务对象，指信息系统的应用系统、信息资源、主机系统、网络系统、安全系统、机房系统、运行维护系统。

② 服务人员，指运行维护人员中的三大员和岗位人员。

③ 服务制度和规程，指运行维护制度和规范，以及运行维护人员和职责管理中的相关运行维护制度、操作规范、岗位职责。

④ 运行维护监控系统。系统运行监控管理中的运行监控系统。

⑤ 服务要素的综合运用。需要把服务人员的岗位职责履行、服务制度和规程的落实、运行维护监控系统的服务工具的有效使用等要素综合起来，以实现对服务对象正常运行、有效运行的服务保障。

信息资产维护和更新是保障信息系统持续有效运行的重要途径。其内容包括如下几项。

① 制订信息资产维护和更新年度计划。根据运行监控系统提供的信息资产健康状况信息，以及信息资产管理系统提供的信息资产使用期和技术性能信息，并依据信息资产所在系统的重要程度，研究、确定维护类和更新类的信息资产目录，为编制运行维护资金年度预算提供有效支持。

② 运行维护项目招标管理。信息资产维护和更新年度预算计划落实后，需要办理信息资产维护服务和更新资产采购的招标项目。

③ 信息资产维护和更新实施。运行维护项目招标采购后，需要组织信息资产维护和更新的实施。更新实施的管理控制点在于，重要系统、重要部位、重要软硬件的更新是个系统工程，需要制订更新计划，避免在更新实施中对相关系统的技术路由、技术参数配置等产生影响。

3. 系统运行维护服务方式

系统运行维护服务方式是指信息系统运行维护的组织方式，包括自行服务、外包服务和混合服务方式。系统运行维护服务方式管理的主要控制点包括：检查运行维护服务方式管理是否促进了运行维护服务方式的实际符合性和实施有效性。

自行运行维护服务方式是指项目建设单位利用自身的人力资源和技术资源组织系统的运行维护，这种方式适用于信息系统规模较小，或建设单位的运行维护资源较为充足，可以保障信息系统的运行维护。

外包运行维护服务方式是指项目建设单位依托外部资源实施信息系统的运行维护，这种方式适用于信息系统规模较大，或建设单位的运行维护资源较为薄弱，难以依托自身资源来保障信息系统的运行维护。

系统运行维护混合服务方式是指项目建设单位部分依托自身资源、部分依托外部资源来实施信息系统的运行维护。

一般来说，单一的自行服务和外包服务较为少见。因为招标采购的软硬件维护要依托原厂商资源，涉及敏感信息、涉密信息的系统和信息资源，一般要依托自身资源，因此，目前的信息系统运行维护服务方式，基本上是混合服务方式。采用混合服务方式的管理控制点在于，一是要合理划分依托自身资源和外部资源的服务内容；二是依托自身资源的要加强重要数据资源的建设和管理，依托外部资源的要加强招标采购和运行维护服务的管理。

4. 系统运行服务管理审计

系统运行服务管理审计的重点是，检查建设单位实施的系统运行监控管理、系统运维服务管理的有效性、系统运维服务方式选择的合理性和管理的有效性，具体如下。

① 系统运行监控管理的审计重点是：检查建设单位构建的对信息系统运行状况进行监控管理的监管系统功能架构的合理性，监管系统中对监管对象的系统和信息资产运行状况及技术性能指标阈值设置的合理性，运行状况及技术性能指标数据采集的有效性，对指标

数据分析并预警异常情况的有效性，故障排除运维知识库构建内容的合理性，信息资产健康状况诊断的合理性；监管系统的构建和运行是否促进了对应用系统、信息资源、网络系统、安全系统、机房系统及其信息资产的运行状况的实时监控、预警报告、故障排除和健康诊断等。

② 系统运维服务管理是否促进了对系统运行故障的发现和排除；信息资产维护和更新年度计划的编制是否合理有效；运行维护项目招标采购是否符合规定；信息资产维护和更新实施是否符合技术要求，是否促进了信息系统的正常有效运行。

③ 系统运维服务方式的审计重点是，检查建设单位选择的系统运行维护自主服务、外包服务、自主和外包相结合的服务方式是否符合建设单位的实际情况，是否有效促进了信息系统的运行维护质量和水平。

6.4.4 信息系统变更管理审计

1. 信息系统变更管理的概念

信息系统维护是管理应用系统变更的过程，其目的是保证软件产品源代码与可执行代码的完整性。系统一旦开发完成，进入正式运行阶段后，很少保持静止不变。无论是组织自行开发的软件，还是购买的商品化软件，在使用过程中需要对软件进行变更的情况屡见不鲜。变更的原因可能是：IT环境或业务环境发生变化；信息的敏感性与重要性分类标准发生变化；来自审计的要求；由于缺乏控制而发生的入侵和病毒事件等。

为了对系统维护进行有效控制，应当建立一个标准流程来实施和记录变更，保证变更过程等得到适当的授权与管理层的批准，并对变更进行测试。变更管理活动的步骤如下。

(1) 记录变更请求

所有的变更请求都应该被记录并分配编号。最好的记录方法是使用集成服务管理系统。这种系统可以自动分配变更请求编号和记录有关变更请求的活动。此外，集成服务管理系统还可以进行分级授权，比如任何经授权的人员可以创建、增加变更请求处理报告，但是只有变更管理员或配置管理员有权终止变更请求。

(2) 评审和筛选变更请求

在记录变更请求后，变更管理人员进行初步评估，以确定是否有不清楚的、不合法的、不切实际的或不必要的变更请求。然后，变更管理人员应该根据变更的必要性及其对业务的影响来决定接受或拒绝变更请求。如果拒绝某个变更请求，应说明原因并给变更请求提出者解释的机会。

(3) 对变更请求进行分类和确定优先级

一旦决定接受某个变更请求，变更管理小组就必须确定该变更请求的类别和优先级。管理小组应根据服务台、事故管理和问题管理等对变更初步分类，进一步考虑变更的影响和可用资源等方面的情况，最终确定变更的类别。变更类别表明了变更的影响和它对企业所提出的要求，其结构和复杂性很大程度上是由业务需要决定的。优先级是根据问题的影响程度和解决问题的紧迫性决定的，它表明了某个变更请求相对于其他变更请求的重要程度。

(4) 制订变更计划

在明确了变更请求的类别和优先级之后，变更管理小组需要根据变更进度安排制订变更计划。重大变更需要先由IT管理部门批准，然后提交变更委员会讨论通过。

(5) 实施变更计划

在完成前面几项工作之后，变更管理可以开始具体实施变更计划。这个过程主要由构建、测试和实施三个步骤组成。为了防止变更之后 IT 组件对服务质量造成不良影响，所有变更在实施之前应该全面测试。测试的目的在于确定 IT 组件的安全性、可维护性、可支持性、可靠性、可用性等方面的性能。变更的实施不一定由变更管理人员亲自进行，任何部门中的负责基础架构管理的任何人员都有可能被要求对基础架构实施变更。在这一过程中，变更管理的任务是确保这些变更的实施按照变更进度计划表的安排进行，并保证变更对 IT 服务的影响降低到最低程度。

(6) 评价和终止变更

变更实施完成后，变更管理小组或变更咨询委员会应对变更情况进行评价。如果认为成功，变更管理小组或变更咨询委员会就可以终止变更请求。反之，则要进一步采取行动进行补救，或者撤销现有行动，然后提出一个修改后的变更请求。

2. 系统变更管理审计

系统变更管理的主要审计关注点如下：

① 当用户提出系统变更需求时，应有授权、优先排序及跟踪的机制；
② 在日常操作手册中，是否明确指出紧急变更程序；
③ 变更控制是否为用户及项目开发组所认可；
④ 变更控制日志中记录的所有变更是否已完成；
⑤ 评估企业在处理紧急情况下的程序变更的流程是否合理；
⑥ 评估紧急情况下登录的安全访问程序是否充分；
⑦ 评估变更需求是否被记录在适当的变更申请文件中；
⑧ 确认现存文件均已反映变更后的系统环境。
⑨ 评估系统变更的测试程序的适当性。

6.5 信息系统业务连续性审计

在业务连续性增长的 IT 环境中，信息系统的可持续服务对于确保组织提供可靠的服务能力和优质的服务水平具有重要意义。信息系统的业务连续性和灾难恢复计划是组织中总的连续性和灾难恢复计划的重要组成部分。本节主要介绍信息系统业务连续性计划和灾难恢复计划的基本知识，然后详细介绍业务连续性审计的关键工作任务和审计步骤等。

6.5.1 业务连续性计划

1. 业务连续性计划的概念

业务连续性计划(Business Continuity Planning，BCP)是组织为了避免关键业务功能中断，减少业务风险而建立的一个控制流程，它包括对支持组织关键业务功能的人力、物力需求和关键业务功能所需的最小级别服务水平的连续保证。业务连续性计划关注的是组织日常风险管理程序所不能完全消除的剩余风险，其目标就是要把组织的剩余风险和因意外事件产生的风险降到组织可接受的程度，使业务中断事件对组织造成的影响最小化，减小财产损失风险，增强组织对于意外事件造成的业务中断的恢复能力。

业务连续性计划不仅仅是针对信息系统的计划，它重点关注的是：当发生灾难后，组织为保证业务连续运行应当做什么。例如，业务连续性计划定义灾难发生时员工应当如何报告工作？计算机系统按照什么顺序恢复？应当与哪些供应商联系以购买恢复所需的设备与部件？IT 的灾难恢复计划是业务连续性计划的重要组成部分，它详细定义了 IT 部门人员如何恢复计算机系统的一系列程序。各个部门的灾难恢复计划都应当包含在组织总体业务连续性计划内，但在文件安排上，可以根据实际需要使各个计划内嵌在业务连续性计划书中，或者作为单独的文件出现。

2. 业务连续性计划的组成

根据组织规模和需求的不同，业务连续性计划一般包括以下计划：连续运营计划、灾难恢复计划、业务恢复计划、危机沟通计划、事件响应计划、运输计划和场所紧急计划等。

业务连续性计划的制订要根据业务影响分析阶段收集的信息来建立、恢复发展战略计划，以达到支持关键业务功能的目的。为了定义业务连续性计划战略，从业务影响分析阶段收集的信息来为企业建立连续战略，许多企业资源必须包含在连续战略内。

① 计算资源：战略要保护的硬件、软件、通信线路、应用和数据。
② 设备资源：战略需要所强调的建筑物、计算机和远程的设备。
③ 人力资源：操作员、管理人员、技术支持人员将在持续战略中定义不同的角色。
④ 补给和装备：文件、表格和指定的安全设备等。

在业务连续性计划的组成中，灾难恢复计划和业务连续运行计划是两个重要的组成部分。灾难恢复计划是业务部门和 IT 部门都需要遵守的计划。业务部门的灾难恢复计划是恢复业务设施，使业务正常运行的基础；IT 部门的灾难恢复计划是为了恢复 IT 处理设备，它必须与组织的总体业务连续性计划一致，并支持业务连续性计划的执行。

3. 制订业务连续性计划的步骤

制订业务连续性计划一般包含如下关键活动：业务连续性方针和政策创建、业务影响分析、运行分类和重要性分析、恢复策略、制订业务连续性计划和灾难恢复计划、测试与实施计划和业务连续性计划监测等。

业务连续性计划一般按其生命周期可分为如下几个阶段。

(1) 创建业务连续性方针和政策

创建业务连续性方针和政策可为业务连续性计划执行人员提供工作指导，因此业务连续性计划方针和政策应该具有前瞻性，包括预防性的、检测性的和纠正性的各种控制，但主要还是组织中最重要的纠正性控制措施依赖于其他控制过程的有效执行，特别是事件管理过程和数据备份过程。

(2) 业务影响分析

业务连续性计划首先要进行风险与业务影响分析，业务影响分析确定影响组织业务连续运行的事件，揭示了每种风险可能对业务造成的损失，然后再评估其对组织的影响。

(3) 运行分类和重要性分析

制订业务连续性计划的重要依据就是对应用的重要性进行分类，分类的尺度与系统的风险大小有关，系统的风险级别取决于重要业务发生中断的可能性，以及关键恢复时间周期对业务运行的影响。许多组织通过评估风险发生的可能性来决定合理的恢复成本，通过这样的风险分析，在业务连续性计划制订阶段就可以对关键系统的重要性进行排序。对风险排序的过程要在信息系统处理人员及终端用户的协助下进行。

(4) 恢复策略

恢复策略就是对预防、检测和纠正方法的综合应用。恢复策略中最有效的行动是恢复的同时，去除威胁来源、最小化灾难发生的可能性、最小化灾难的影响。组织应当采取合理的、具有可接受的恢复成本的策略，恢复关键信息系统，即恢复成本不应大于停机成本。停机成本可以由业务影响分析中确定的灾难造成中断的可能性和影响得出。恢复成本就是为防止中断所做的准备的成本，包括购买、维护、定期测试备份计算机的成本；维护备份网络设备与通信线路的成本；灾难发生时备份设施投入使用的成本等。

(5) 制订业务连续性计划和灾难恢复计划

通过业务影响分析结果，在管理层选择了适用的恢复策略后，下一步目标就是制订详细的业务连续性计划和灾难恢复计划，这些计划应当涉及业务流程中断后所有的相关问题。计划应当简洁并正式成文，便于所有人理解，并在异地备份场所存放一份计划的拷贝。当灾难发生时，明确不同的团队在恢复工作中的特定任务与职责是非常重要的。根据组织规模与需求的不同，业务连续性计划可能含有多个计划文件，一般包括业务连续性计划、业务恢复计划、连续作业计划、连续支持计划、事件响应计划、灾难恢复计划等。

(6) 测试与实施计划

对业务连续性计划的测试是实现业务连续性计划的重要环节。对业务连续性计划的测试应当完成的任务有：验证业务连续性计划的完整性或准确性；评价业务连续性计划测试中个人的绩效；评价对非业务连续性计划团队成员的其他员工的教育与培训效果；评价业务连续性计划团队与外部供应商之间的协调性；通过实施预定的程序来测试备份站点的能力与容量；评估重要记录的检索能力；评价要转移到恢复站点的设备的状态、数量及供应情况；评价与维护业务实体有关的运行活动和信息系统处理活动的绩效。

(7) 监测

组织应当定期对业务连续性计划和策略进行审核和更新，以便反映对需求变化的持续跟进。

6.5.2 信息系统业务连续性的审计思路

1. 业务连续性计划的审计任务

业务连续性计划的审计任务有：理解与评价组织的业务连续性策略，及其与组织业务目标的一致性；检查业务影响分析，以确保它反映了当前的业务实践和已知威胁；评价业务连续性计划的充分性和时效性，主要通过检查计划和将计划与适当的标准相比较，包括恢复点目标和恢复时间目标等；审核信息系统及终端用户以前演练的结果，验证业务连续性计划的有效性；审核异地存储设施及其内容、安全和环境控制，以评估异地存储站点的适当性；审核应急措施、员工培训、测试结果，评估信息系统及其终端用户在紧急情况下的有效反应；

确认组织对业务连续性计划的维护措施存在并有效，而且进行定期和不定期的更新；评价业务连续性计划手册和程序文件是否简洁易于理解；通过和所有关系人面谈，确定其是否理解他们在业务连续性计划中的角色和职责。

2. 业务连续性计划的审计步骤

当审核业务连续性计划时，审核步骤如下。

① 获得最新的业务连续性计划或操作手册的副本；对已分发的计划或手册进行抽样检查，验证它们的版本是否是最新的；评估实施业务连续性计划的书面程序的有效性。

② 审核对关键应用系统的识别、优先级分类和所需支持；确定是否已审核了所有的应用系统对于灾难事件的容忍程度；确定是否所有的应用系统已经被识别。

③ 确定所有热站的主机是否使用了正确版本的系统软件。验证所有的软件都是兼容的，否则，当灾难发生时，系统将不能正确处理业务数据。

④ 审核业务连续性计划的人员联络名单、与热站签订的合同、应急供应合同等的正确性和完整性；抽查部分人员，验证他们的电话号码和地址是否正确，并确认他们都持有一份业务连续性计划实施手册；分别询问这些人员，确认他们是否了解其在紧急事故中所担负的职责。

⑤ 评价记录测试结果的程序是否完备；评估手册的更新程序，更新和发放是否及时，对手册的维护责任是否已书面化；评估所有书面的紧急情况处理步骤，内容是否全面、适宜、准确、实时和易于理解。

⑥ 确定所有的灾难响应团队是否有操作规范可以遵循，并熟悉这些操作步骤；确定是否存在一个合适的程序来更新书面的紧急程序；确定用户恢复步骤是否被记录在案；确定计划是否考虑了到恢复站点的转移。

⑦ 确定计划是否考虑了在恢复站点所进行的恢复工作；确定计划是否考虑了到恢复站点的转移。

⑧ 确定要重建信息系统处理设施的必备条件，如设计图、硬件清单和接线图等是否被异地存储。

⑨ 评估以前的测试结果。信息系统审计师应当审查以往的业务连续性测试结果，并检查是否把相关纠正措施纳入整个计划中，评估以往测试结果在实现这些目标过程中的完备性和准确性。判断测试结果是否被组织中的相关人员复核，是否达到了预期的目标，发现了问题的趋势并提出了可能的解决方案。

⑩ 评估异地存储。应当对异地存储设施进行评价，以检查重要的介质和文档是否存在，并保持与原始介质的同步，包括数据文件、应用软件、应用文档、系统软件、系统文档、操作文档、必要的物品供应、特殊的表格和一份业务连续性计划的副本。要验证以上提到的信息，信息系统审计师应当进行详细的存储目录审核，审核的内容包括数据集名称、卷序列号、记账周期、存储介质标签卡编号。信息系统审计师也应当检查备份文档，并将其与实际使用中的文档进行比较，确定是否一致。还要检查这些设施的可用性，确保设施符合管理层的要求。

⑪ 访问关键人员。信息系统审计师应该访问业务连续性计划的重要参与人，所有的人员应确实了解他们的职责，并且拥有详细描述其职责的最新文件。

⑫ 评估异地存储场所的安全性。应当评估异地存储场所的安全性，检查是否对其建立了适当的物理和环境访问的控制措施，以保证授权人员可以访问存储设施。控制措施包括采

用机房专用地板、湿度控制、温度控制、专用线路、不间断电源、水警探测设备、烟雾探测设备及消防火灾系统。信息系统审计师应当检查上述设备是否于近期检查过，并记录在其标签上。检查还应该考虑介质传输的安全要求。

⑬ 合同的检查。信息系统审计师应当对组织和厂商签订的购买备份设备的合同进行评估。检查厂商的相关记录及信用情况，厂商的承诺都应当有正式的书面记录并进行验证。

⑭ 审核保险事务。保险反映了恢复的实际成本。为判断保险费用的合理性，信息系统审计师应当检查组织在存储介质的损失、业务中断、设备更换和业务连续性等方面的保险项目的充分性。

案例分析

ERP 系统运行维护审计

一、企业背景

某集团公司于 20 世纪 90 年代开始应用信息化系统管理公司各项业务。目前，系统涵盖了金融、农业、能源和房地产等多个板块业务，包括 ERP 及相关系统、酒店管理系统、办公系统等 60 多个信息系统。软件来源主要以购买为主，自主开发为辅。

信息化领导小组是该集团公司信息化建设的最高责任机构，它对公司信息化建设的战略发展方向及重大事项具有决策权。组长是公司主管信息工作的副总裁，副组长是总会计师，成员包括与信息化工作相关的职能部门负责人。

信息化领导小组下设信息化工作小组，负责协调、推进集团信息化建设的各项工作，如组织和推进与信息化建设相关的管理流程优化与改进、制定公司信息标准及规定等。信息化工作小组由具体负责信息化建设的部门代表组成。

该集团公司还设有信息技术部，是该集团公司信息化建设的职能部门，具体开展制定、推进和实施全公司信息工作发展战略规划，整合、配置和管理全公司信息技术资源，为全公司业务高效发展提供信息应用及技术保障和服务等工作。信息技术部又由 ERP 系统部、应用系统部、网络系统和客户服务部三个部门组成，目前共有人员 50 名。

二、审计目标

在全面了解该集团公司 ERP 系统的建设、运营与日常管理等基础上，识别并描述其 ERP 系统变更管理流程的关键风险点，评估其 ERP 系统的运行、维护是否得到有效控制，能否保证信息系统的安全性和有效性，并针对该集团公司 ERP 系统运营管理工作中存在的风险隐患问题，提出相应的改进建议。

三、审计过程

（一）理解现行制度规定

《企业内部控制应用指引——计算机信息系统》第十七条规定："信息系统上线后，发生的功能变更，应当参照上款有关系统开发的审批和上线程序执行。"具体包括以下要求。

第十条　信息系统开发必须经过正式授权。具体程序包括：用户部门提出需求、归口管理部门审核、企业负责人授权批准、系统分析人员设计方案、程序员编写代码、测试员进行测试、系统最终上线、系统维护等。

第十一条 企业应当成立项目管理小组,负责信息系统的开发,对项目整个续程实施监控。对于外包合作开发的项目,企业应当加强对外包第三方的监控。

第十二条 外购调试或外包合作开发等需要进行招投标的信息系统开发项目,企业应当保证招投标过程公平、公正和公开。

第十三条 企业应当制订详细的信息系统上线计划。对涉及新旧系统切换的情形,企业应当在上线计划中明确应急预案,保证新系统一旦失效,能够顺利切换回旧的系统状态。

第十四条 新旧系统切换时,如涉及数据迁移,企业应当制订详细的数据迁移计划。用户部门应当积极参与数据迁移过程,对数据迁移结果进行测试,并在测试报告上确认。

第十五条 信息系统在投入使用前应当至少完成整体测试和用户验收测试,以确保系统的正常运转。

第十六条 信息系统原设计功能未能正常实现时,企业应当指定相关人员负责详细记录,并及时报告归口管理部门。归口管理部门负责系统程序修正和软件参数调整,以实现设计功能。

(二)识别关键控制点

参考国际标准 ISO20000 及我国现行制度规定,可识别出程序变更流程应当包括以下关键活动:

(1)识别程序变更需求;
(2)详细地记录程序变更的具体要求,并提交程序变更申请;
(3)业务影响评估和风险评估;
(4)批准程序变更申请;
(5)变更程序的开发与测试;
(6)检查并实施程序变更过程;
(7)检查、验证程序变更是否达到预期;
(8)记录变更的版本号,存档变更文档和变更升级程序。

整体变更管理流程需要检查的控制点如表1所示。

表1 集团公司 ERP 系统变更流程的控制矩阵

控制目标	控制活动编号	控制活动
规范程序变更管理流程,保障应用系统的正常运行和维护	1. 程序变更制度管理	应当建立系统变更管理制度
	2. 程序变更需求管理	程序变更需要有正式的需求,并经过主管的审批
	3. 变更程序的影响评估	程序变更前对程序变更的影响应当进行有效评估
	4. 变更程序的实施	程序变更实施过程应当完整、受控、有记录
	5. 变更程序的测试	变更的应用程序移植到生产系统前,必须组织人员进行系统测试和最终用户测试,测试不能在生产环境中进行
	6. 版本变更管理	信息管理部门必须对应用系统版本变更进行管理,记录每次变更的版本号,存档变更文档和变更升级程序

(三)变更控制的测试设计

严谨的变更管理流程可有效防范不法分子利用软件作弊,提高软件程序质量。建立了如表1所示的控制矩阵后,进一步设计出各控制点的测试方法步骤,相关描述如下。

1. 测试该集团公司的 ERP 系统程序变更管理制度
(1)访谈关键岗位人员，了解 ERP 系统程序变更制度情况；
(2)调阅相关的系统管理规定和程序变更制度文件，了解并记录关键的控制要求。
2. 测试该集团公司 ERP 系统的程序变更需求管理与审批控制
(1)向 ERP 系统相关人员询问公司对于提出程序变更需求的规定，了解公司有无程序变更需求的统一模板；
(2)取得程序变更需求的统一模板，了解其关键控制要素；
(3)查看最近两年的变更申请资料，查看是否提出明确的外部或内部变更要求；
(4)查看最近两年的变更申请资料，查看是否存在高层主管的授权申请签字，以确定申请有效性。
3. 测试该集团公司 ERP 系统的程序变更评估控制
(1)询问是否存在程序变更评估；
(2)询问是否存在变更评估的相关文字材料或评估过程记录；
(3)取得变更评估的相关文字材料或评估过程记录；
(4)查阅变更评估的文字材料或评估过程记录是否有评估时间、评估事项、评估结果等要素。
4. 测试该集团公司 ERP 系统的程序变更实施过程控制
(1)询问是否有变更实施记录，查阅变更实施记录；
(2)确定实施人员所在部门和岗位，查看变更实施人员是否兼任与程序变更责任有冲突的岗位；
(3)审查变更实施是否有计划和安排，并按时间进度进行；
(4)审查在程序变更过程中使用了什么标准开发方法和工具。
5. 测试该集团公司 ERP 系统的程序变更测试是否充分有效
(1)询问是否存在变更测试记录；
(2)查看保存的变更测试记录，确定是否有最终用户参与；
(3)取得并查看变更测试报告，确认是否满足用户变更需求。
6. 测试该集团公司的 ERP 系统的版本控制和程序及文档的保存、更新管理控制
(1)询问是否有程序文档保存规定，是否设置了负责保管程序文档的岗位；
(2)审查是否存在程序及文档保存制度；
(3)查看制度中是否有防止未授权人员接触、改动源程序的规定；
(4)查看制度中是否按要求对各期的版本及时编号保管。

(四)变更控制的测试结果

以变更控制测试方案为指导来实施测试，得到如表 2 所示的结果。

表 2 集团公司 ERP 系统的变更控制测试结果

控制点	测试结果	测试记录文档编号
1. 程序变更制度管理	该集团公司未建立专门的管理制度来规范 ERP 系统的程序变更管理 信息技术部门未制定书面的 ERP 系统程序变更管理流程	Charge_Control_001
2. 程序变更需求管理	信息技术部制定了统一的程序变更需求申请单 存在部分程序变更需求文档无主管签字	Charge_Control_002

续表

控制点	测试结果	测试记录文档编号
3. 变更程序的影响评估	没有严格的程序变更风险评估,仅根据信息技术部的开发工作量及需求的紧急程度拟定优先级	Charge_Control_003
4. 变更程序的实施	程序变更的开发实现了职责分离 程序变更的开发遵循优先级 程序变更的开发基本符合计划	Charge_Control_004
5. 变更程序的测试	存在变更测试记录 业务用户参与了变更程序的测试	Charge_Control_005
6. 版本变更管理	有专人负责保管程序文档 无书面的程序变更文档保管制度 变更程序的文档更新与程序更新不同步	Charge_Control_006

四、审计结论

(一) 审计发现

该集团公司未建立专门的管理制度来规范 ERP 系统的程序变更管理;信息技术部门未制定书面的 ERP 系统程序变更管理流程;部分程序变更需求文档无主管签字;没有严格的程序变更风险评估流程;没有书面的程序变更文档保管制度;变更程序的文档更新与程序更新不同步。

(二) 审计结论

建议该公司从程序变更制度管理、变更需求、影响评估、变更实施、变更测试、版本管理六个方面进一步规范其程序变更管理流程,保障 ERP 系统的正常运行和维护。

要求:

(1) 谈谈你对信息系统运行维护的理解。
(2) 信息系统运行维护的内容有哪些?
(3) 你认为变更管理的步骤有哪些?
(4) 谈谈你对本案例中变更管理测试设计的理解。

资料来源:吴桂英,信息系统审计理论与实务,北京:清华大学出版社,2012.

知 识 扩 展

1. ISACA 信息系统审计准则

信息系统审计与控制协会(ISACA)的重要职能和目标之一是制定 IT 审计准则与指南。

ISACA 信息系统审计准则框架分为 3 个层次:

(1) 准则:定义了 IT 审计和报告的强制性要求。

(2) 指南:为应用 IT 审计准则提供了指导。审计人员在确定如何达到上述准则要求时应考虑这些指南,应用过程中也应使用职业判断,并要证明对准则的偏离是正当的。

(3) 工具:为实施审计工作、达到审计准则要求,提供了更多的参照信息。

有关 ISACA 的信息系统审计准则、指南、工具与技术,请登录 www.isaca.org 查询最新信息。

2. 中国内部审计协会发布了《第 2203 号内部审计具体准则——信息系统审计》

为了规范信息系统审计工作,提高审计质量和效率,根据《内部审计基本准则》,中国内部审计协会制定与发布了《第 2203 号内部审计具体准则——信息系统审计》，自 2014 年 1 月 1 日起施行。该准则所称的信息系统审计，是指内部审计机构和内部审计人员对组织的信息系统及其相关的信息技术内部控制和流程所进行的审查与评价活动。《第 2203 号内部审计具体准则——信息系统审计》包括总则、一般原则、信息系统审计计划、信息技术风险评估、信息系统审计的内容、信息系统审计的方法等内容。

有关《第 2203 号内部审计具体准则——信息系统审计》，请登录 http://www.chinaacc.com/ 查询。

思 考 题

1. 简述一般控制的含义及其内容。
2. 简述应用控制的含义及其内容。
3. 简述数据库的管理控制手段。
4. 什么是输入控制，常见的输入控制措施有哪些？
5. 什么是处理控制，常见的处理控制措施有哪些？
6. 什么是输出控制，常见的输出控制措施有哪些？
7. 什么是接口控制，常见的接口控制措施有哪些？
8. 阐述一般控制审计的程序与方法。
9. 阐述应用控制审计的程序与方法。
10. 如何对物理安全控制进行审计？
11. 如何对应用安全控制进行审计？
12. 简述信息系统开发审计的实施。
13. 系统运行服务管理审计的重点是什么？
14. 简述信息系统变更管理审计。
15. 简述信息系统业务连续性计划的审计步骤。

第三部分

审计信息化应用与实务

第 7 章　审计信息化应用基础

第 8 章　审计信息化应用系统

第 9 章　审计作业系统的应用

第 10 章　审计信息化实务

第7章

审计信息化应用基础

【目标与内容】

本章目标：通过本章学习，应熟知审计信息化应用体系，理解审计信息化应用模式，了解金审工程发展概况及我国审计信息化制度规范。

本章内容：(1)审计信息化应用体系；(2)审计信息化应用模式；(3)金审工程；(4)审计信息化制度规范。

7.1 审计信息化应用体系

随着企业信息化的不断发展与深入，面对复杂多变的海量信息和日益复杂的审计项目要求，单纯依靠传统手段已无法获取充分有效的审计证据，加快审计信息化建设是提高审计质量和效率的迫切需要，必须借助计算机辅助审计技术，不断推进审计信息化工作，研究审计信息化应用体系。

7.1.1 审计信息化应用的业务需求

审计信息化应用的业务需求，可以从不同角度加以考察和分类。从审计主体来看，审计信息化分为政府审计信息化、社会审计信息化和内部审计信息化；从审计目的和内容来看，有信息技术环境下财务报表审计、经营审计、合规性审计和信息系统审计等；从应用层面来看，审计信息化涉及审计行业管理的信息化和审计事务处理的信息化。

审计信息化的目标是在审计工作中普遍采用现代信息技术，充分开发和利用审计信息资源，提高审计作业、审计管理、审计决策和审计服务的效率和水平，有效发挥审计在经济管理中的作用，推动审计工作的发展和进步。

7.1.2 审计信息化应用体系的基本框架

基于上述对审计信息化的目标和审计信息化业务需求的分析，可以看出，审计信息化是在审计工作中利用现代信息技术，建立支持审计作业、审计管理和审计决策的审计信息系统，变革审计作业方式，充分开发和利用审计信息资源，为审计实施和决策、审计行业管理提供及时有效的支持，加快审计软件产业的发展，提高信息技术在审计领域的推广应用水平，从而更好地发挥审计监督作用的综合过程。

审计信息化应用体系的构建应立足于审计信息化的目标，充分考虑审计信息化应用的业务需求，拓宽审计信息化发展与应用的思路，在思想观念、人员素质、审计标准、审计方式和审计手段等方面进行变革，审计作业方式必须与时俱进，推进审计软件应用，培养审计信息化人才队伍，提高审计管理和实施水平。审计信息化应用体系的基本框架主要由标准规范、基础设施、应用系统、审计知识库和人才建设五部分组成，如图 7-1 所示。

```
审计信息化应用体系基本框架
├── 标准规范
│   ├── 法律规范
│   ├── 业务规范
│   └── 技术规范
├── 基础设施
│   ├── 信息设备
│   ├── 内部网
│   └── 外部网
├── 应用系统
│   ├── 数据采集与分析系统
│   ├── 审计作业系统
│   ├── 审计项目管理系统
│   ├── 审计机构管理系统
│   ├── 审计行业管理系统
│   ├── 审计决策支持系统
│   └── 审计办公自动化系统
├── 审计知识库
│   ├── 审计法规
│   ├── 审计准则
│   ├── 审计指南
│   ├── 审计方法
│   └── 审计案例
└── 人才建设
    ├── 人才培养
    └── 考核评价
```

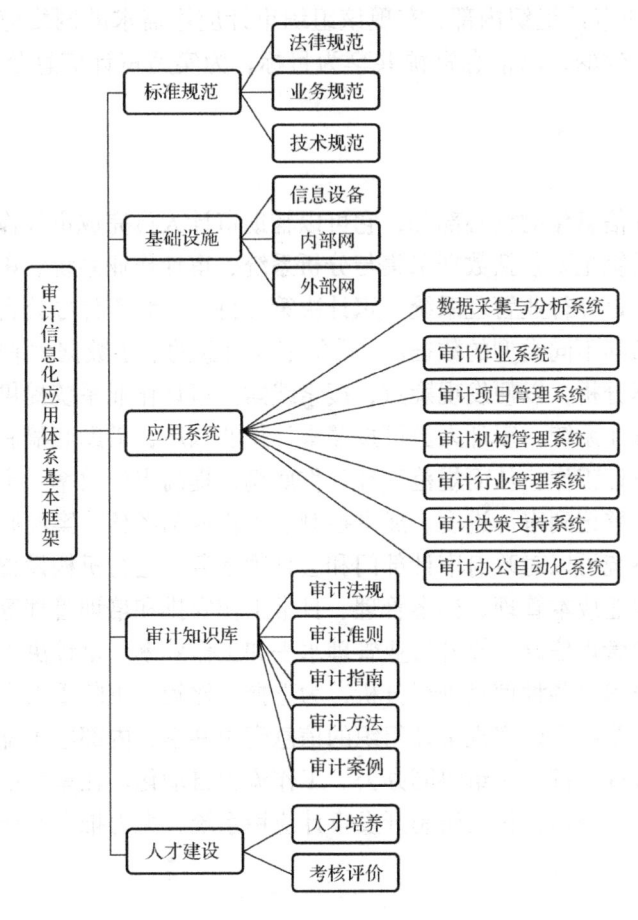

图 7-1　审计信息化应用体系基本框架

1. 标准规范

为促进审计信息化的发展，必须建立和完善相关的标准规范，包括法律规范、业务规范和技术规范。我国已建立了与审计相关的法律规范，然而，由于被审计单位实现了信息化，审计环境发生了变化，在实际审计工作中会出现一些新问题，而现行法规中并未明确规定，导致在审计实践中遇到了法律障碍，因此，必须不断完善法律规范。业务规范是指审计准则和审计指南。业务规范滞后也会影响信息技术环境下的审计工作，制约审计信息化的发展。审计准则和审计指南应考虑信息技术环境和出现的新型审计业务而不断完善。审计信息化不仅要有信息技术的支持，还要开发多种审计软件，应用于审计工作的各个领域，特别是金审工程的实施，要把多种软件开发统一到金审工程应用系统平台上，因此，必须建立相应的技术规范，制定审计应用平台数据交换接口标准、审计软件开发指南等，使审计软件的开发更加系统化、标准化，从而延长审计软件生命周期，节约开发成本。

2. 基础设施

基础设施主要是指信息设备和网络系统。信息设备包括计算机、传真机、电话等，它是人和信息基础设施的接口设备。应当按照"资源共享、布局合理、经济实用、确保需要"的原则，构建审计信息化网络系统，审计信息化网络系统由内部网和外部网构成。内部网是在一个协同作业的审计组织内部，实现该组织审计应用需求的网络应用系统。外部网是利用 Internet 技术搭建的，以信息资源共享为目标，为实施审计信息公共服务的网络应用系统。

3. 应用系统

应用系统是审计信息化的核心部分，它可以辅助审计人员完成审计作业、审计管理和审计决策工作。应用系统主要包括数据采集与分析系统、审计作业系统、审计项目管理系统、审计机构管理系统、审计行业管理系统、审计决策支持系统和审计办公自动化系统。数据采集与分析系统可以访问不同类型的数据库，采集审计对象的电子数据，并提供数据分析工具，供审计人员进行数据分析，以便发现疑点，搜索线索。审计作业系统提供了审计工作底稿制作平台，利用审计作业系统，审计人员可按照审计作业顺序，借助底稿制作平台制作各种审计工作底稿，执行审计工作，从而规范审计工作底稿，提高审计效率。审计项目管理系统可以对审计项目从受托登记到审计进度、成本控制、工作业绩考核、案卷归档等全过程进行管理。审计机构管理系统可以对政府审计部门和会计师事务所进行机构设置、部门管理、员工管理、业务管理、执业成本管理、档案管理、日常工作安排和培训管理等。审计行业管理系统可以实时处理行业管理信息，提升行业管理水平和工作效率。审计决策支持系统可以利用数据库和数据仓库技术对各种信息进行分析，为选择、比较、决断重大审计事项提供有效支持。审计办公自动化系统可以实现审计组织的信息资源共享、内部电子邮件、网上公文审批和自动流转、工作日程安排、小组协同办公、工作流程自动化。在审计信息化建设中，应鼓励具有实力的知名软件公司，积极研制开发审计应用系统，大力推广其产品，从而带动审计信息化的发展。

4. 审计知识库

审计知识库存储了审计法规、审计准则、审计指南、审计方法、审计案例及其他相关信息，审计人员在审计过程中可以根据其需求，随时查阅审计知识库中的相关信息。在实际工作中，应及时更新和完善审计知识库。

5. 人才建设

开展审计信息化工作，人才建设是关键，需要一支既熟悉审计业务又掌握信息技术的高素质审计队伍，因此，必须做好人才培养建设工作，建立人才考核评价机制。不仅要大力培养现行审计人员应用信息技术和审计软件的基本能力，而且要培养一批具有丰富的审计经验和较强信息技术能力的审计队伍，抓好审计信息化骨干和专家队伍的培养，以推动审计信息化的快速发展。

实施审计信息化是一项系统工程，在实际工作中，应根据审计信息化的基本框架，从审计业务和审计管理的整体需求出发，按照信息化环境下的新型审计方式和审计管理方式，确立审计信息化建设的思路，实现审计业务与审计管理相融合，充分挖掘和利用信息资源，才能更好地发挥审计的监督作用。

7.2 审计信息化应用模式

从审计信息化的应用实践来看，审计信息化的应用模式主要有现场审计应用模式和联网审计应用模式。

7.2.1 现场审计应用模式

现场审计应用模式是在审计项目现场，针对被审计单位的财务、业务信息系统搭建起现场审计局域网络，审计人员能够直接面对被审计单位的信息系统前台及后台，充分开展计算机审计和数据综合分析。

1. 现场审计局域网布局

现场审计局域网布局如图 7-2 所示。在审计现场组建专用的小型局域网，有专门的服务器存放数据，审计人员综合运用统计查询分析、多维分析、数据挖掘等多种技术手段和方法构建审计分析模型，审计人员之间通过局域网进行资料交互，在网上协同工作。

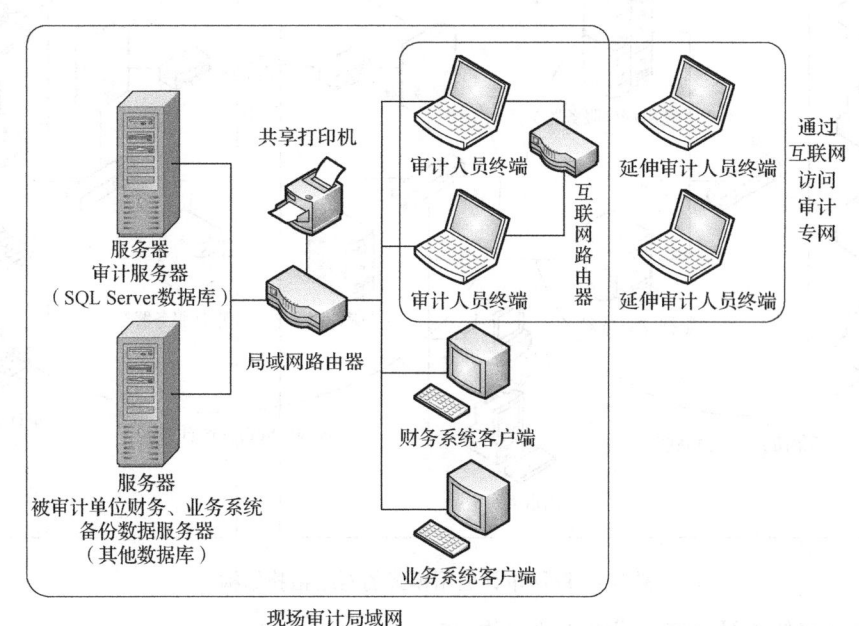

图 7-2 现场审计局域网布局

2. 现场局域网审计运行机制

现场局域网审计运行机制为：①组建网络，审计组各成员共享同一网络；②确立唯一主机数据服务器，审计组各成员手提电脑不保存被审计单位的财务数据和非财务数据；③为审计组各成员建立网络 IP 地址，保证审计组长与各成员之间电子信息交流顺畅；④指定网络系统管理员，由管理员根据审计实施方案给各成员分配财务数据和非财务数据；⑤设立审计查询函证收发管理员，审计期间经审计组长核定签名的查询函证实行统一编号统一管理；⑥审计日记和审计工作底稿要每天分别向审计组长和审计主审发送以供复核；⑦审计组长和审计主审对各成员的审计重点、审计进度、审计日记、审计工作底稿等内容实行全程跟进；⑧利用网络汇报与分析项目审计情况。

7.2.2 联网审计应用模式

联网审计应用模式是通过网络与被审计单位的信息系统进行互联，在系统测评和数据动态采集与分析的基础上，对被审计单位财政财务收支的真实、合法、效益进行远程审查与监督。

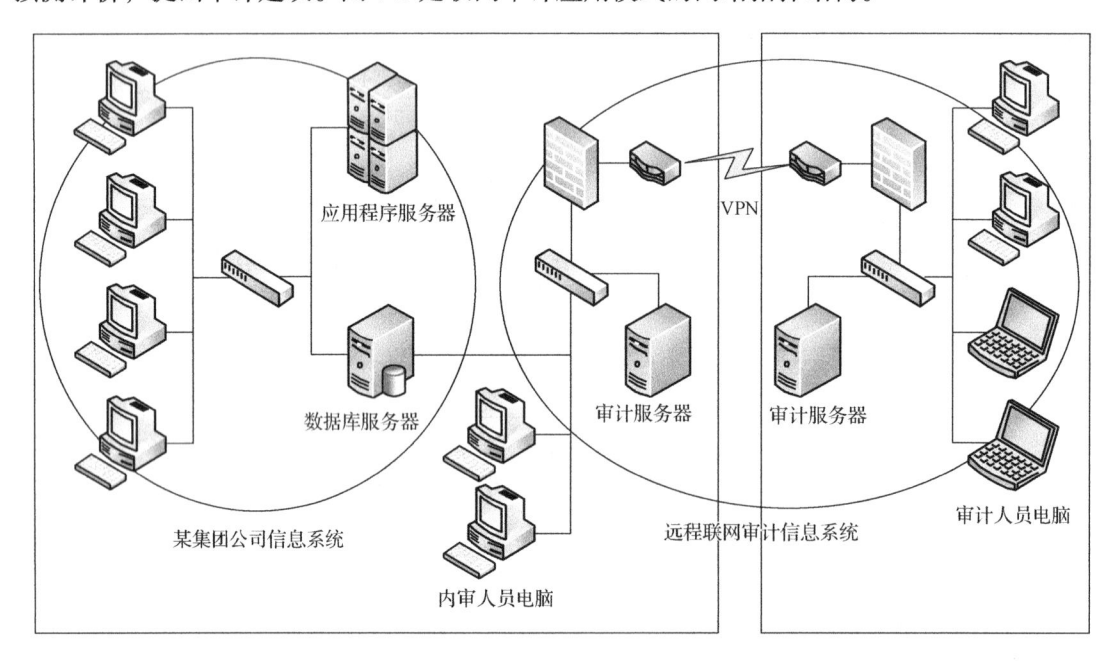

1. 联网审计应用模式的网络拓扑结构

联网审计是推动审计信息化发展的必然之路，在现代审计中发挥了极大优势。联网审计根据审计需求和所确定的审计数据采集周期，在线获取被审计单位的相关数据，对数据进行实时的审计处理，及时发现问题并反馈，督促被审计单位规范管理。联网审计应用模式采用动态、远程审计的方式，达到事中审计的效果和效益，并对积累的历史数据进行趋势分析和预测评价，提出审计建议。图 7-3 是联网审计应用模式的网络拓扑结构。

图 7-3 联网审计应用模式的网络拓扑结构

联网审计将使审计实务工作发生如下转变。

① 从事后审计向事中和事后审计相结合的转变。联网审计能够实现随需随取地采集数据，在被审计单位业务处理过程中，实时进行审计取证与分析，实现从事后审计向事中和事后审计相结合的转变。

② 从静态审计向静态和动态审计相结合的转变。联网审计通过网络实时获取被审计对象的数据，有效发挥审计预警功能，实现从静态审计向静态和动态审计相结合的转变。

③ 从现场审计向现场和远程审计相结合的转变。联网审计通过对实时获取的数据进行分析，找出异常点，为审计提供重点和线索，以利于更有针对性地开展现场审计，有效提高跟踪核查和现场取证的审计效率，实现从现场审计向现场审计和远程审计相结合的转变。

④ 从信息化建设审计向信息化建设和安全运维审计相结合的转变。数据集中管理和各

系统的整合是信息系统建设的主要趋势，系统能否安全运行至关重要，面对信息安全的挑战，必须在信息化建设审计中同步进行信息安全审计。联网审计有助于实现从信息化建设审计向信息化建设和安全运维审计相结合的转变。

2. 实施联网审计的技术途径

实施联网审计的主要技术途径可归纳为审计组网、审计数据库创建、审计预警模型创建和审计落实取证。

① 审计组网的重点是联网审计架构设计与环境搭建，审计组网是开展联网审计的先驱条件。联网审计网络架构设计是指在联网审计过程中，将审计组织与被审计单位之间通过网络，利用合理的拓扑方式进行物理连通，支持网络作为渠道实现数据采集、分析及预警的过程。联网审计软件架构设计通过建立审计作业统一平台，包括统一支撑平台层、可复用组件层、联网审计应用层等，根据具体业务需求，形成联网审计应用。

② 审计数据库创建的重点是标准数据库的建立与审计数据的入库，是开展联网审计的基础。通过业务建模与数据建模的结合，抓住同一业务类型审计数据的共性特征，选择和抽取符合审计思路的数据，进行标准数据库的建立。在联网审计数据采集过程中，开发审计数据采集接口起着极其重要的作用，审计人员可以根据被审计单位元数据预制表结构，开发专用的数据采集转化工具，以实现审计数据的定时或实时自动入库。

③ 审计预警模型创建的重点是实施审计分析与固化审计经验，实现在线审计，主要包括对审计数据库中采集到的数据进行审计分析，初步得出审计结论，并把分析过程构建成审计模型，实现自动审计预警。联网审计中的数据分析与处理是在审计数据库建设的基础上实时进行联机查询分析，为审计人员提供数据决策的依据，结合现场审计落实数据分析结论的可靠性，并把审计结论正确的数据分析过程形成计算机审计方法，为实现审计预警提供支持。审计预警功能主要是实现审计经验的复用与共享，对被审计单位信息系统进行实时或亚实时的核查与动态预警。

④ 审计落实取证是将联网审计分析预警的疑点结果结合实际审计情况进行落实，取得审计准则规定的审计证据，是开展联网审计的成果体现，主要包括疑点落实、现场取证、审计问题跟踪整改等。

通过上述实施联网审计的四个技术步骤，实现了联网审计的方法设计之后，在线审计过程可以自动运行。审计人员通过审计终端登录联网审计系统，就可以通过运行查询模型、多维模型、预警模型查看最新数据，及时发现审计疑点，实现实时异地远程联网审计。

7.3 金审工程及其发展

金审工程是中国国家审计信息化建设项目的简称，对外交流的英文名称为 China's Golden Auditing Project。2002 年 7 月，国家发展和改革委员会（原国家计划委员会）批复了审计署申请的金审工程一期项目，成为列入国家基本建设投资计划的第一个电子政务建设项目。2002 年 8 月，《中共中央办公厅、国务院办公厅关于转发〈国家信息化领导小组关于我国电子政务建设指导意见〉的通知》（中办发〔2002〕17 号）确定，金审工程列为国家电子政务重点启动的 12 个重要业务系统之一。

7.3.1 金审工程的总体目标

金审工程是在我国经济改革发展和信息技术日益普及的历史条件下应运而生的。20世纪80年代以来，国家审计遇到了维护国家经济建设秩序和适应信息化的双重挑战。金融、财政、海关、税务等部门，民航、铁道、电力、石化等关系国计民生的重要行业开始广泛运用计算机、数据库、网络等现代信息技术进行管理，国家机关、企事业单位会计信息化趋向普及。会计信息化发展的同时，也出现了会计领域计算机做假和犯罪的行为，仅采用传统手段的审计人员，无法揭露电子化条件下的经济犯罪和会计信息失真问题。审计对象的信息化，客观上要求审计机关的作业方式必须及时做出相应的调整，要运用计算机技术，全面检查被审计单位的经济活动，发挥审计监督的应有作用。1998年审计署党组做出了建设审计信息化工程的战略决策，得到了国务院领导的高度重视和国家有关部门的大力支持。1999年开始编制审计信息化发展规划，并按国家基本建设项目程序组织实施。作为审计信息系统的金审工程于2002年全面启动。

金审工程的总体目标是：建成对财政、银行、税务、海关等部门和重点国有企业、事业单位的财务信息系统及相关电子数据进行密切跟踪，对财政收支或者财务收支的真实性、合法性和效益实施有效监督的信息化系统。

金审工程建成标志为"六个一"，即一个满足现场、联网审计需要的审计作业系统；一个融合业务、管理并支持领导决策的管理系统；一个满足审计业务需要的数据资源及共享系统；一个满足各级审计机关资源共享的网络系统；一个确保系统运行和不断完善的服务系统；一个既能对内又能对外的安全系统。

金审工程实施"预算跟踪+联网核查"审计模式，逐步实现审计监督的"三个转变"，即从单一的事后审计转变为事后审计与事中审计相结合，从单一的静态审计转变为静态审计与动态审计相结合，从单一的现场审计转变为现场审计与远程审计相结合。增强审计机关在计算机环境下查错纠弊、规范管理、揭露腐败、打击犯罪的能力，维护经济秩序，促进廉洁、高效政府的建设，更好地履行审计法定监督职责。

7.3.2 金审工程的发展概况

金审工程由审计署统一规划，实行中央和地方审计机关分级建设。审计署实行统一规划、统一指导、分期建设、分步实施的建设原则。根据金审工程的总体目标和总体框架要求，确定了六个方面的建设内容。

1. 应用系统

根据审计业务和管理的需要，规划了审计管理和审计实施两大系统。

审计管理系统是审计机关管理审计业务和行政办公的信息系统，对外交流的英文名称沿用Office Automation，简称OA系统。审计管理系统具有对审计业务支撑、审计办公管理、领导决策支持、审计信息共享等管理内容和技术功能，以审计计划项目信息为先导，对审计项目实施信息、结果反馈、业务指导、公文流转、审计决策等各环节进行全面管理和技术支持，形成审计业务、管理、决策的一体化。

审计实施系统是审计机关利用计算机技术开展审计项目的信息系统。根据审计实施方式的不同，审计实施系统规划为现场审计实施系统和联网审计实施系统两大部分。

现场审计实施系统是审计人员实施就地审计方式的信息系统，对外交流为审计师办公室，英文名称为 Auditor Office，简称 AO 系统。现场审计实施系统的业务功能规划为：可以提供对财政、行政事业、固定资产投资、农业与资源环保、社会保障、外资运用、金融、企业和领导干部经济责任等审计项目的专业审计功能技术支持和扩展；其技术功能规划为具有数据采集、数据转换、审计抽样、审计分析、审计取证、审计工作底稿编制、审计报告和统计汇总、审计项目质量控制、审计信息交互共享等技术功能的支持和扩展。现场审计实施系统基于对各行业审计数据采集转换的向导和模板；基于审计准则和专业审计指南的向导模板；基于审计师经验的总结，提炼并编制成系统可以识别和执行的计算机审计方法；基于审计抽样理论和实务向导；基于审计中间表和审计分析模型等构建技术的支持，并辅之相应的专业审计功能，实现对各专业审计项目的业务支持和知识共享。

联网审计实施系统是审计机关实施联网审计的信息系统，对外交流的英文名称为 On-Line Auditing，简称 OLA 系统。联网审计是对需要经常性审计且关系国计民生的重要部门和行业实施"预算跟踪+联网核查"模式的计算机审计。联网审计以确定的采集周期在线获取对方系统中审计所需数据，进行实时的审计处理，及时发现问题并及时反馈，督促被审计单位及时规范管理，采用动态、远程审计的方式，达到事中审计的效果和效益，并对积累的历史数据进行趋势分析和预测评价，提出审计评价意见和审计建议。

2. 信息资源

为满足审计业务和管理，尤其是联网审计实施的需要，规划建设审计署数据中心，建立审计信息资源目录体系、信息交换标准体系，加强审计业务和管理的数据建设。

3. 网络系统

按照国家电子政务网络规划要求，规划了审计内网、审计专网和审计机关门户网。完成了审计署特派办局域网改造，实现了审计署机关与派出审计局的城域连接，与京外特派办和部分省级审计机关的广域连接，与国务院办公厅、中办机要局的密级网络通信系统连接。

4. 安全系统

根据国家保密和国家电子政务安全规划的要求，结合审计系统实际，确定审计内网为运行涉及国家秘密和机密的信息，审计专网运行审计工作内部信息，审计机关门户网运行公开披露的信息。规划建设中央审计机关和省级地方审计机关的审计内网和审计专网，地市级和县级审计机关的审计专网。

5. 运行服务体系

建立金审工程运行维护服务体系，建立"金审工程服务网站"和呼叫中心，受理各级审计机关的运行服务需求。

6. 人员培训

对全国审计系统的审计人员进行计算机基础知识和操作技能培训、计算机中级水平培训，提高审计人员信息技术水平。

金审工程按照总体规划，实行分期实施、试点示范、稳步推进，自 2002 年启动以来，已完成了一期、二期所确定的各项任务,并在中央和地方各级审计机关全面推广应用,取得了丰富的成果。在"十三五"期间,将在应用和完善金审工程一、二期工程建设成果的基础上,进一步推进审计信息化建设,全面应用数字化审计管理系统和现场审计实施系统,适应审计质量控制、行政办公无纸化、审计业务数字化的需要。利用云计算、大数据等现代信息技术,建设审计综合作业平台、审计数据中心系统、审计模拟实验室、审计综合服务支撑系统,提升审计指挥决策、审计质量管理、数据汇聚与共享、数据综合分析等能力,充分发挥审计信息化在规范管理、业务支撑等方面的重要作用,大力提升信息化环境下的审计监督能力。

7.4 审计信息化制度规范

7.4.1 制度规范

为了加强国家的审计监督,维护国家财政经济秩序,提高财政资金使用效益,促进廉政建设,保障国民经济和社会健康发展,1994年8月,我国颁布了《中华人民共和国审计法》,2006年进行了修订。1997年7月国务院颁布了《中华人民共和国审计法实施条例》,2010年2月进行了修订。审计信息化工作应在国家法律、法规的规范下进行。

《中华人民共和国审计法》(简称《审计法》)是我国法律体系中的重要组成部分,是审计监督工作的基本法律,是规范审计行为和审计活动,强化国家审计监督的基本准则。在《审计法》中,涉及电子数据的相关内容有:"审计机关有权要求被审计单位按照审计机关的规定提供预算或者财务收支计划、预算执行情况、决算、财务会计报告,运用电子计算机存储、处理的财政收支、财务收支电子数据和必要的电子数据文档""审计机关进行审计时,有权检查被审计单位的会计凭证、会计账簿、财务会计报告和运用电子计算机管理财政收支、财务收支电子数据的系统,以及其他与财政收支、财务收支有关的资料和资产,被审计单位不得拒绝"等。

为了规范和指导审计机关和审计人员执行审计业务的行为,保证审计质量,防范审计风险,发挥审计保障国家经济和社会健康运行的"免疫系统"功能,根据《中华人民共和国审计法》《中华人民共和国审计法实施条例》和其他有关法律法规,审计署于2010年9月发布了《中华人民共和国国家审计准则》,自2011年1月1日起施行。《国家审计准则》第六十二条规定:审计人员可以从下列方面调查了解被审计单位信息系统控制情况:一般控制,即保障信息系统正常运行的稳定性、有效性、安全性等方面的控制;应用控制,即保障信息系统产生的数据的真实性、完整性、可靠性等方面的控制。第七十六条规定:审计人员认为存在下列情形之一的,应当检查信息系统的有效性,安全性:一是仅审计电子数据不足以为发现重要问题提供适当、充分的审计证据;二是电子数据中频繁出现某类差异。审计人员在检查被审计单位相关信息系统时,可以利用被审计单位信息系统的现有功能或者采用其他计算机技术和工具,检查中应当避免对被审计单位相关信息系统及其电子数据造成不良影响。第八十七条规定:审计人员获取的电子审计证据包括与信息系统控制相关的配置参数、反映交易记录的电子数据等。采集被审计单位电子数据作为审计证据的,审计人员应当记录电子数据的采集和处理过程。国家审计准则更加突出了对信息系统本身的有效性、安全性进行审计。

为规范审计机关开展计算机辅助审计,提高计算机辅助审计工作的质量,审计署根据《中华人民共和国国家审计基本准则》，发布了《审计机关计算机辅助审计办法》，该办法从 1997 年 1 月 1 日起施行。

为了适应我国国民经济信息化的发展，并将高新技术运用于审计工作之中，更有效地对财政收支、财务收支进行审计监督，根据《中华人民共和国审计法》《中华人民共和国审计法实施条例》的有关规定，2011 年 11 月，国务院办公厅发布了关于利用计算机信息系统开展审计工作有关问题的通知。其主要内容是有如下几项。

① 审计机关有权检查被审计单位运用计算机管理财政收支、财务收支的信息系统（简称计算机信息系统）。被审计单位应当按照审计机关的要求，提供与财政收支、财务收支有关的电子数据和必要的计算机技术文档等资料。审计机关在对计算机信息系统实施审计时，被审计单位应当配合审计机关的工作，并提供必要的工作条件。被审计单位拒绝、拖延提供与审计事项有关的电子数据资料，或者拒绝、阻碍检查的，由审计机关按照《中华人民共和国审计法实施条例》第四十九条的规定处理。

② 被审计单位的计算机信息系统应当具备符合国家标准或者行业标准的数据接口，已投入使用的计算机信息系统没有设置符合标准的数据接口的，被审计单位应将审计机关要求的数据转换成能够读取的格式输出。审计机关发现被审计单位的计算机信息系统不符合法律、法规和政府有关主管部门的规定、标准的，可以责令限期改正或者更换。在规定期限内不予改正或者更换的，应当通报批评并建议有关主管部门予以处理。审计机关在审计过程中发现开发、故意使用有舞弊功能的计算机信息系统的，要依法追究有关单位和人员的责任。

③ 被审计单位应当按照关于纸质会计凭证、会计账簿、会计报表和其他会计资料及有关经济活动资料保存期限的规定，保存计算机信息系统处理的电子数据，在规定期限内不得覆盖、删除或者销毁。

④ 审计机关对被审计单位电子数据真实性产生疑问时，可以对计算机信息系统进行测试。测试计算机信息系统时，审计人员应当提出测试方案，监督被审计单位操作人员按照方案的要求进行测试。审计机关应积极稳妥地探索网络远程审计。

⑤ 审计人员应当严格执行审计准则，在审计过程中，不得对被审计单位计算机信息系统造成损害，对知悉的国家秘密和商业秘密负有保密的义务，不得用于与审计工作无关的目的。审计人员泄露知悉的国家秘密和被审计单位的商业秘密，由审计机关给予相应的行政处分；构成犯罪的，移送司法机关依法处理。

各地区、各有关部门要高度重视利用计算机信息系统开展审计工作，对审计机关的工作给予支持和配合。审计机关要加强业务和技术培训，培养熟悉利用计算机信息系统开展审计工作的专业人员，保障审计工作顺利进行。

为了规范组织内部审计机构及人员开展信息系统审计活动，保证审计质量，中国内审协会根据《内部审计基本准则》制定了《内部审计具体准则第 28 号——信息系统审计》，自 2009 年 1 月 1 日开始实施。该准则对信息系统审计的一般原则、信息技术风险评估、信息系统审计内容、信息系统审计方法，审计报告和后续工作五个方面的内容进行了规定。

上述法律法规对于审计信息化工作的开展具有深刻的指导意义，但尚未形成一个完整的审计信息化规范体系，还需要进一步发展与完善，以更好地适应审计信息化发展与应用的要求。

7.4.2 指导性文件

为推进和指导审计信息化工作,审计署发布了一系列计算机审计实务公告,如表 7-1 所示。

表 7-1 审计署发布的计算机审计实务公告

公告号	名称	发布时间
计算机审计实务公告第 1 号	《审计管理系统》(央版)规格说明书	2006 年
计算机审计实务公告第 2 号	《现场审计实施系统》规格说明书	2006 年
计算机审计实务公告第 3 号	《审计管理系统》(地方版)规格说明书	2006 年
计算机审计实务公告第 4 号	《审计管理系统》(1 拖 N 版)规格说明书	2006 年
计算机审计实务公告第 5 号	《国家审计数据中心基本规划》	2007 年
计算机审计实务公告第 6 号	《审计机关业务流程无纸化实施指南》	2007 年
计算机审计实务公告第 7 号	《中央部门预算执行审计数据规划》	2007 年
计算机审计实务公告第 8 号	《计算机审计审前调查指南》	2007 年
计算机审计实务公告第 9 号	《地方税收审计数据规划》	2008 年
计算机审计实务公告第 10 号	《社会保险审计数据规划》	2008 年
计算机审计实务公告第 11 号	地方财政审计数据规划	2008 年
计算机审计实务公告第 12 号	计算机审计方法流程图编制规范	2008 年
计算机审计实务公告第 13 号	计算机审计方法语言编制规范	2008 年
计算机审计实务公告第 14 号	计算机审计方法体系基本规划	2008 年
计算机审计实务公告第 15 号	外资审计数据规划	2008 年
计算机审计实务公告第 16 号	商业银行审计数据规划	2009 年
计算机审计实务公告第 17 号	中央企业审计数据规划	2009 年
计算机审计实务公告第 18 号	地方税务计算机审计方法体系	2009 年
计算机审计实务公告第 19 号	《联网审计系统》规格说明书	2009 年
计算机审计实务公告第 20 号	海关审计数据规划	2009 年
计算机审计实务公告第 21 号	国家税收审计数据规划	2009 年
计算机审计实务公告第 22 号	中央部门预算执行计算机审计方法体系	2010 年
计算机审计实务公告第 23 号	投资审计数据规划	2010 年
计算机审计实务公告第 24 号	国家审计数据中心系统规划	2010 年
计算机审计实务公告第 25 号	环保审计数据规划	2010 年
计算机审计实务公告第 26 号	海关计算机审计方法体系	2010 年
计算机审计实务公告第 27 号	外资计算机审计方法体系	2010 年
计算机审计实务公告第 28 号	乡镇领导干部经济责任审计数据规划	2011 年
计算机审计实务公告第 29 号	乡镇领导干部经济责任计算机审计方法体系	2011 年
计算机审计实务公告第 30 号	社会保险计算机审计方法体系	2011 年
计算机审计实务公告第 31 号	中央企业计算机审计方法体系	2011 年
计算机审计实务公告第 32 号	国家审计数据中心数据库建设规范	2011 年
计算机审计实务公告第 33 号	数据审计指南	2011 年
计算机审计实务公告第 34 号	信息系统审计指南	2012 年
计算机审计实务公告第 35 号	审计机关及其内部机构编码规则	2012 年
计算机审计实务公告第 36 号	审计项目代码编码规则	2012 年
计算机审计实务公告第 37 号	数字化特派办建设标准	2012 年
计算机审计实务公告第 38 号	医保定点医疗机构医疗业务审计数据规划	2012 年
计算机审计实务公告第 39 号	医保定点医疗机构医疗业务计算机审计方法体系	2012 年

续表

公告号	名称	发布时间
计算机审计实务公告第 40 号	住房公积金审计数据规划	2012 年
计算机审计实务公告第 41 号	住房公积金计算机审计方法体系	2012 年
计算机审计实务公告第 42 号	铁路建设项目投资审计数据规划	2012 年
计算机审计实务公告第 43 号	固定资产投资计算机审计方法体系	2012 年
计算机审计实务公告第 44 号	数字化省级审计机关建设标准	2012 年
计算机审计实务公告第 45 号	高等院校审计数据规划	2013 年
计算机审计实务公告第 46 号	计算机审计方法体系	2013 年
计算机审计实务公告第 47 号	特派办审计数据综合利用指南	2013 年
计算机审计实务公告第 48 号	农村合作医疗审计数据规划	2013 年
计算机审计实务公告第 49 号	新型农村合作医疗计算机审计方法体系	2013 年
计算机审计实务公告第 50 号	ERP 环境下的财务收支审计指南	2014 年
计算机审计实务公告第 51 号	中央部门预算执行审计数据规划(2014 年修订)	2014 年

信息技术在企业经营管理中的应用，使企业的信息处理流程、内部控制、信息存储介质和存取方式都发生了很大变化，从而引起审计工作环境、审计对象、审计范围、审计线索等方面发生变化，随着信息技术的不断发展和我国审计信息化工作的不断推进，现有审计法规体系与指导性文件将进一步发展与完善，以更好地适应审计信息化发展与应用的要求。

知 识 扩 展

1. 请登录 http://www.audit.gov.cn，访问金审工程服务网站，了解金审工程建设、相关标准规范、指导文件及审计信息化工作动态。

2. 国家审计数据中心

金审工程的最终目标是建成国家审计信息系统，增强审计机关在信息化条件下履行审计监督职责的能力。国家审计信息系统的一个重要内容是建设国家审计数据中心。根据国家电子政务总体规划、电子政务信息资源建设标准、会计核算软件数据接口国家标准等，审计署组织国家审计数据中心的数据规划，实现审计信息资源规范化与标准化的建设和利用。国家审计数据中心包括审计署建设的国家审计数据中心、省级政府审计机关建设的国家审计数据中心地方分中心。

审计署于 2007 年发布了《国家审计数据中心基本规划——计算机审计实务公告第 5 号》，2010 年发布了《国家审计数据中心系统规划——计算机审计实务公告第 24 号》，2011 年发布了《国家审计数据中心数据库建设规范——计算机审计实务公告第 32 号》。

思 考 题

1. 联网审计对审计实务有何转变？简述实施联网审计的技术途径。
2. 阐述金审工程的目标与发展现状。
3. 梳理我国现行有关审计信息化的法规制度，提出完善审计信息化法规的建议。

第8章

审计信息化应用系统

【目标与内容】

本章目标：通过本章学习，应熟知审计信息化应用系统的总体架构，了解审计管理系统、审计作业系统和审计预警系统。

本章内容：(1)审计信息化应用系统的构建原则与总体架构；(2)审计管理系统；(3)审计作业系统；(4)审计预警系统。

为适应信息化的发展，审计信息化建设和应用要从过去单项业务和局部管理需求驱动，转变为要符合信息化建设的整体需求，按照能适应信息化的新型审计方式和审计管理方式，确立审计信息化建设和应用的思路，建立支持审计作业、审计管理和审计决策的一体化审计应用系统。

8.1 审计信息化应用系统的总体架构

审计信息化应用系统的总体架构设计应根据审计业务和管理的需求，将审计准则贯穿于审计全过程，应用现代信息技术，以计算辅助审计为手段，实现监、审、管三位一体的管理系统。

8.1.1 审计信息化应用系统的构建原则

审计信息化建设应根据审计业务和管理需求，建立以审计质量为核心，审计多样性为根本，审计独立性为先导，审计问题为出发点，审计程序为主线，审计工具为标准，审计文档管理为依托，覆盖审计作业、审计管理、审计决策各个环节的一体化审计信息系统，充分发挥审计信息化在规范管理、业务支撑、决策支持等方面的重要作用，大力提升信息化条件下的审计监督能力。审计信息化应用系统在开发、设计与构建时应遵循以下原则。

① 规范性原则。在系统功能、数据结构、安全保障等方面严格执行国家的相关法律、法规和标准。

② 先进性原则。在功能设计上充分考虑今后审计业务发展的方向，在技术上采用当前先进的计算机技术与网络技术、云计算技术和大数据分析技术等。

③ 可靠性原则。对于由于操作失误引起的故障，系统应具备自动修复功能，使数据的一致性和完整性不被破坏。

④ 安全性原则。根据审计业务需要，具有不同的安全级别及操作权限，采用多级加密措施，对数据级、数值级、功能级、操作级、数据库级进行授权和加密，保障系统的安全性。

⑤ 易用性原则。系统采用人性化功能设计，提供灵活的设置，操作简便，易学易用。

⑥ 可维护性原则。系统设计应充分考虑影响软件可维护性的因素，包括可理解性、可测试性和可修改性等，易于系统维护人员对系统进行维护。

⑦ 可扩展性原则。系统设计应充分考虑审计业务的特点及审计业务发展的需要，能够适应审计业务内容的变化，具有可扩展性。

8.1.2 审计信息化应用系统的总体架构

审计信息化应用系统根据审计业务和审计管理需求，对审计资源进行集中管理、标准规范、高度共享、统一调度，以审计计划为龙头，以项目管控为核心，实现审计过程的规范化、实时化、协作化和远程化，共享审计方法和知识，为审计工作提供有力支撑，以获取充分有效的审计证据，提高审计工作效率，提升审计工作质量，降低审计工作风险。审计信息化应用系统的总体架构如图 8-1 所示，由基础设施层、支撑平台层、信息资源层、应用系统层、展现服务层以及信息安全和标准规范体系、支持运维和服务保障体系构成。

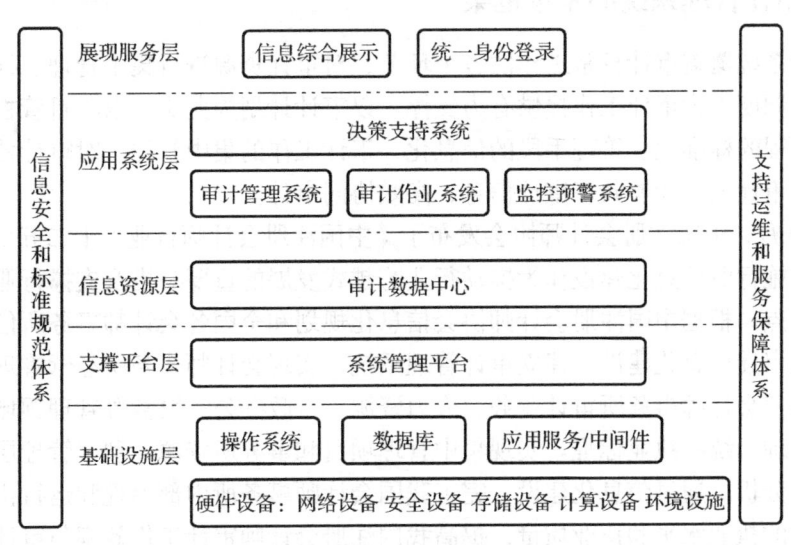

图 8-1 审计信息化应用系统的总体架构

① 基础设施层。基础设施包括硬件和软件，硬件包括网络设备、安全设备、存储设备、计算设备和环境设施，软件包括操作系统、数据库和应用服务/中间件。

② 支撑平台层。支撑平台提供覆盖审计软件全生命周期的开发、集成、运行、管理等功能为一体的系统管理平台，支持客户化开发、应用集成、测试、部署、个性化配置、运维管理等，为审计信息化应用提供全生命周期管理。

③ 信息资源层。信息资源包括审计业务和审计管理电子数据及数据库系统、审计信息资源目录体系等，通过审计数据中心实现审计业务系统与审计数据资源的有机整合，实现对审计数据资料的归档和整理、存储与备份，为审计数据查询和分析、审计结果总结和利用提供足够的数据支持。

④ 应用系统层。应用系统包括审计管理系统、审计作业系统、监控预警系统和决策支持系统，以满足审计管理和作业需要。

⑤ 展现服务层。展现服务包括统一的身份认证登录机制、按照职责权限将审计信息综合展示给相关审计业务人员和管理人员。

⑥ 信息安全和标准规范体系。信息安全和标准规范体系包括涉密信息保护、安全等级保护、风险评估、身份认证与授权管理、病毒防范、安全审计等。

⑦ 支持运维和服务保障体系。支持运维和服务保障体系包括人员培训、运维服务、制度建设等。

8.2 审计管理系统

为适应信息技术快速发展的形势，满足审计工作科学化管理的需要，应围绕强化基础、规范管理、控制风险、提升质量的总体要求，以审计计划为龙头，以审计项目管理和质量控制为核心，以各项制度规范为基础，充分利用信息化手段，建立和应用审计管理系统，加强审计业务工作组织、指导和管理，构建用于支撑审计业务的基础资源数据库，有效提升审计工作水平。

8.2.1 审计管理系统的基本框架

审计管理系统覆盖审计日常工作的各个环节，对审计资源进行集中管理、标准规范、高度共享、统一调度，为审计工作提供有力支撑。以审计计划为龙头，以项目管控为核心，实现审计工作流程的标准化、管理手段的信息化，审计工作的集中管控。对审计档案进行集中管理，使所有审计人员能够共享审计信息，高效协同审计。

2010 年 9 月，中国注册会计师协会发布了《中国注册会计师行业"十二五"发展规划》，明确将全面实施行业信息化建设作为推动行业跨越式发展的重要举措及支撑行业实现跨越式发展的战略支点。根据中国注册会计师协会信息化规划和全国各会计师事务所信息化建设现状，不断加强审计信息化建设，建立审计管理系统，实现会计师事务所经营管理信息化的全方面覆盖，涵盖会计师事务所审计业务、人力资源、行政办公、财务等管理领域，实现自上而下，统一管理、统一执业标准。实现集中管理项目和事务所资源，利于管理层掌握整体情况和进行决策分析。通过信息化建设，完善我国会计师事务所内部治理和运行机制，提升我国注册会计师的执业水平和执业质量，提高我国注册会计师审计工作效率与审计工作质量，保障注册会计师行业鉴证服务有效执行，全面提高我国注册会计师的核心竞争力。

审计管理系统的基本框架如图 8-2 所示，由审计过程管理、审计模板管理和审计知识库管理构成。审计过程管理从客户管理、业务承接到审计计划、项目管理和档案管理，体现了审计项目从计划到终结归档的全生命周期管理，有助于审计流程规范化和标准化。审计模板管理提供审计工作底稿模板、项目进度模板、审计类型模板、审计报告模板等各类模板，在执行审计业务过程中，可以根据不同审计环境、审计业务灵活定义和管理审计模板。审计知识库管理主要是帮助审计人员在审计过程中能够及时通过查询法律法规库、审计案例库、审计方法库、风险控制库、审计程序库等信息，获得相关信息，提高审计工作效率。

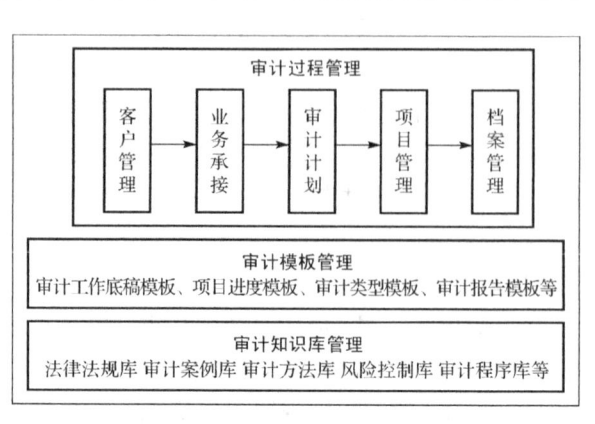

图 8-2 审计管理系统基本框架

8.2.2 审计管理系统的功能模块

审计管理系统在功能上既要满足审计人员个性化管理、日常事务管理，又要突出审计项目管理，并辅之以审计项目质量控制，完成从审计计划阶段到审计终结阶段的全过程管理。审计管理系统的主要功能模块包括审计门户、客户管理、审计业务管理、审计计划管理、审计项目管理、审计资源管理、审计档案管理和系统设置管理，如图 8-3 所示。

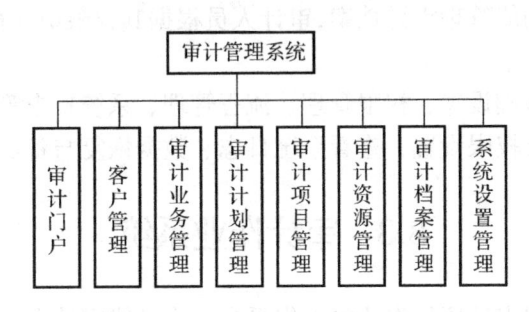

图 8-3 审计管理系统主要功能模块

(1) 审计门户

审计门户科学地嵌入各项功能，为注册用户和审计人员按照各自的权限，提供便捷适用的在线服务。通过审计门户可以查看与处理部门内部审批流程中的待办事项，发布审计通知和公告，共享审计新闻等。同时，通过设定权限范围，使审计人员可以在权限控制范围内及时了解相关信息。

(2) 客户管理

客户管理主要是为会计师事务所的客户关系管理提供简捷、完整、实用的功能支撑，以实现客户档案管理和客户关系管理。利用客户管理功能，可以进行客户审批管理、客户联系计划管理、客户联系记录管理、客户关怀和客户问题管理等。

(3) 审计业务管理

审计业务管理主要是为了控制审计风险，保证审计质量。从客户审批，到业务承接，通过严格的审批，从源头上把控审计业务风险。从合同签约、项目立项，到出具报告，流程逐级把控，根据风险级别把控审计报告质量。

(4) 审计计划管理

审计计划管理主要包括审计计划编制、计划审批、计划下达、计划汇总上报、计划调整等功能，实现对审计计划编制的全过程管理。在审计工作中，审计人员应按照审计计划开展审计工作，以完成各项审计业务，达到预期的审计目标。

(5) 审计项目管理

审计项目管理主要包括审计项目立项管理、项目进度管理、项目执行管理和项目质量评价。利用项目管理功能可以对正在进行的审计项目进行管理，实时监测审计作业系统中的项目信息及审计工作进度，根据实际情况，针对项目中的各项任务填写项目备注和指导意见，实时更新至审计作业系统中，作为审计人员开展工作的依据。

(6) 审计资源管理

审计资源管理通过整合审计工作所需的各种资源，为审计工作提供完整、有效的信息支持，便于统一调度和资源共享。审计资源包括审计机构库、审计人才库、审计法规制度库、审计案例库等。

(7) 审计档案管理

审计档案管理主要实现审计项目电子档案的管理，帮助审计部门实现对审计公文、审计项目等档案的管理和使用，便于管理与查阅，为审计项目信息的回溯提供数据保障。具体功能包括档案归档、档案借阅和档案导出管理。审计档案管理遵循审计准则的归档原则，在审计作业系统中通过归档功能管理审计档案，审计人员根据其权限访问相应权限下的审计档案。

(8) 系统设置管理

系统设置管理提供基础设置、权限管理、流程管理、系统日志等功能，可以设置业务规则、维护系统角色、进行权限设置、查看系统日志、数据恢复与备份等。

8.3 审计作业系统

审计作业系统是开展审计项目作业的工作平台，为一线审计人员实施审计工作提供了各项计算机辅助审计工具，能够辅助审计人员开展审计作业，帮助审计人员在具体的审计工作中实现信息化，提高审计效率和水平。

8.3.1 审计作业系统的基本框架

审计作业系统是审计人员实施审计工作的重要工具，能够辅助审计人员完成审计准备、审计实施和审计终结三个阶段的工作。审计作业系统的基本框架如图8-4所示。

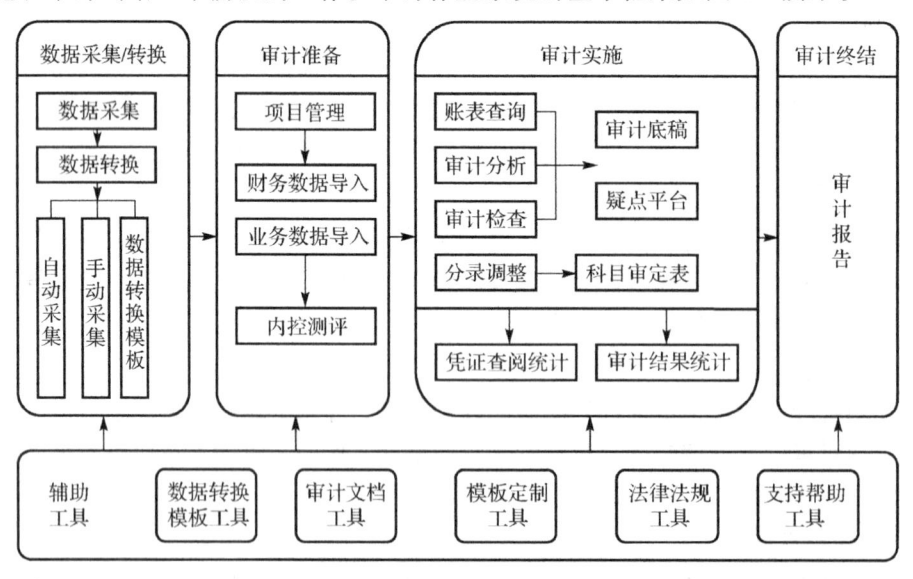

图 8-4 审计作业系统的基本框架

审计作业系统具有以下应用特点与价值。

① 基于网络部署，支持多种审计作业模式，可以实现独立审计与小组审计、现场审计与远程审计的有效结合。

② 具有良好的审计流程管理功能，使审计人员能够按照系统制定的流程进行工作。

③ 具有智能化数据采集工具，支持大型数据库采集。预设财务软件转换模板，同时支持自定义模板制作。

④ 具有丰富的专家经验库和方法库，可以使审计经验和审计方法得以共享，提高审计质量和效率，提升审计人员的业务能力。

⑤ 具有规范的审计底稿文书，可以大大提高审计工作底稿的编制质量，实现审计工作底稿和审计文书的规范化管理。

⑥ 具有专业的审计分析工具，便于进行审计分析与数据挖掘，及时发现审计线索与问题，提高审计工作效率和工作质量。

⑦ 提供法规库功能，预置国家最新的各项法规制度，同时可以将单位的内部制度和规定导入该库中，便于审计人员在审计过程中进行法规索引。

8.3.2 审计作业系统的功能模块

审计作业系统的主要功能模块包括系统初始设置、审计项目管理、审计数据采集、审计综合查询、审计抽样工具、审计数据分析、审计工作底稿管理、审计成果管理、审计模板管理和审计资源管理，如图8-5所示。

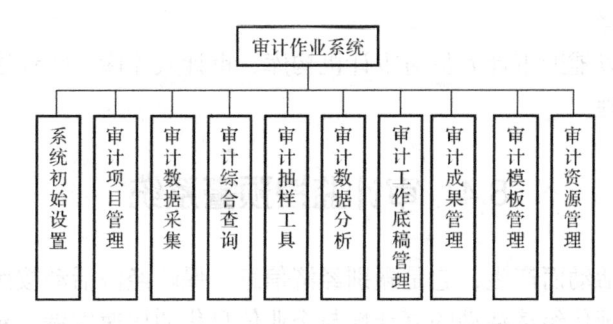

图 8-5 审计作业系统的主要功能模块

(1) 系统初始设置

在应用审计作业系统进行正式审计工作之前，需要完成相关事项的初始设置。系统初始设置主要包括部门设置、用户设置和综合设置等。应用系统初始设置功能可以对组织结构、系统用户、基础信息等进行设置。

(2) 审计项目管理

审计人员通常是以项目为基础开展审计工作的，审计项目管理主要包括新建项目、业务权限、项目维护等功能。

(3) 审计数据采集

采集审计数据功能可以按照审计需求从被审计单位的信息系统或其他数据源中采集相关电子数据，转换为审计软件所需的数据格式，以便于实施审计作业。

(4) 审计综合查询

审计综合查询功能可以对被审计单位的财务数据和业务数据进行综合查询，并将查询结果形成审计工作底稿。

(5) 审计抽样工具

审计抽样工具可以帮助审计人员迅速、高效地检验和计算数据量大的数据和会计事项。

审计抽样工具中提供了固定样本量抽样、停走抽样、发现抽样、PPS 抽样、任意抽样等抽样方式，并将抽样结果形成审计工作底稿。

(6) 审计数据分析

审计数据分析功能主要为审计人员提供了常用的趋势分析、结构分析、比较分析、指标分析、科目对比分析、对方科目分析等分析工具，并对分析结果提供图形分析，形成审计工作底稿。

(7) 审计工作底稿管理

审计作业系统为编制和管理审计工作底稿提供了丰富的工具，主要包括审计工作底稿的添加和删除、导入和导出、设置取数公式、底稿编辑、复核与归档等。

(8) 审计成果管理

审计成果是经过实施审计程序、汇总工作成果而形成的审计结论与建议，是审计人员在依法履行审计职责过程中形成的工作结晶。审计成果管理是指对审查分析出来的成果进行分类管理，主要有问题汇总、审计结果、审计报告、审计建议、审计归档等。

(9) 审计模板管理

审计模板管理可以辅助审计人员对审计工作底稿模板、法律法规模板、审计报告模板、审计文书模板等进行维护和管理。

(10) 审计资源管理

审计资源管理可以辅助审计人员对审计机构库、审计人才库、审计法规制度库、审计案例库等进行维护和管理。

8.4 审计监控预警系统

审计伴随着经济活动而产生，它是甄别经济信息，保障经济活动按照既定规划与要求正常执行的必要手段。现代经济活动的复杂性与企业信息化的快速发展，对审计提出了更高需求，不再局限于以往单纯基于会计信息基础的事后"查证"功能，而是逐渐从控制导向型审计转向了风险管理型审计，即围绕经济运行主体的既定目标，从检查、评估风险到预警、控制和化解风险。利用审计监控预警系统能够提前预知可能出现的问题，及时发现潜在的风险与危机，发出预警提示信号，提出整改应对建议，促使化解风险和消除隐患。在企业内部审计中，审计监控预警系统可以根据企业的具体业务和经营情况，建立一套完整的经营监测指标体系，进行实时监测分析，发挥动态监测与预警作用。

8.4.1 审计监控预警系统的基本框架

审计监控预警应结合被审计单位内外部环境状况，对其经营管理活动中的重要影响因素进行评价，将风险识别、信息传递、预警提示有机结合，以保证监控预警系统目标的实现。

审计监控预警系统的基本框架如图 8-6 所示。审计监控预警系统通过与企业业务系统对接，提取关键业务数据，在线识别业务系统的运行风险。审计监控预警引擎基于系统预设的预警规则，对提取的关键经济运行数据进行识别，识别出的异常运行数据(即预警结果)统一保存到审计监控预警结果数据库中，实现审计监控预警信息的共享和查询，及时发出预警提示信号。

审计监控预警系统可以对电子数据进行监控预警，审计人员根据监控预警模型设定不同的阈值，系统就可以将问题数据以醒目的方式展现给审计人员。监控预警模型可以根据审计业务进行定制，并按照审计人员设定的时间自动执行。它能帮助企业实现各类业务的自动化审计、全面监控和自动预警，实现内部控制与审计监督的常态化和自动化。

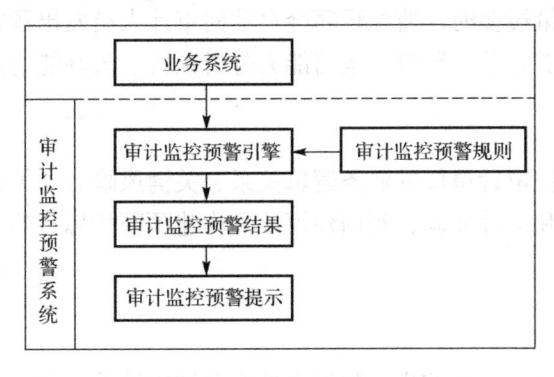

图 8-6 审计预警系统基本框架

审计监控预警系统通过在线方式，实现对审计项目财务和业务数据的穿透查询，以图形和数据相结合的直观方式进行结构、趋势、对比、分布等分析，并且能够复算生成各种报表，对各种报表指标进行分析。监控预警系统提供综合查询、审计标记、审计抽样、分类汇总、SQL 分析、生成疑点等审计特有的工具，可以针对企业关键风险点和关键控制点，利用建模引擎，构建预警指标，使重大风险和关键流程全面受控，及时报告审计监控预警信息，提高风险的预见和防范能力。

8.4.2 审计监控预警系统的功能模块

审计监控预警功能通过对被审计对象的实时控制和信息跟踪，在审计监控预警系统中预置重点关注的特别事项，使审计工作由被动向主动转变，形成事后审计与事前审计、事中审计相结合的管理机制，充分发挥内部审计全方位的监督作用，对企业经营活动、内部控制和风险管理等事项进行监督与评价，有效提升审计监督和管理的效果，起到帮助企业改善经营过程与控制经营风险的作用。

审计监控预警系统的主要功能模块如图 8-7 所示。

1. 设置监控方案

设置监控方案指针对审计人员关注的事项，形成具体的监控方案。例如：大额资金流出情况方案，可以随时关注限定金额以上的资金去向；往来款项账龄分析方案，可以迅速分析指定科目辅助核算项

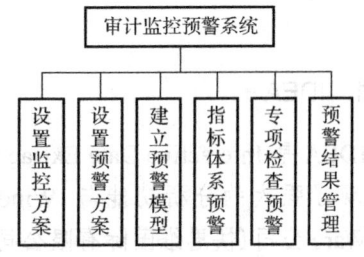

图 8-7 审计监控预警系统的主要功能模块

目各项余额的账龄，便于及时发现长期挂账的项目；科目发生额趋势分析方案，可以分析科目发生额变动趋势，便于及时发现重大波动和异常现象。审计监控方案可以根据不同单位的业务需求进行灵活调整。

2. 设置预警方案

设置预警方案指审计人员通过分析在某一预警领域的相关指标及正常水平，确定预警方

案，并设定预警结果的处理流程和责任人，提供消息通知、邮件等多种预警提醒方式。审计人员可以通过系统定义好的经济指标，设置指标数值范围、指标数值趋势、指标同比数、指标预算数的控制。例如，大额收支预警，通过对现金、银行存款账户大额收支监控限额的设定，收支金额过大或数量过多时，监控程序会自动向审计人员发出预警信号。还可以设置负债结构分析预警、偿债能力分析预警、运营能力分析预警、盈利能力分析预警等。

3. 建立预警模型

审计人员可以根据被审计单位的业务逻辑关系、关键风险点和关键控制点，按照审计监督要求，结合审计目标和审计经验，利用建模工具构建预警指标，建立预警模型，设置预警阈值。

4. 指标体系预警

在审计监控预警系统中，监控指标数据直接取自被审计单位的信息系统，利用预警模型和指标设计规则，系统可将预警结果按照审计系统特有的显示和监控方式展现出来。对于触及阈值的指标进行预警，监控指标内的所有单证，当单证数据被筛选出来后，可钻取单证在财务和业务系统中显示的细节，便于审计人员进行线索追溯。

5. 专项检查预警

专项检查预警可以利用分录检查模型、账户分析模型、综合查询模型等进行分析预警，还可以对异常会计分录、科目余额方向异常、凭证冲销调整等事项进行预警。

6. 预警结果管理

预警指标可以按照问题严重程度进行分级，按照设定的预警结果处理流程和责任人，审计监控程序会自动将预警信息推送给相应人员，实时提醒管理层关注企业经营风险点，促进问题有效整改，助力企业防范风险。

知 识 扩 展

1. IDEA

IDEA 是 Interactive Date Extraction and Analysis 的缩写，意思是交互式数据抽取与分析，它体现了强大的分析功能与 Windows 操作系统下友好的用户界面的组合。IDEA 是由 CaseWare 公司(快思维国际有限公司)开发的数据分析软件，为审计人员提供了强大的数据采集功能和丰富的审计数据分析方法。CaseWare 公司是老牌的审计软件提供商，主要提供数据分析软件、工作底稿软件及其他服务，主要产品有 IDEA、WORKPAPER 等，IDEA 主要提供海量数据分析，WORKPAPER 主要提供工作底稿的编制管理功能。

2. ACL

ACL 是 Audit Command Language 的缩写，它是由加拿大 ACL 公司开发的面向大中型企业的审计软件，具有强大的数据访问、分析和集成报告功能。审计人员可以根据业务需要，充分运用 ACL 提供的广泛分析解决方案、交互式数据分析、可再编辑的命令程序，进行全面的数据分析、控制测试、持续监控和舞弊欺诈行为侦测等，通过持续监控业务数据，关注风险防范和预防，为决策者提供有效的决策信息支持。ACL 公司主要提供数据分析软件及服务，特别适合金融、电信、保险等行业海量数据的分析。

思 考 题

1. 简述审计信息化应用系统的构建原则与总体架构。
2. 审计管理系统的基本框架是什么？简述审计管理系统的主要功能。
3. 审计作业系统的基本框架是什么？简述审计作业系统的主要功能。
4. 审计预警系统的基本框架是什么？简述审计预警系统的主要功能。

第9章

审计作业系统的应用

【目标与内容】

本章目标：通过本章学习，应熟知审计作业系统的应用流程；了解审计作业系统的应用模式；通过实际操作，掌握审计作业系统的具体应用。

本章内容：(1)审计作业系统应用模式与应用流程；(2)审计作业系统的系统设置与基本配置；(3)审计作业系统在审计准备阶段、审计实施阶段和审计终结阶段的具体应用。

9.1 审计作业系统的应用模式与应用流程

审计作业系统能够辅助审计人员开展审计作业，帮助审计人员在具体的审计工作中实现信息化，提高审计效率和水平。

9.1.1 审计作业系统的应用模式

审计作业系统的应用模式主要有：联网小组作业、联机小组作业和脱机小组作业。

1. 联网小组作业

联网小组作业是在网络环境下，以一个计算机为服务器，以其他计算机为客户端，服务器与客户端在作业时通过网络实时联机。其中，在服务器上布置项目信息和项目数据，客户端访问服务器中的审计项目来开展审计工作，包括应用本地功能对服务器上的项目数据进行查询分析、记录疑点底稿、提交工作成果文件等工作。

2. 联机小组作业

联机小组作业与联网小组作业二者是有区别的，其区别可以表述为：前者是单机应用，后者是网络应用。具体来讲，联机小组作业是在某个特定时间内进行服务器与客户端的联机，不是实时的，联机的目的是将服务器上布置的项目信息和项目数据通过网络下载到客户端本地后再开展审计工作，在客户端本地对项目数据进行查询分析、记录疑点底稿。然后，再联网访问服务器，将工作成果文件上传到服务器。

3. 脱机小组作业

脱机小组作业与联机小组作业二者是有联系的，即均是单机应用模式。但是，联机小组从服务器获取的项目信息、项目数据，以及提交的工作成果均是通过网络实现的，而脱机小组作业完全是在没有网络环境下实现的,即从服务器导出项目信息、项目数据和导入项目工作成果到服务器。

9.1.2 审计作业系统的应用流程

审计作业系统的应用流程分为安装配置、审计准备、审计实施和审计终结四个阶段,如图 9-1 所示。

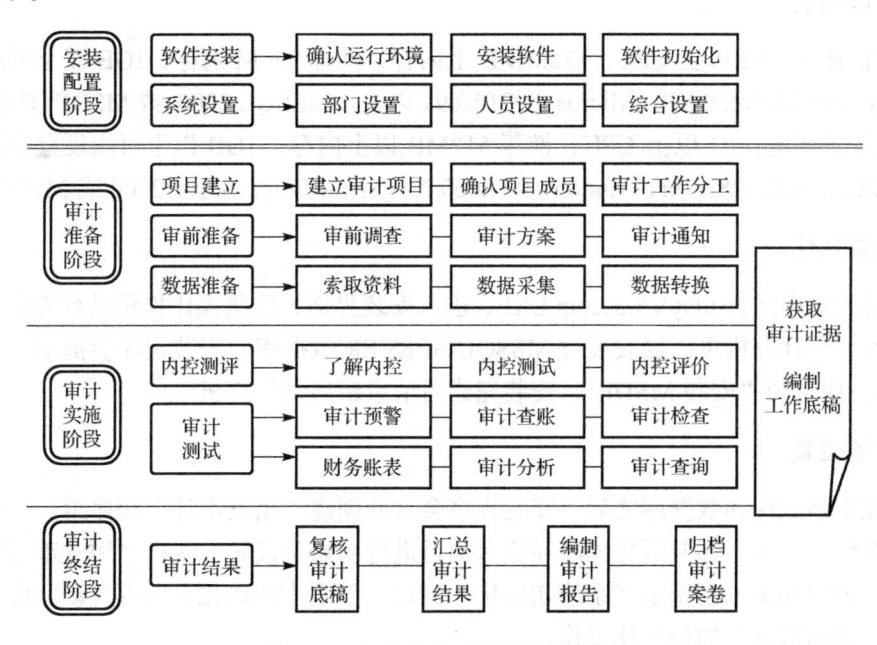

图 9-1 审计作业系统的应用流程

审计作业系统的安装和配置,一般是一次性完成的。安装配置结束后可以同时用于多个审计项目,每个审计项目都要经过审计准备、审计实施、审计终结三个阶段。

审计准备阶段的主要工作包括进行审前调查、编制审计方案、下达审计通知书、成立审计项目组、明确项目组成员的分工、搜集相关资料、采集电子数据、进行数据转换、为审计实施阶段进行审计测试做准备。

审计实施阶段的主要工作是了解、测试和评价被审计单位的内部控制,根据内部控制测评的结果确定实质性测试的性质、时间和范围,执行各项审计测试,获取充分有效的审计证据。

审计终结阶段的主要工作是复核审计工作底稿、汇总审计结果、编制审计报告和归档审计工作底稿。

审计工作底稿贯穿于整个审计作业过程。审计作业系统提供了功能强大的审计工作底稿编制和管理平台,审计工作底稿平台能够与审计作业系统中的其他审计工具融会贯通,以有效记录审计线索和审计结果。

9.2 系统安装与系统设置

本书以用友审易软件(简称"审易")来展示审计作业系统的应用。审易软件的安装分为以下几步：环境确认、安装软件、数据库安装。安装完审计软件和数据库之后，还要对数据库和演示项目进行初始化设置。

9.2.1 系统安装与初始设置

在安装审易——审计作业系统之前，需要配置好安装环境。

1. 环境确认

① 单机环境：P3 以上 CPU，128MB 以上内存，推荐 256M 内存，1GB 以上可用硬盘空间，Windows98/2000/NT/XP，Microsoft Office97 以上。MSSQL 2000 或 MSDE（选择）。

② 服务器环境：P3 以上 CPU，推荐 512MB 以上内存，1GB 以上可用硬盘空间，支持 TCP/IP 协议，2000/NT Server，Windows 98/2000/NT/XP，MSSQL Server2000 或 MSDE（选择）。

2. 安装软件

在安装光盘中运行 ufsyV5.8setup.EXE，进入安装界面，按照操作提示进行安装。安装审易软件之前如果计算机里已经安装过 MSSQL SERVER 数据库，安装程序会提示"不推荐安装"。否则，应选择"安装 MSDE"，安装完成后请重新启动计算机。

3. 初始设置

安装完审易软件和数据库之后，安装程序会自动创建"用友审计"程序组。启动"用友审计作业系统"之前，还要对数据库和演示项目进行初始化设置。执行"用友审易数据库维护"程序，弹出如图 9-2 所示"系统初始化"窗口，单击【初始化】即可自动完成"系统数据库"和"演示数据"的初始化工作。

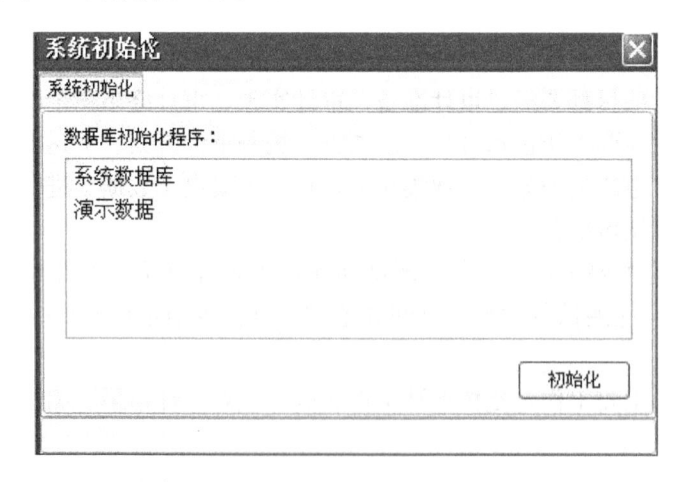

图 9-2 系统初始化

9.2.2 系统设置与基本配置

在应用审计作业系统进行正式的审计工作之前，系统管理员（默认 admin）还要对相关事项进行设置，主要包括部门设置、用户管理和综合设置。以系统管理员身份登录审易后，选择"系统设置"菜单，如图 9-3 所示。

1. 部门设置

以系统管理员身份登录系统后，单击菜单【系统设置】→【部门设置】，打开"部门设置"窗口，如图 9-4 所示。与部门有关的属性有部门名称及其备注信息。定义部门信息后，创建审计项目时可以直接选择该项目所属部门。

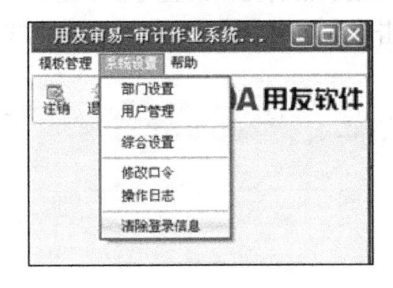

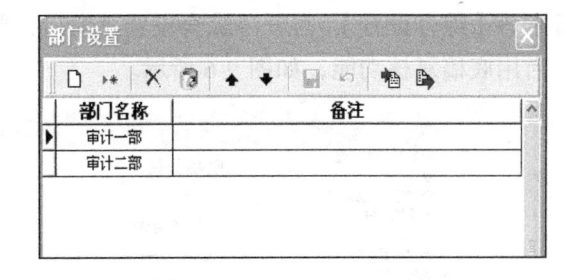

图 9-3　系统设置　　　　　　　　　　　　图 9-4　部门设置

2. 用户管理

用户管理授权机制将保护审计项目和工作底稿的安全。以系统管理员身份登录，单击菜单【系统设置】→【用户管理】，打开"用户管理"窗口，如图 9-5 所示。描述用户的属性主要包括用户名、全名、职务、所属部门、角色、登录口令、口令复核，一个用户必须有其部门权属。

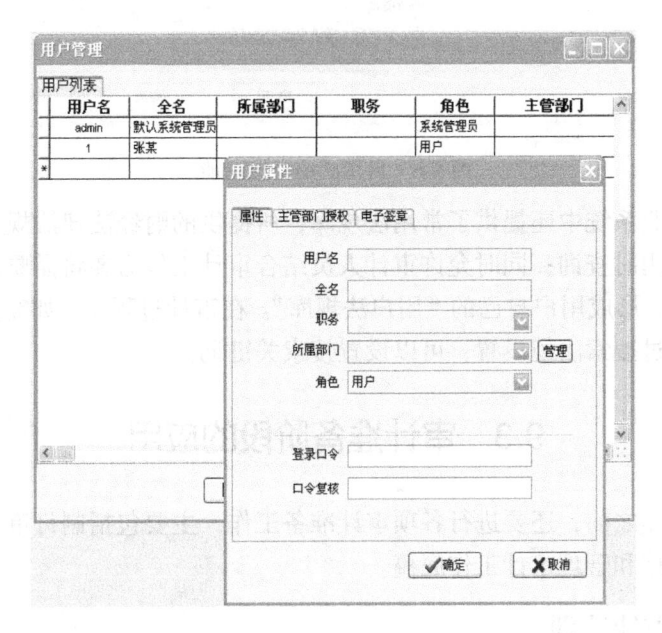

图 9-5　用户管理

人员角色包括系统管理员、项目管理员和普通用户。系统管理员可以把任意一个或几个项目的管理权力分配给用户列表中的任何一个用户，也可以把用户列表中的任意一个或几个用户升级为系统管理员。但是系统管理员在没有被加入为审计项目组成员时，则对项目没有参与的权力。每个项目只能有一个项目管理员，项目管理员对所管理的项目具有绝对权力，可以查阅、删改工作底稿，增删项目组成员，给项目组成员及项目所属部门负责人设定权限等。普通用户可以被项目管理员加入审计项目组授予相应的权限，也可以被系统管理员授予某些项目的管理权限。

3. 综合设置

综合设置包括查询参数、新建空白底稿参数、界面风格、底稿复核设置等。单击菜单【系统设置】→【综合设置】，打开"综合设置"窗口，单击【底稿复核】，选中"启用复核"复选框，启用底稿复核功能，如图9-6所示。

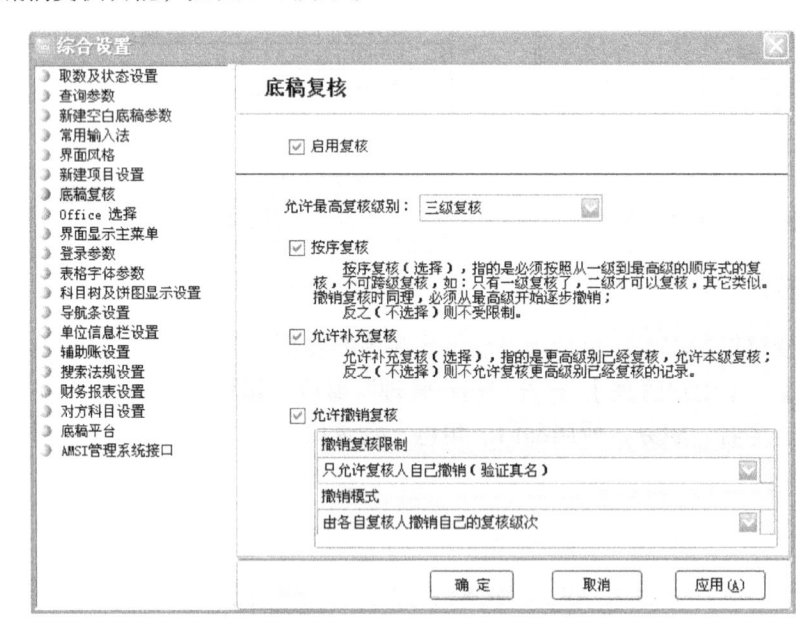

图9-6 启用底稿复核功能

此外，审计作业系统中还提供了常用法规库，所提供的财经法律法规及相关法律条文，可以供审计人员使用时查询；同时允许审计人员结合审计工作需要将需要的法规进行自主更新和添加相关法规，形成用户自己的"用户法规库"。在审计过程中，如需查看相应法规，可进行搜索查询，通过搜索法规设置，可以设置搜索关键词。

9.3 审计准备阶段的应用

在开展审计工作之前，还要进行各项审计准备工作，主要包括制订审计计划、建立审计项目、采集审计数据和管理审计工作底稿。

9.3.1 制订审计计划

审计计划是为了完成各项审计业务，达到预期的审计目标，在具体执行审计程序之前编制的工作计划。计划审计工作包括针对审计业务制定总体审计策略和具体审计计划，以将审计风险降至可接受的低水平。审计计划在执行过程中，情况会不断发生变化，对审计计划的补充和修订贯穿于整个审计过程。审计计划分为总体审计策略和具体审计计划两个层次。

1. 总体审计策略

总体审计策略用以确定审计范围、时间和方向,并指导制订具体审计计划。总体审计策略的制定应当包括:①确定审计业务的特征,包括采用的会计准则和相关会计制度、特定行业的报告要求以及被审计单位组成部分的分布等,以界定审计范围;②明确审计业务的报告目标,以计划审计的时间安排和所需沟通的性质,包括提交审计报告的时间要求,预期与管理层和治理层沟通的重要日期等;③考虑影响审计业务的重要因素,以确定项目组的工作方向,包括确定适当的重要性水平,初步识别可能存在较高重大错报风险的领域,初步识别重要的组成部分和账户余额,评价是否需要针对内部控制的有效性获取审计证据,识别被审计单位、所处行业、财务报告要求及其他相关方面最近发生的重大变化等。

在总体审计策略中应清楚地说明下列内容:第一,向具体审计领域调配的资源,包括向高风险领域分派有适当经验的项目组成员,就复杂的问题利用专家工作等;第二,向具体审计领域分配资源的数量,包括安排到重要存货存放地观察存货盘点的项目组成员的数量,对其他注册会计师工作的复核范围,对高风险领域安排的审计时间预算等;第三,何时调配这些资源,包括是在期中审计阶段还是在关键的截止日期调配资源等;第四,如何管理、指导、监督这些资源的利用,包括预期何时召开项目组预备会和总结会,预期项目负责人和经理如何进行复核,是否需要实施项目质量控制复核等。

2. 具体审计计划

总体审计策略制定后,应针对总体审计策略中所识别的不同事项,制订具体审计计划。具体审计计划比总体审计策略更加详细,其内容包括为获取充分、适当的审计证据以将审计风险降至可接受的低水平,项目组成员拟实施的审计程序的性质、时间和范围。具体审计计划应当包括风险评估程序、计划实施的进一步审计程序和其他审计程序。

3. 审计计划的编制与审核

审计计划由项目负责人编制,形成书面文件,在审计工作底稿中加以记录。审计计划主要以表格和文字叙述形式表述,可以借助于表格处理软件和字处理软件编制审计计划;同时,在审计作业系统中,还可以利用审计工作底稿管理平台的审计计划编制功能,如图 9-7 所示,根据具体的审计项目制订审计项目计划。

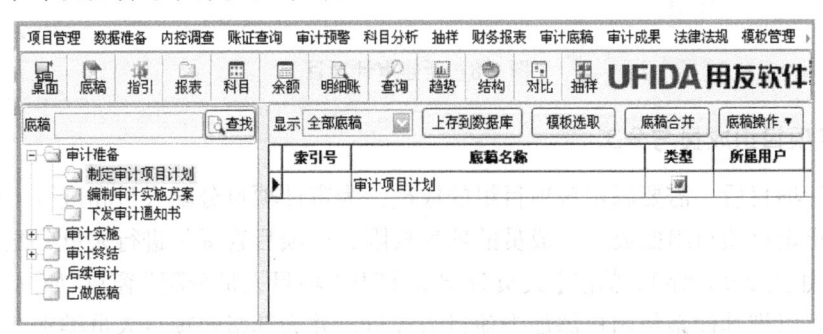

图 9-7 审计工作底稿平台——审计计划

审计计划应包括以下几方面:①被审计单位的基本情况;②审计目的、审计范围及审计策略;③重要问题及重点审计领域;④审计重要性的确定及审计风险的评估;⑤审计工作进度及时间、费用预算；⑥审计组长、成员及人员分工；⑦对专家、内审人员及其他审计师工作的利用；⑧其他有关内容。

编制完成的审计计划应当由有关业务负责人审核和批准，对于在审核中发现的问题，应及时进行相应的修改、补充与完善。

9.3.2 建立审计项目

开展审计作业是以审计项目为基础的，登录审计软件时需要选择审计项目。通过审计软件的项目管理功能，可以新建审计项目，打开、修改、删除已有的审计项目，为审计项目分配审计人员、设定工作权限、对工作底稿进行分工，备份或恢复审计项目数据，导入或导出项目数据包，可以实现项目"联机小组作业"与"脱机小组作业"。

1. 新建审计项目

审计人员第一次登录系统时，尚无自己参与的项目。在登录界面中单击【新项目】按钮，打开"项目登记"窗口，如图 9-8 所示。对于一个新的审计项目，需要登记的项目信息包括项目名称、审计时限范围、标准会计科目、财务报表模板、工作底稿模块、所属部门、审计类别、审计时间等。

图 9-8 新建审计项目

2. 确定项目组成员与分工

建立审计项目后，需要确定该项目组的成员，为审计项目分配人员和进行工作分工。人员分配用于指定该项目组的成员及成员的项目权限，由项目管理员进行人员分配，在"项目维护"窗口（如图 9-9 所示），单击【人员分配】，打开"项目人员分配"窗口（如图 9-10 所示），项目管理员可以把其他系统用户添加为项目组成员，并为其指定项目人员类别、人员角色及其权限。

项目组成员的业务角色包括组长、主审、组员等，可以根据业务性质、业务复杂程度及审计人员的业务水平，确定项目组的成员，分配审计人员的业务角色。

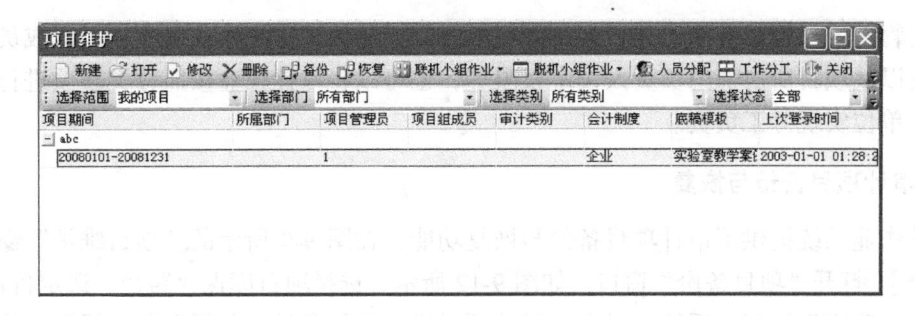

图 9-9　项目维护

图 9-10　项目人员分配

在图 9-9 所示的"项目维护"窗口，单击【工作分工】，打开"工作底稿人员分工"窗口（如图 9-11 所示），可以为项目组成员分配要处理的工作底稿。

图 9-11　工作底稿人员分工

审计作业系统采用授权机制来保护审计工作底稿的安全。每个项目只能有一个项目管理员，一个审计人员可以同时参加多个审计项目。项目管理员无权删除他人所管理的项目，但

第 9 章　审计作业系统的应用　▶　157

对自己所管理的项目具有绝对的权力,既可以查阅、删改工作底稿,增删项目组成员,给项目组成员以及项目所属部门负责人设定权限等,也可以将审计作业按照分类事项进行分工,以事项为单位实现分工负责。

3. 审计项目备份与恢复

审计作业系统提供了审计项目备份与恢复功能,在图 9-9 所示的"项目维护"窗口,单击【备份】,打开"项目备份"窗口,如图 9-12 所示,选择项目库保存路径,选定备份项目,然后单击"确定"按钮,系统可对所选择的项目进行整体备份,包括财务数据和工作底稿等所有项目内容。数据备份可实现对多个项目的批量备份。

图 9-12 项目备份

项目恢复是项目备份的反向操作,在图 9-9 所示的"项目维护"窗口,单击【恢复】,打开"项目恢复"窗口,选择数据库服务器和要恢复的文件名,可以对已备份好的项目进行恢复。恢复时,系统会自动识别备份文件并获取项目信息,自动检测项目是否已经存在,如果同名同年度项目已经存在,允许用户重命名后恢复为另一个项目。

9.3.3 采集审计数据

采集审计数据是指审计人员为了完成审计工作,按照审计需求从被审计单位的信息系统或其他数据源中采集获取相关电子数据的过程。常用的审计数据采集方法主要有:①直接复制。当被审计单位的数据库系统与审计人员使用的数据库系统相同时,可以直接将被审计对象的数据复制到审计人员的计算机中。②通过中间文件采集。通过中间文件采集是指被审计单位按照审计要求,将不符合审计软件读取要求的数据转换成审计软件能够读取的格式提供给审计人员。③通过 ODBC 接口采集。通过 ODBC 接口采集数据是指审计人员通过 ODBC 数据访问接口直接访问被审计单位信息系统中的数据,将数据转换成审计所需要的格式。

建立审计项目后,审计人员需要进行审计前的数据准备工作,包括数据采集、数据转换等,以帮助审计人员在执行具体审计实施工作前,将被审计单位拟审计的数据对象导入审计项目中。

1. 数据采集

审计人员在采集被审计单位的财务数据之前，首先要了解被审计单位所使用财务软件的类型，是单机版还是网络版，以及相应的数据库类型，以便选用合适的数据采集工具。利用"数据准备"中的"数据采集"工具，可以采集被审计单位拟审计的数据。

①单击【数据准备】→【数据采集】，打开数据采集窗口，如图 9-13 所示。单击"是"按钮，程序将自动扫描当前机器安装的财务软件。

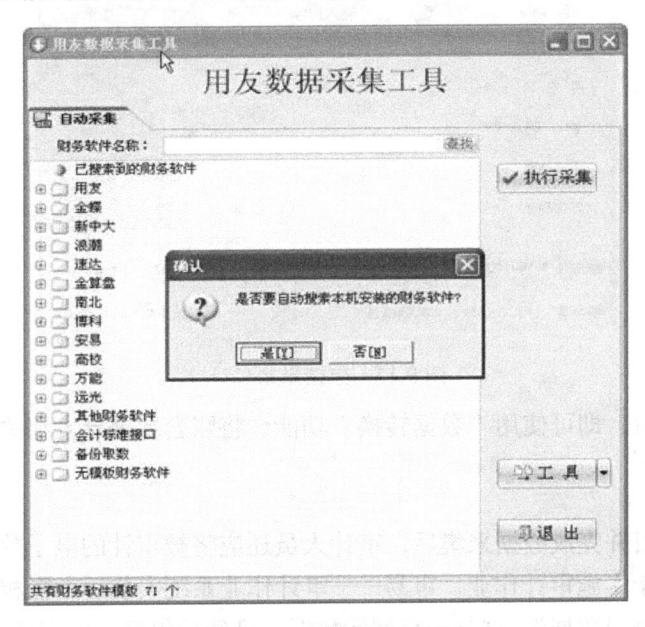

图 9-13　数据采集工具

② 扫描结束后，在"已搜索到的软件"列表里将列示出自动识别出的财务软件，如图 9-14 所示。

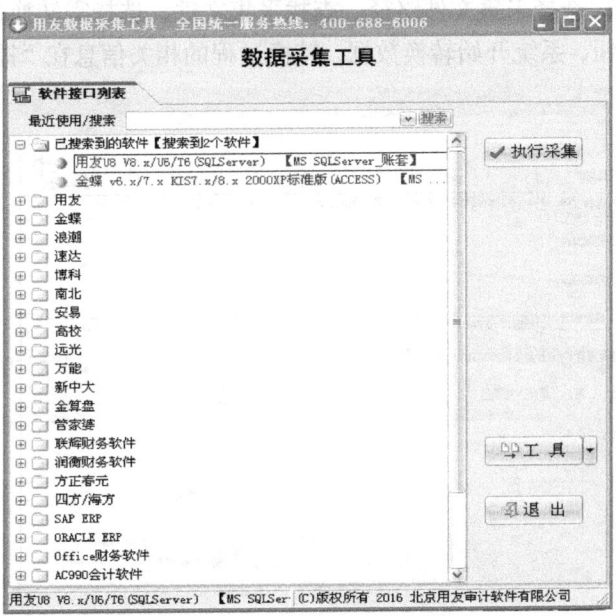

图 9-14　数据采集（一）

③ 选定已搜索到的用友 U8.X(SQL Server)财务软件，单击"执行采集"按钮，弹出账套列表及年度列表窗口，如图 9-15 所示。选定数据库类别、拟采集的账套数据和年度，选择采集数据存放的目录，单击"开始采集"按钮，开始采集数据。

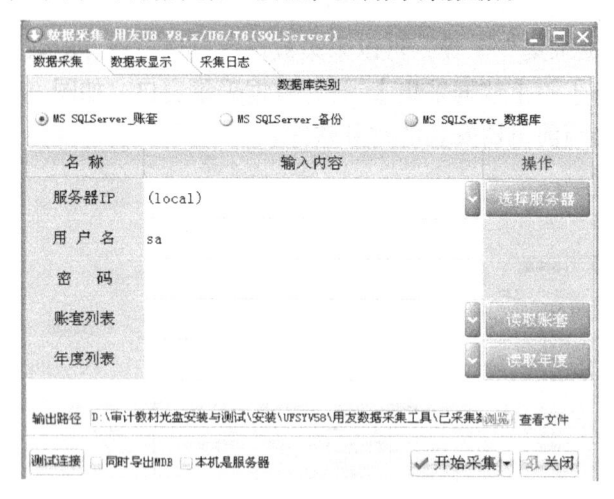

图 9-15　数据采集（二）

数据采集完成后，即可使用"数据转换"功能，将账套数据导入相关项目中。

2. 数据转换

建立好审计项目并完成数据采集后，审计人员还应将被审计的电子数据转换为审计软件的数据格式，以便于实施审计作业。审易——审计作业系统安装后，在相应目录下有一个演示数据文件"五金公司数据"，这是一套演示数据，已经采集好，可直接用于数据转换。

① 打开项目，例如进入"五金公司 20090101 20091231"项目。

② 单击【数据准备】→【数据转换】，打开"数据转换系统"窗口，如图 9-16 所示。单击"选择文件"按钮，选择采集文件路径，查找采集文件，选择需转换数据的项目和单位，单击"开始转换"按钮，系统开始转换数据，转换过程的相关信息在"提示信息"栏中显示。

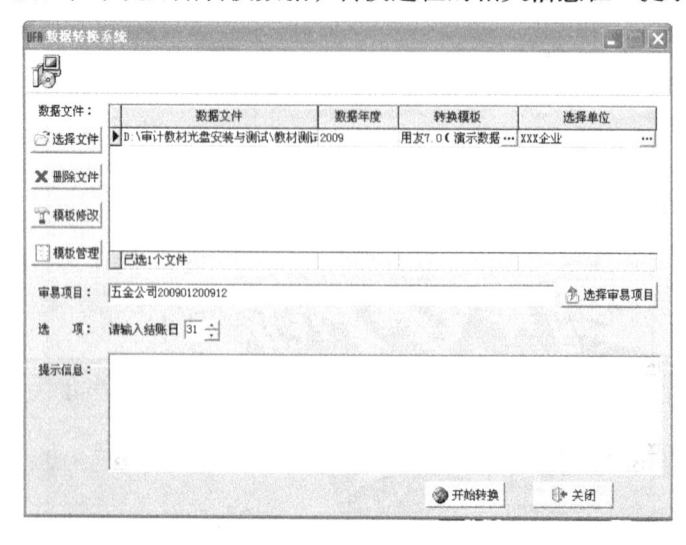

图 9-16　数据转换

9.3.4 管理审计工作底稿

审计工作底稿是审计证据的载体，它是审计人员在审计过程中形成的审计工作记录和获取的资料。审计工作底稿可以以纸质、电子或其他介质形式存在。随着信息技术的广泛运用，审计工作底稿的形式从传统的纸质形式扩展到电子或其他介质形式。

1. 审计工作底稿管理平台

审计作业系统为编制和管理审计工作底稿提供了丰富的工具，涉及审计工作底稿的添加和删除、导入和导出、设置取数公式、底稿编辑、复核与归案等，通过审计工作底稿管理平台提供的相应功能来实现，图9-17为审计工作底稿管理平台。

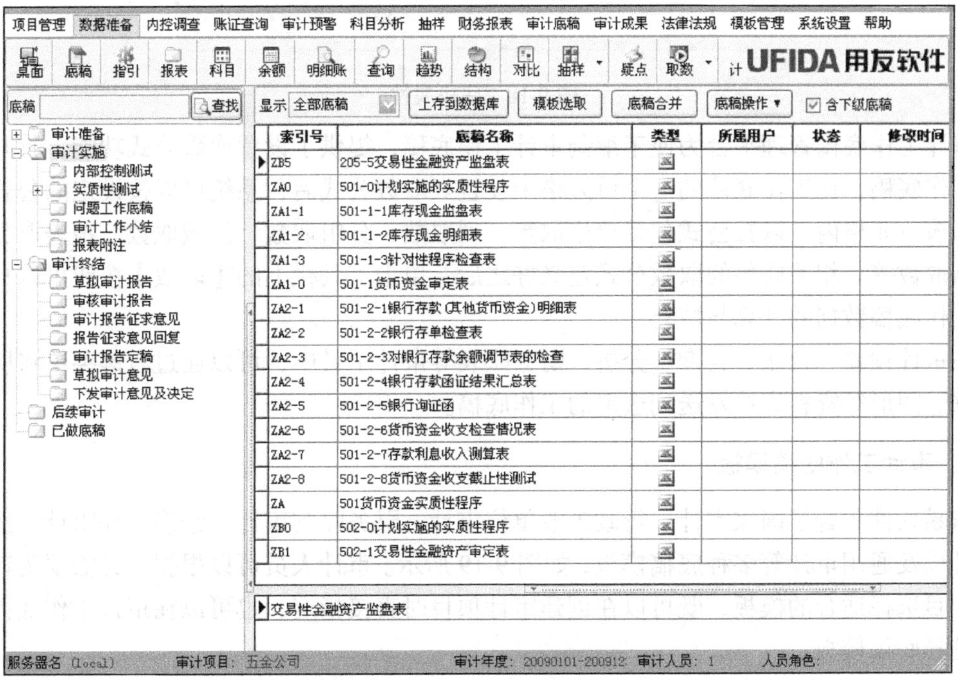

图9-17 审计工作底稿管理平台

在审计工作底稿管理平台，对工作底稿的操作主要有复制底稿名称，修改底稿属性，添加新底稿，打开或删除已有底稿，导入和导出底稿。其中，导入、导出工具有助于实现工作底稿的共享与复用。

打开"底稿属性"窗口，如图9-18所示，项目管理员不仅可以浏览或设置工作底稿的属性，还可以对工作底稿进行授权，控制底稿的删除或修改等访问权限。底稿授权分为完全控制和只读两种，完全控制可以进行删除底稿、编辑底稿属性、浏览底稿、编辑底稿等所有操作，只读则只可以浏览底稿。

一张工作底稿同时只能有一个审计人员进行编辑。在审计项目组的网络环境下，审计人员在底稿平台中，选择一张底稿或直接双击打开了一张底稿之后，该底稿就处于"签出"状态。审计人员完成工作底稿的编辑后，应当在底稿平台中单击【上存到数据库】按钮，及时将完成后的工作底稿上传到服务器，该底稿即处于"签入"状态，完成底稿的提交。

图 9-18 底稿属性

审计工作底稿管理平台为便于编制审计工作底稿,提供了设置取数公式功能,打开一张审计工作底稿,在工作底稿的一个单元格中设置好取数公式后,系统可以按设定的公式自动取数到该单元格内。取数公式包括单格取数、列取数、分组取数、区域取数、报表取数、其他单格取数等。相关底稿的取数公式定义好之后,单击工具栏上的【取数】按钮可以自动完成对工作底稿数据的计算与填充。

在审计预警、查账、查询、分析、财务账表等审计工具中,可以通过右键菜单将所获取的数据、图形等资料直接发送到选定的工作底稿。

2. 审计工作底稿模板

审易软件预置了国家审计、行政事业单位审计、财务收支审计、经济责任审计、经济效益审计以及通用审计等多种底稿模板,如图 9-19 所示。审计人员可以根据审计需要为特定的审计项目选择适合的模板,既可以在创建审计项目时直接指定,也可以在审计工作底稿管理平台选择底稿模板。

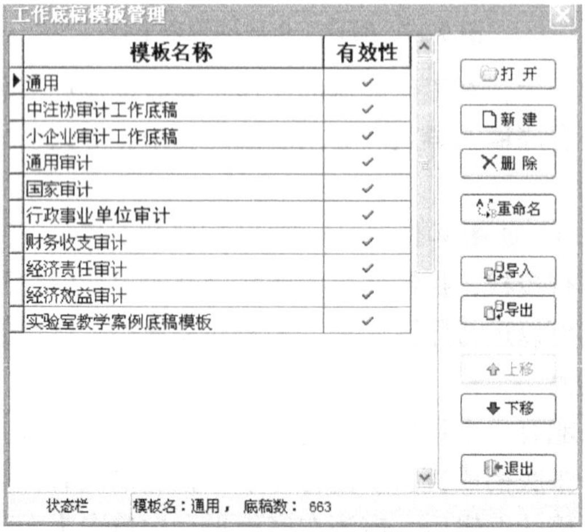

图 9-19 工作底稿模板管理

综上所述，审计作业系统配备了较为全面的数据采集工具，针对不同行业的审计特点预置了数据转换模板、工作底稿模板、审计报告模板等，通过模板管理和制作工具来支持特定用户的个性化应用。

9.4 审计实施阶段的应用

在审计实施过程中，按照风险导向审计思想和方法的要求，审计人员必须了解被审计单位及其环境，包括内部控制，以充分识别和评估财务报表重大错报的风险，根据风险评估结果确定审计重点，并针对评估的重大错报风险设计和实施控制测试与实质性程序，最终将审计风险降低到可接受的水平。控制测试包括对内部控制的了解、描述、设计测试和执行测试，以评价内部控制的有效性。实质性程序是对各业务循环所进行的审计，包括对交易和事项、账户余额、财务报表的列报与披露的细节测试和实质性程序，以发现认定层次的重大错报。在审计实施阶段，审计人员可以运用审计抽样和审计技术方法对相关业务活动和数据资料进行审查，以获取充分适当的审计证据，编制审计记录，形成审计工作底稿。

9.4.1 内部控制测试与评价

对于被审计单位内部控制的研究与评价可以分为三个步骤：第一，了解被审计单位的内部控制情况，做出相应的记录；第二，实施控制测试程序，证实有关内部控制的设计和执行的效果；第三，评价被审计单位的内部控制。

1. 了解与记录内部控制

信息技术环境下的内部控制分为业务控制和信息系统的控制。对于业务控制的了解，通常是将企业经济业务分成若干个业务循环，再了解各循环的内部控制并进行相应记录。对于信息系统的控制了解，可以从信息系统管理和应用的角度将其分为一般控制和应用控制，再了解各项一般控制和应用控制并进行相应的记录。

了解内部控制的程序主要有：①询问被审计单位管理层和对财务报告负有责任的人员，以及其他相关人员；②检查内部控制生成的文件和记录；③观察被审计单位的业务活动和内部控制的运行情况；④追踪交易在信息系统中的处理过程，即进行"穿行测试"。

对于了解到的被审计单位内部控制情况，审计人员应将其记录在工作底稿上，记录的方法主要有：调查表、文字表述和流程图。在审计作业系统的工作底稿编制平台，通常都提供了常用的调查表，例如，图9-20为固定资产内部控制调查表，可供审计人员使用。在执行审计工作时，审计人员可以利用审计工作底稿管理平台把所了解到的被审计单位的内部控制情况记录在工作底稿上。

2. 控制测试与评价

内部控制测试是为了确定内部控制的设计是否合理和执行是否有效而实施的审计程序，包括控制设计测试和控制执行测试两个方面。在对内部控制进行测试之后，要对各项内部控制是否健全、有效做出评价，根据控制测试执行结果，审计人员通过合理判断，可以确定内部控制制度在哪些方面控制严格，能够发挥其作用，哪些方面控制不足或存在缺陷。针对识别出的控制薄弱环节，应进行深入研究与分析，提出完善内部控制的建议。

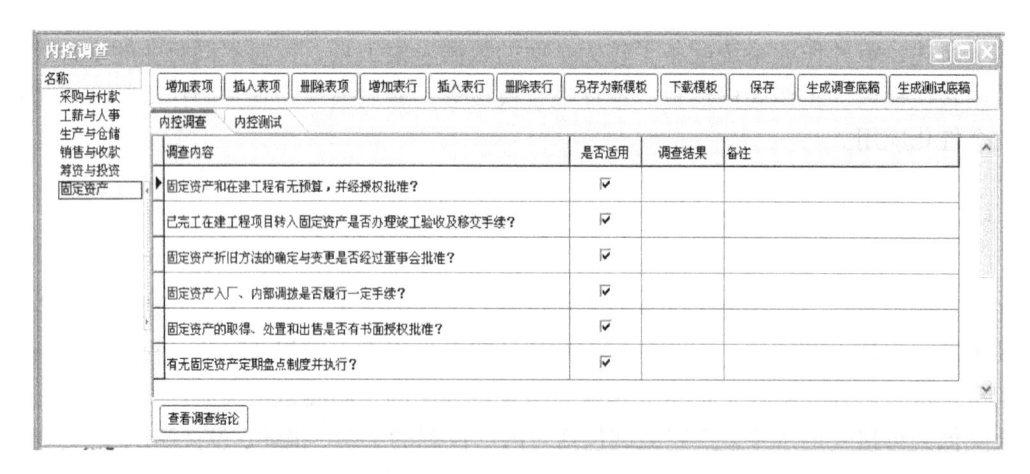

图 9-20　内部控制调查示例

在被审计单位实现信息化的情况下，其内部控制既包括人工实施的控制，又包括由计算机程序实施的控制，因此，单纯依靠传统的控制测试方法无法胜任该项工作，还必须采用计算机辅助审计技术，才能对被审计单位的内部控制进行全面测试。

审计作业系统的内控测评功能是为审计人员提供的一个内部控制测试评价工具，该功能可以通过评价计分的方法对被审计单位的内部控制设计和执行情况进行测试和评价，并生成相应审计工作底稿。内控测试工具内嵌入相应的内控测试模板，如图 9-21 所示，模板框架内容包括测试目标、弱点分析、内控测试方法等。审计人员根据实际工作需要和审计经验可增减测试模板内容，模板可自由维护。

图 9-21　内控测试工作底稿模板示例

在审计工作中，审计人员可以应用内控测试工具嵌入的内部控制测试工作底稿模板，针对每项内部控制测试的目标，采用相应的内部控制测试方法，进行控制测试。根据被审计单位内部控制调查情况，填写内部控制测试记录，生成内部控制测试审计工作底稿。

9.4.2 审计测试与分析

审计作业系统提供了丰富的审计工具,包括审计查询、审计抽样、审计检查、审计分析等多种查询、检查与分析工具。在审计实施过程中,审计人员进行审计测试时,利用审计作业系统可以实现审计查询、检查、分析、计算等工作的自动化,以提高审计工作效率,获取充分有效的审计证据。

1. 审计查询

(1) 账证查询

审计作业系统提供的账证查询工具包括科目余额表、明细账、日记账和凭证查询等功能。

利用科目余额表查询工具,可以查询统计各级科目的本期发生额、累计发生额和余额等,输出某月或某几个月的所有总账科目或明细科目的期初余额、本期发生额、累计发生额、期末余额,在实行电子记账后,科目余额表可以代替总账。在审计作业系统中,利用余额表查询功能,除了查看科目余额,还可以通过双击科目余额表中的科目名称,进入该科目的查账窗口,实现从余额表到明细账到记账凭证的穿透查询。通过右键菜单功能,可以进一步处理查询结果,如调整显示方式、排序、另存为中间库、发送至底稿、发送关图形、发送到疑点平台等。

利用明细账查询功能,可以查看任何一个科目的明细账,利用日记账查询功能可以查看日记账。

在审计过程中,审计人员具有从各个角度对凭证进行查询的要求,审计作业系统提供了凭证快速查询、凭证高级查询、凭证多年查询等功能。其中,凭证高级查询功能提供了诸多的查询条件以及条件的任意组合,确保审计人员对某一具体业务的多角度查询,从而找到相应的凭证,为实现有针对性的分析奠定基础。

(2) 综合查询

综合查询是通过单条件或多条件组合,实现审计人员对数据库包括凭证库、科目库、年初数、分类账、明细账等的查询。通常查询条件包括"象、含、=、>、>=、<、<=、<>、长度、区间、月份、级次、PPS、不象、含、空、不空"等。这里主要对以下查询条件进行说明。

"象"是指查询以什么字段开头的记录,如需从凭证中查询现金一级及其明细,则可让条件显示为"科目编号象 1001",这时查询的结果可能包括 100101、100102 科目等,但严格遵循以"1001"开头。

"含"是指查询包含某一字段内容的记录,其意思是只要包含这一内容的记录都能查询出来,而不管这一内容是处在字段的开头、结尾,还是中间。这个条件一般用在摘要查询中,如要查询凭证中包含"报销"字样的凭证,可让条件显示为"摘要含报销"。

"级次"是指根据科目级次做查询,如需从分类账中查询银行存款科目的二级明细,则可让条件显示为"科目编号象 1002,and 科目编号 级次 2"。

"PPS"是指 PPS 抽样。在本章 9.4.3 中将会涉及 PPS 抽样。

"不象"是指查询不以什么字段开头的记录。

"不含"是指查询不包含某一内容的记录。

"空"是指查询某一字段内容为空的记录。如要查询凭证中没有记录摘要的凭证,可让条件显示为"摘要空",这时在"值"下的框中不需任何内容。

"不空"是指查询某一字段内容不空的记录。

在审计过程中，审计人员可以根据实际需求，利用审计作业系统的综合查询功能，通过设置查询条件进行综合查询，将所查询的结果存储到中间库、疑点库或工作底稿中。

2. 审计预警

在审计实施阶段，进行审计测试时，可以将已经积累的经验和方法形成审计模型，融入审计预警功能。审计预警功能可设置多类审计模型，如分录检查模型、账户分析模型和综合查询模型等，如图 9-22 所示。其意义在于一方面可以复用已有的经验与方法，提高审计工作效率和工作质量；另一方面，通过不断地积累、复用、共享审计经验，提高审计团队的整体水平。在审计过程中，审计人员可以调用相应的审计模型，对被审计单位的数据进行自动审计预警，并可通过设置将自动审计预警发现的疑点发送至审计疑点库中，以供进一步审查、分析与落实。

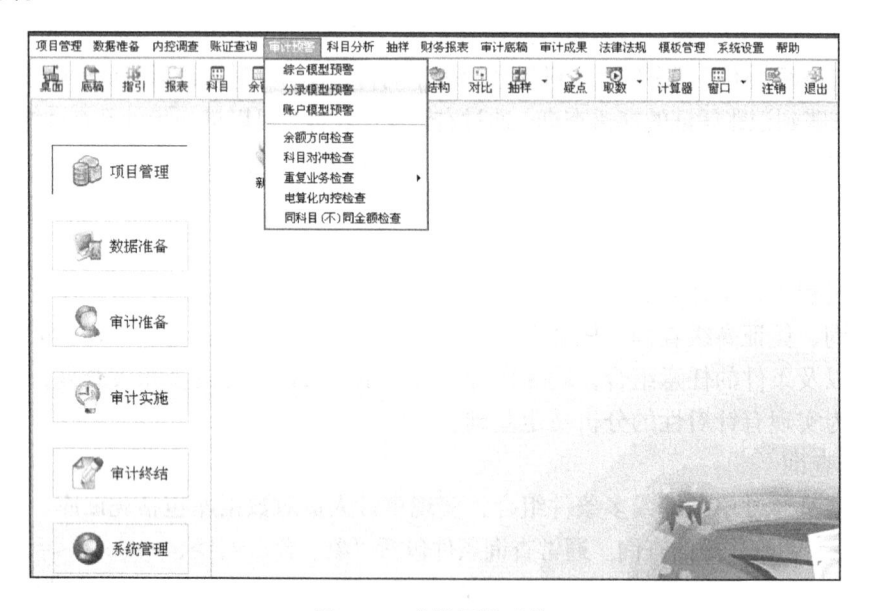

图 9-22 审计预警功能

(1) 分录检查模型与审计预警

分录检查模型通过定制异常分录对应关系，将不符合会计处理常规的分录存储为模型，并调用执行，起到预警的作用。

(2) 账户分析模型与审计预警

账户分析模型通过定制指定账户的余额、发生额波动比率，将设定条件存储为模型，可将账户余额或发生额波动过大的月份筛选出来，起到预警的作用。

(3) 综合查询模型与审计预警

综合查询模型可将审计人员日常运用的综合查询方法存储为模型，在执行时，可将符合条件的数据筛选出来，筛选结果常表现为审计重点或疑点，起到预警作用。

3. 审计分析

审计作业系统的审计分析工具主要有：科目趋势分析、科目结构分析、科目对比分析、对方科目分析、摘要汇总分析和财务报表分析等。审计人员在进行审计测试时，可以应用审计分析工具，通过审计分析，寻找审计线索或疑点。

(1) 科目趋势分析

科目趋势分析可以展示选定科目在多个期间内的数据变化情况，审计人员可以根据会计科目的类别，选择数据分析选项，可以是"期末余额""发生额"或是"累计发生额"。科目趋势分析可以用两种形式展现：其一为直观的图表形式，趋势分析多用线形图展示，审计人员也可设置其他类别图形；其二为数据表形式，列示出选定科目在各期的数据及增减率情况。通过科目趋势分析，可以帮助审计人员发现审计线索。科目趋势分析功能支持对多科目数据变化情况进行联动分析，审计人员可以选取多个会计科目进行联动分析。在审计作业系统主界面，单击【科目分析】→【科目趋势分析】，打开"科目趋势分析"窗口，如图 9-23 所示，以选取"主营业务收入""主营业务成本"为例，设置好科目方向及数据内容后，单击"分析"按钮，可对比查看关联科目的趋势变动情况。从对比情况曲线可以看出，2009 年被审计单位的主营业务收入与主营业务成本变化趋势基本一致，但 12 月份的主营业务成本上升幅度较大，应进一步查证。

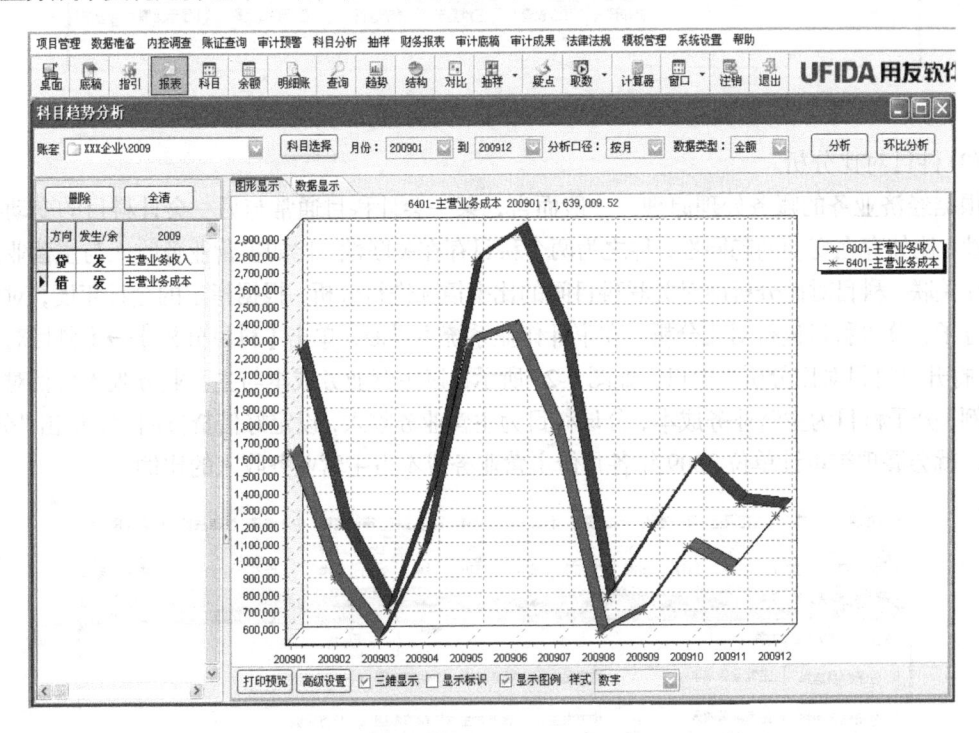

图 9-23　主营业务收入与主营业务成本对比曲线

(2) 科目结构分析

科目结构分析可以分析与展示选定科目在指定月份明细项目的构成情况，审计人员可以根据会计科目的类别，选择数据分析选项，可以是"期末余额""发生额"或"累计发生额"。结构分析可以用两种形式展现：一为直观的图表形式，结构分析多用饼图展示，审计人员也可以设置其他类别图形；二为数据表形式，列示出选定科目在会计期间内的数值及占总体比率的情况。在审计作业系统主界面，单击【科目分析】→【科目结构分析】，打开"科目结构分析"窗口，如图 9-24 所示，以制造费用科目结构分析为例，可以看出被审计单位 2009 年的制造费用主要包括加工费、折旧费、机物料费、修理费等。

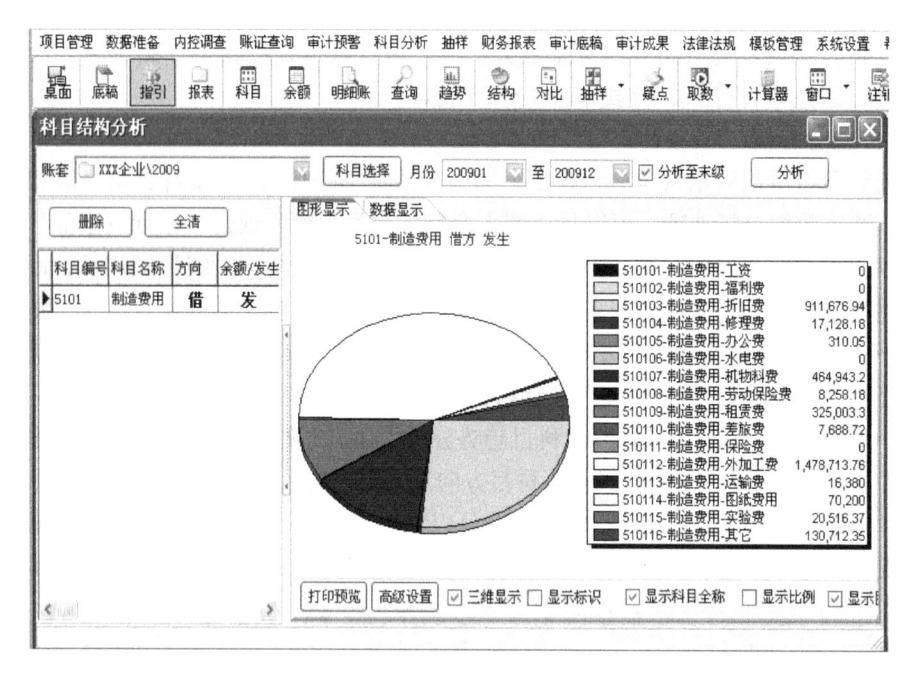

图 9-24　科目结构分析

(3)科目对比分析

根据经济业务的账务处理原理，一般而言，某一会计科目通常与另一会计科目的变动存在规律性，比如存在变动的趋同性，称之为两个科目存在关联性，比如主营业务收入与主营业务成本存在关联。科目对比分析即对关联科目间的比率情况进行分析，根据指定的会计年度，对所选择的分子、分母科目进行对比分析。在审计作业系统主界面，单击【科目分析】→【科目对比分析】，打开"科目对比分析"窗口，如图 9-25 所示，以主营业务成本与主营业务收入科目对比分析为例，分子科目为主营业务成本，分母科目为主营业务收入，设定好借贷方向后，单击"分析"按钮，就会展现被审计单位 2009 年各月份主营业务成本占主营业务收入的比例。

图 9-25　科目对比分析

(4) 对方科目分析

对方科目分析可以对选定科目的对方科目构成情况进行分析，根据对方科目的构成情况，审计人员可以分析与选定科目相关的账务处理结果，并进一步分析经济业务的发生情况，了解经济业务的来龙去脉，突出审计重点，节约审计时间，提高审计工作效率。图 9-26 是以“银行存款”为例进行的对方科目分析，对方科目分析结果包括发生金额及比例，可以看出导致银行存款增加的对方科目涉及预收账款、应收账款、其他业务收入等，审计人员可以大致掌握全年“银行存款”流入的来源方向，还可双击对方科目查看分录明细，以突出重点进行审查。

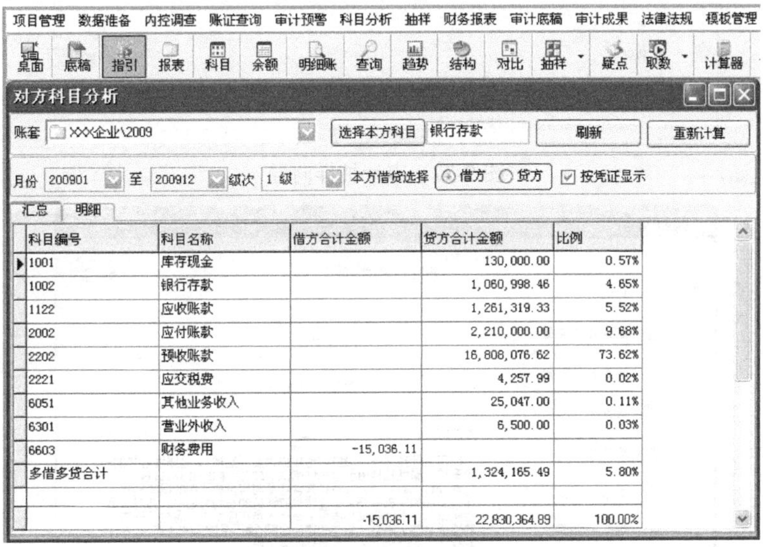

科目编号	科目名称	借方合计金额	贷方合计金额	比例
1001	库存现金		130,000.00	0.57%
1002	银行存款		1,060,998.46	4.65%
1122	应收账款		1,261,319.33	5.52%
2002	应付账款		2,210,000.00	9.68%
2202	预收账款		16,808,076.62	73.62%
2221	应交税费		4,257.99	0.02%
6051	其他业务收入		25,047.00	0.11%
6301	营业外收入		6,500.00	0.03%
6603	财务费用	-15,036.11		
多借多贷合计			1,324,165.49	5.80%
		-15,036.11	22,830,364.89	100.00%

图 9-26　对方科目分析

审计作业系统还提供了报表分析功能，主要包括报表趋势分析、报表结构分析和经济指标分析，分析结果可以为审计人员了解被审计单位财务状况和经营情况提供支持。

9.4.3　审计测试中抽样技术的应用

审计抽样是在实施审计程序时，从审计对象总体中选取一定数量的样本进行测试，并根据测试的结果，推断审计对象总体特征的一种方法。

1. 审计抽样工具

审计软件中提供的审计抽样工具，可以帮助审计人员迅速、高效地检验和计算数据量大的数据和会计事项。审计抽样工具中提供了固定样本量抽样、停走抽样、发现抽样、PPS 抽样、任意抽样等抽样方式。可以在抽样向导指引下进行审计抽样，如图 9-27 所示。

① 选择抽样类型。在审计抽样向导指引下，承图 9-27，单击“下一步”，弹出“选择抽样类型”窗口，选择抽样类型，如图 9-28 所示，抽样类型包括 PPS 抽样、固定样本量抽样、停走抽样、发现抽样。

② 设置抽样条件。选择抽样类型后，依次选择抽样账套、抽样库表、抽样字段，按照操作向导一直执行“下一步”，弹出“设置抽样条件”窗口，依次设置抽样条件，如图 9-29、图 9-30、图 9-31 所示。

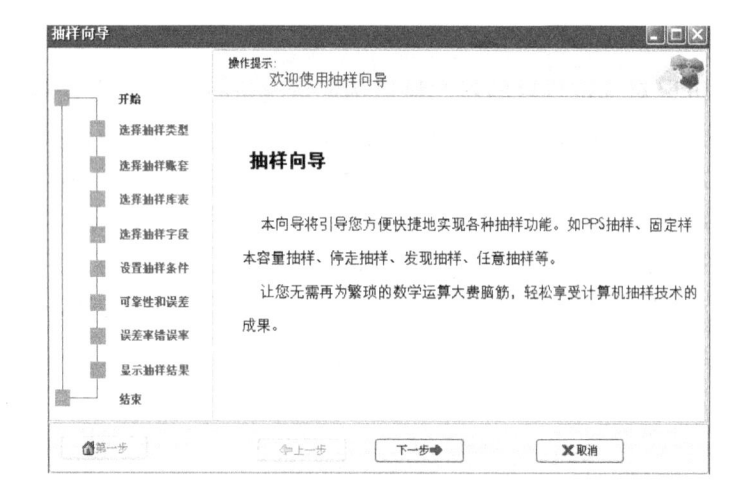

图 9-27 审计抽样向导

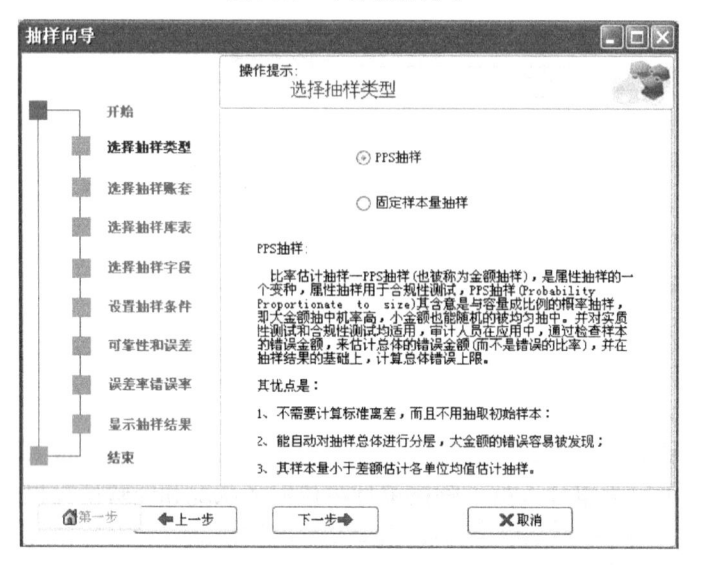

图 9-28 选择抽样类型

图 9-29 设置抽样条件(一)

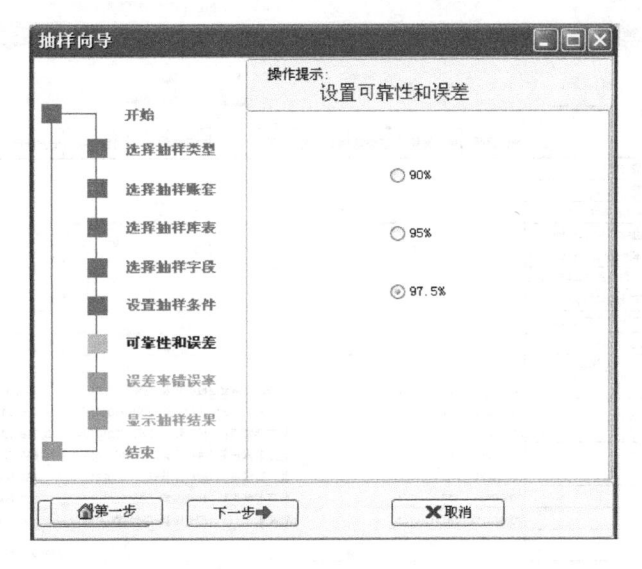

图 9-30 设置抽样条件(二)

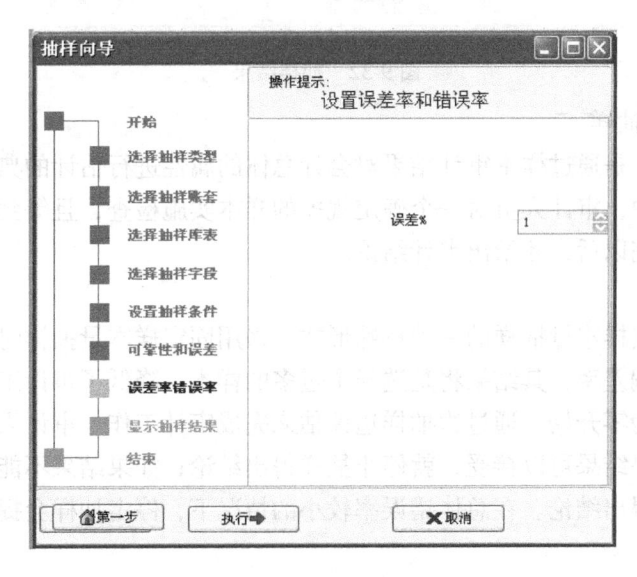

图 9-31 设置抽样条件(三)

③ 显示抽样结果。设置好抽样条件后,按照操作向导一直执行"下一步",直到单击"执行"按钮,显示抽样结果,如图 9-32 所示。

2. 审计软件提供的抽样方法

(1) PPS 抽样

PPS(Probability Proportion to Size)抽样是国际审计界最流行的一种审计方法,其核心是通过一定审计样本的选定来组织实施审计,以客观完成审计目标,样本的选取排除了主观人为的影响,力求客观公允,实现审计风险与样本选取数量、审计成本的相对均衡。PPS 抽样是一种运用属性抽样原理对货币金额而不是对发生率得出结论的统计抽样方法。PPS 抽样只能对数值型字段起作用,对字符型字段无效。PPS 代表样本和容量成比例的概率抽样,其特点是面值越大,抽中的概率越大,面值小的样本也抽取,概率较小。因此,能够尽量让审计人员规避风险。

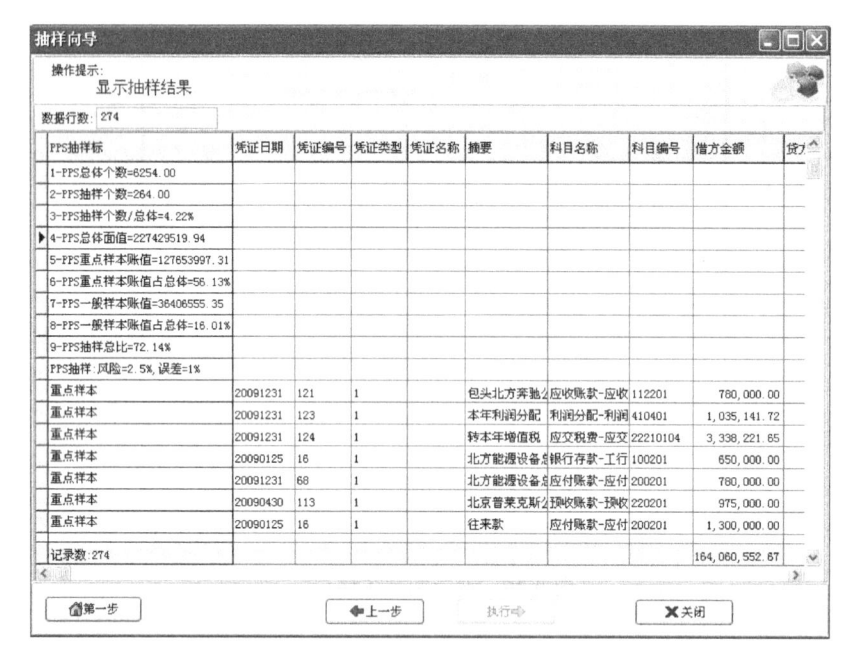

图 9-32 抽样结果

(2) 固定样本量抽样

固定样本量抽样是通过样本审计结果对会计总体的属性进行估计的典型抽样审计方法。在固定样本量抽样中，审计人员对一个确定规模的样本实施检查，且等到某一确定规模的样本全部选取、审查完以后，才给出审计结论。

(3) 停走抽样

停走抽样是固定样本量抽样的一种特殊形式。采用固定样本量抽样时，如果预计总体偏差率大大高于实际偏差率，其结果将是选择了过多的样本，降低了审计工作效率。停走抽样从预计总体偏差率为零开始，通过边抽样边评估来完成审计工作。审计人员先抽取一定量的样本进行审查，如果结果可以接受，就停止抽样得出结论；如果结果不能接受，就扩大样本量继续审查，直到得出结论。在总体错误率较小的情况下，停走抽样会提高审计工作效率。

(4) 发现抽样

发现抽样是固定样本量抽样的另一种特殊形式，与固定样本量抽样的不同之处在于发现抽样将预计总体偏差率直接定为零，并根据可接受信赖过度风险和可容忍偏差率一起确定样本量。在对选出的样本进行审查时，一旦发现一个偏差就立即停止抽样。如果在样本中没有发现偏差，则可以得出总体可以接受的结论。发现抽样适合于查找重大舞弊或非法行为。

综上所述，在审计实施过程中，审计人员可以应用审计作业系统所提供的查询、检查与分析功能，审查与分析被审计单位各项数据资料，执行审计测试，进行审计分析，形成相应的审计工作底稿，获取充分有效的审计证据。

9.5 审计终结阶段的应用

审计人员完成各项审计测试后，进入审计终结阶段，该阶段的主要工作包括审计工作底稿复核、审计成果汇总、审计报告编制和审计档案归档。

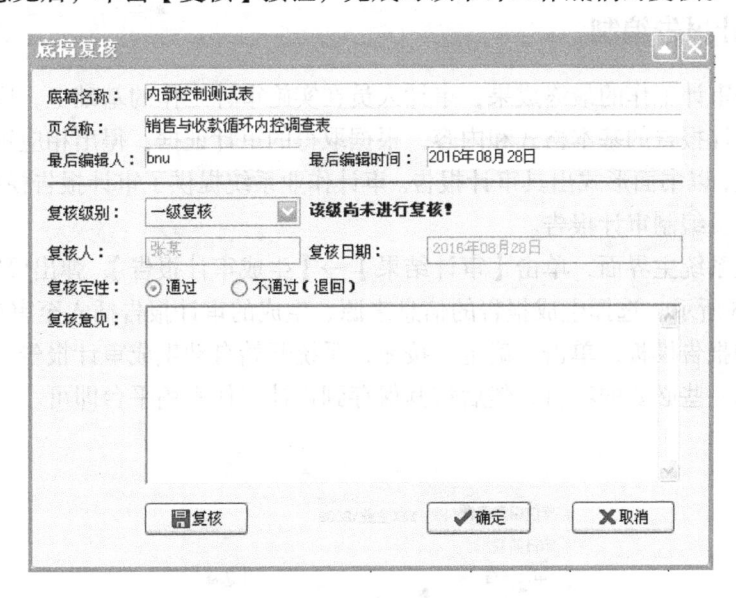

9.5.1 审计工作底稿复核

审计工作底稿复核是审计实施过程中一个重要的环节。为保证审计工作质量，降低审计风险，审计项目负责人要对审计人员完成的审计工作底稿进行汇总、复核，检查审计人员是否按照审计方案妥善完成了审计工作，所记录的审计工作底稿与审计结果是否充分、恰当，是否实现了预期的审计目标。

审计工作底稿复核功能由系统管理员在"综合设置"窗口中启用，启用底稿复核功能后，审计人员就可以在底稿管理平台分类查看"已复核""未复核"的审计工作底稿。底稿管理平台设有与底稿复核有关的功能，包括进行复核、查看复核信息、撤销复核等。

在执行审计工作底稿复核工作时，由具有复核权限的复核人员打开项目，进入审计底稿编制平台，选择审计工作底稿后，单击【进行复核】按钮，打开如图 9-33 所示的底稿复核窗口，填写复核意见后，单击【复核】按钮，完成对该审计工作底稿的复核。

图 9-33　审计工作底稿复核

9.5.2 审计结果汇总

为了对审计项目的审计过程进行统计和汇总分析，审计作业系统通常提供审计成果汇总平台，用以详细记录审计过程中发现的审计问题。审计汇总平台中的审计问题可以由审计人员根据审计中发现的问题录入系统，也可以由审计工作底稿自动生成。采用录入方式是指在审计终结阶段，审计人员根据审计中发现的问题，在"统计项目明细表"中直接录入新的"审计问题"。采用自动生成方式是指审计人员在编制完成审计工作底稿后，系统会自动将工作底稿反映的内容，按审计问题类型进行统计。

在审计作业系统主界面，单击【审计结果】→【审计结果统计】，弹出"审计成果统计"窗口，单击【汇总表】按钮，生成审计成果统计汇总表，如图 9-34 所示，可以展示审计问题明细表的汇总结果。选定相关的汇总结果，单击【明细分录】按钮，还可以查看该汇总项目的统计明细。

图 9-34 审计成果汇总

9.5.3 审计报告编制

审计报告是审计工作的最终成果，审计人员在实施审计工作的基础上，应按照审计报告的质量要求、审计报告的基本格式和内容，根据取得的审计证据，得出相应审计结论，清晰地表达审计意见，以书面形式出具审计报告。审计作业系统提供了审计报告模板和编制工具，可以辅助审计人员编制审计报告。

在审计作业系统主界面，单击【审计结果】→【生成审计报告】，弹出"审计报告素材"窗口，如图 9-35 所示。选择生成报告的信息来源、生成的审计报告插入至审计阶段的位置、生成素材方式和报告模板，单击"确定"按钮，系统开始自动生成审计报告，在生成的审计报告中手工填写一些必要的项目，然后将其保存到审计工作底稿平台即可。

图 9-35 审计报告生成

9.5.4 审计工作底稿归档

审计工作底稿是审计人员工作轨迹的载体，也是审计部门重要的工作资料，应按照审计质量控制和程序的规定，将审计工作底稿归整为最终审计档案，妥善管理，以保证审计工作档案的安全与完整。

审计项目结束前，审计人员应将已完成并已复核的审计工作底稿，按照实际工作流程对审计工作底稿进行归档。在审计作业系统中，底稿归档功能可以辅助审计人员执行审计工作底稿归档工作。审计工作底稿归档后，所有审计作业工作均已结束，因此，归档后的审计工作底稿只能浏览，不能编辑。

审计工作底稿包括纸质底稿和电子底稿，对于电子底稿的归档，可以从审计作业系统中导出，也可以利用审计管理系统实现对审计档案的上交和管理工作。

知 识 扩 展

1. 国际内部审计师协会(Institute of Internal Auditors，IIA)发布了全球技术审计指南(Global Technology Audit Guide，GTAG)

全球技术审计指南为首席审计执行官和审计主管人员提供了有关信息技术管理、控制和安全方面最为及时的指导。在指南中，IT控制分为一般控制和应用控制，同时为了更好地评估角色和责任，将IT控制分为三个层次：治理控制、管理控制和技术控制。国际内部审计师协会发布的全球技术审计指南——《数据分析技术》中重点分析了面向数据的CAATs(Computer Assisted Audit Technologies)在审计数据分析中的应用。

2. 企业内部控制审计指引

为了促进企业建立、实施和评价内部控制，规范会计师事务所内部控制审计行为，根据国家有关法律法规和《企业内部控制基本规范》，财政部会同证监会、审计署、银监会、保监会制定了《企业内部控制审计指引》，2010年4月15日发布，自2011年1月1日起实施。该指引的主要内容包括计划审计工作、实施审计工作、评价控制缺陷、完成审计工作、出具审计报告、记录审计工作以及内部控制审计报告的参考格式。

有关《企业内部控制审计指引》，请登录 kjs.mof.gov.cn/查询。

思 考 题

1. 阐述审计作业系统应用模式与应用流程。
2. 审计作业系统有哪些基本功能？
3. 理解数据采集与数据转换的含义。
4. 以某一上市公司年报审计为例，评估审计风险与制订审计计划。
5. 编制审计工作底稿的目的是什么？审计工作底稿的要素有哪些？
6. 了解目前市场上流行的审计作业软件，比较其有何不同。

应用操作题

1. 系统设置
(1) 部门设置

A公司审计部设有以下部门：审计综合办公室、审计一部、审计二部和审计三部。根据上述资料，利用审计软件的部门设置功能定义部门信息。

(2) 用户管理

A 公司审计部人员信息如下：

姓名	所属部门	职务	角色
张明	审计一部	组长	用户
李娜	审计一部	科员	用户
陈新	审计一部	科员	用户
王华	审计二部	组长	用户
高兴	审计二部	科员	用户

根据上述资料，利用审计软件的用户管理功能进行人员设置。

(3) 综合设置——底稿复核

底稿复核设置信息如下：启用底稿、允许最高复核级别为三级、选择按序复核、允许补充复核、允许撤销复核相应参数。

根据上述资料，利用审计软件的"综合设置——底稿复核"功能，进行审计底稿复核设置。

2. 新建项目

审计部门按照 2008 年整体工作部署，拟对五金公司 2008 年财务收支情况进行审计，张明为审计组长，负责的工作有：建立审计项目、确定审计小组成员、进行人员分工。

根据上述资料，利用审计软件的项目管理功能，创建审计项目，确定项目组成员。

3. 数据采集与数据转换

了解用友审易数据采集功能。审易软件安装后，在相应目录演示数据文件夹中有一套演示数据"五金公司"，利用审计软件的数据转换功能，进行数据转换。

4. 审计查询与审计分析

利用审计软件，对上述采集到的审计作业系统中的五金公司的数据，进行审计查询与分析。

5. 审计工作底稿编制与复核

在审计作业系统中，利用审计工作底稿编制平台练习审计工作底稿的编制与复核。

第10章

审计信息化实务

【目标与内容】

本章目标：通过本章学习，理解货币资金、销售与收款循环、采购与付款循环、存货与仓储循环的审计目标，了解控制测试与实测性测试程序，熟练应用审计作业系统进行各项审计测试，生成审计工作底稿。

本章内容：(1) 货币资金审计；(2) 销售与收款循环审计；(3) 采购与付款循环审计；(4) 存货与仓储循环审计。

在理解审计作业系统的应用模式、应用流程和主要功能的基础上，本章将着重讲述货币资金审计、销售与收款循环审计、采购与付款循环审计、存货与仓储循环审计。应用用友审易——审计作业系统，以五金公司2009年度的财务审计为例，展示如何了解、测试和评价被审计单位的内部控制，根据内部控制测评结果，确定实质性测试的性质、时间和范围，执行实质性测试程序，获取审计证据，编制审计工作底稿。

10.1 货币资金审计

货币资金审计过程涉及货币资金的控制测试和实质性测试程序，为有助于执行货币资金审计，首先要了解货币资金及其相关交易循环。

10.1.1 货币资金与交易循环

货币资金是企业资产的重要组成部分，是企业资产中流动性最强的一种资产。任何企业进行生产经营活动都必须拥有一定数额的货币资金，持有货币资金是企业生产经营活动的基本条件，货币资金在企业会计核算中占有重要位置。根据货币资金存放地点及用途的不同，货币资金分为库存现金、银行存款及其他货币资金。货币资金与各个交易循环直接相关，销售与收款循环、采购与付款循环、存货与仓储循环、筹资与投资循环中都有与货币资金有关的会计科目或报表项目。

10.1.2 货币资金内部控制测试

由于货币资金是企业流动性最强的资产，企业必须加强对货币资金的管理，建立良好的货币资金内部控制。货币资金内部控制测试的程序主要有：①了解内部控制。审计人员根据实际情况，通过询问、观察和内部控制调查表等调查手段收集必要的资料，了解被审计单位货币资金的内部控制，检查货币资金内部控制是否建立并严格执行。②抽取并检查收款凭证和付款凭证。为测试货币资金收款与付款的内部控制，审计人员应选取适当样本的收款凭证和付款凭证进行检查。③抽取一定期间的库存现金、银行存款日记账与总账核对。④抽取一定期间的银行存款余额调节表，检查其是否按月正确编制并经复核。⑤检查外币资金的折算方法是否符合有关规定，是否与上一年度一致。⑥评价货币资金的内部控制。在对货币资金的内部控制进行评价时，应首先确定货币资金内部控制可信赖的程度以及存在的薄弱环节，然后据以确定在货币资金实质性测试程序中对哪些环节可以适当减少审计程序，哪些环节应增加审计程序，作为重点进行检查，以减少审计风险。

1. 货币资金内部控制调查表

在审计作业系统中，审计工作底稿编制平台通常都提供了货币资金内部控制调查表，审计人员可以利用货币资金内部控制调查表，调查与了解被审计单位货币资金的内部控制。表10-1为货币资金内部控制调查表示例。

表10-1 货币资金内部控制调查表

货币资金内部控制调查		索引号				
		编号				
	调查项目	是		否	不适用	备注
		良好	薄弱			
1	银行账户(含银行汇票存款、银行本票存款、外埠存款、信用证存款、外币存款)开立是否有规定的审批手续					
2	货币资金收付业务的出纳、审核与记录的职务是否相互分开					
3	银行票据与有关印章保管的职务是否相互分开					
4	登记银行存款日记账、现金日记账、其他货币资金明细账与登记总分类账的职务是否分开					
5	记账凭证与原始凭证的核对，是否由稽核人员进行					
6	银行存款日记账与银行对账单是否及时进行核对					
7	是否按月编制银行存款余额调节表，未达账项是否得到检查					
8	外币存付款是否采用复币记账法，月末是否按规定计算汇兑损益					
9	收付凭证是否按顺序连续编号					
10	货币资金收付款业务的发生，是否经有关业务主管或领导批准，并经授权人经办					
11	出纳是否根据审核无误的会计凭证登记银行存款日记账、现金日记账和其他货币资金明细账					
12	办理结算业务后的结算凭证是否加盖"收讫"或"付讫"戳记					
13	作废支票及其他银行票据是否加盖"作废"戳记					
14	库存现金是否由出纳专门保管，出纳工作是否定期进行轮换					
15	库存现金是否在稽核人员监督下定期进行盘点					
16	是否采取措施限制非出纳人员接近现金					
17	外埠存款支用及收回是否有规定的审批手续					

2. 货币资金内部控制测试

货币资金内部控制测试是在了解被审计单位基本情况和内部控制的基础上进行的，审计作业系统的审计工作底稿管理平台，通常都提供了货币资金内部控制测试工作底稿模板，审计人员可以按照内部控制测试程序，对被审计单位货币资金的内部控制进行测试，库存现金内部控制测试程序如图10-1所示，银行存款内部控制测试程序如图10-2所示。

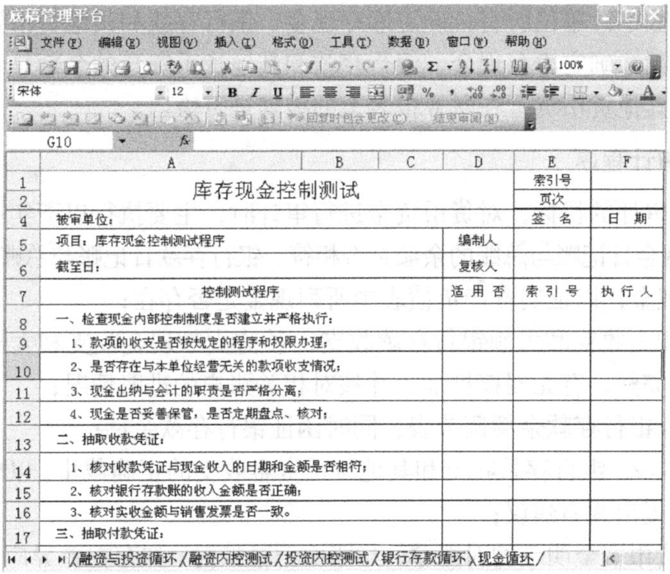

A	B	C	D	E	F
库存现金控制测试				索引号	
				页次	
被审单位:				签 名	日 期
项目：库存现金控制测试程序			编制人		
截至日:			复核人		
控制测试程序			适 用 否	索 引 号	执 行 人
一、检查现金内部控制制度是否建立并严格执行:					
1、款项的收支是否按规定的程序和权限办理;					
2、是否存在与本单位经营无关的款项收支情况;					
3、现金出纳与会计的职责是否严格分离;					
4、现金是否妥善保管，是否定期盘点、核对;					
二、抽取收款凭证:					
1、核对收款凭证与现金收入的日期和金额是否相符;					
2、核对银行存款账的收入金额是否正确;					
3、核对实收金额与销售发票是否一致。					
三、抽取付款凭证:					

图 10-1　库存现金内部控制测试程序

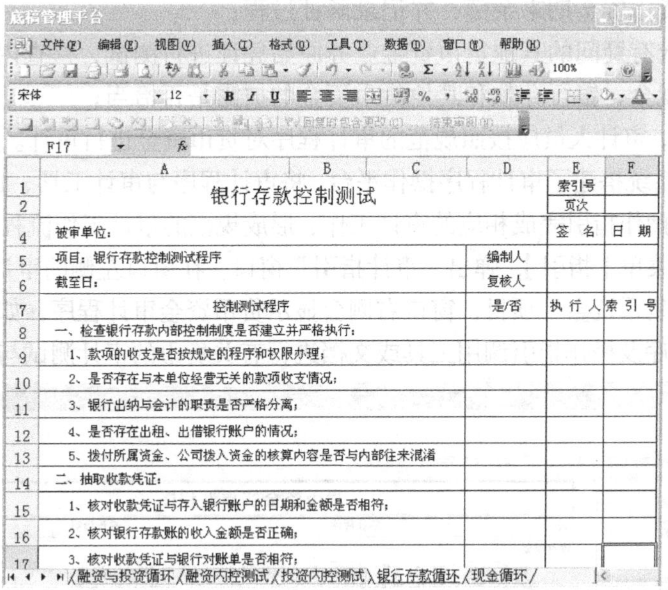

A	B	C	D	E	F
银行存款控制测试				索引号	
				页次	
被审单位:				签 名	日 期
项目：银行存款控制测试程序			编制人		
截至日:			复核人		
控制测试程序			是/否	执 行 人	索 引 号
一、检查银行存款内部控制制度是否建立并严格执行:					
1、款项的收支是否按规定的程序和权限办理;					
2、是否存在与本单位经营无关的款项收支情况;					
3、银行出纳与会计的职责是否严格分离;					
4、是否存在出租、出借银行账户的情况;					
5、拨付所属资金、公司拨入资金的核算内容是否与内部往来混淆					
二、抽取收款凭证:					
1、核对收款凭证与存入银行账户的日期和金额是否相符;					
2、核对银行存款账的收入金额是否正确;					
3、核对收款凭证与银行对账单是否相符;					

图 10-2　银行存款内部控制测试程序

在审计过程中，审计人员可以应用审计作业系统提供的内控测评工具，对被审计单位货币资金的内部控制进行测试与评价。按照上述内部控制测试程序对被审计单位现金、银行存款和其他货币资金进行控制测试后，即可对货币资金的内部控制进行评价。审计人员应首先确定货币资金内部控制的可信赖程度及存在的薄弱环节，然后据以确定在现金、银行存款和其他货币资金实质性程序中对哪些环节可以适当减少审计程序，哪些环节应增加审计程序，作为重点进行审查，以减少审计风险，获取充分有效的审计证据。

10.1.3　货币资金实质性测试

货币资金审计的目标一般包括：确定库存现金、银行存款和其他货币资金在报表日是否确实存在，是否归被审计单位所有；确定库存现金、银行存款和其他货币资金收支业务是否均已入账，有无遗漏；确定库存现金、银行存款和其他货币资金的余额是否正确；确定库存现金、银行存款和其他货币资金在财务报表上的披露是否恰当。

1. 货币资金审计程序

根据货币资金审计的目标，对货币资金进行审计时，主要执行以下实质性测试程序：

① 核对库存现金日记账与总账的余额是否相符、银行存款日记账与总账的余额是否相符；

② 监盘库存现金，以证实资产负债表中所列现金是否存在；

③ 抽取大额现金收支和大额银行存款收支，检查大额现金收支和大额银行存款收支的原始凭证内容是否完整，有无授权批准，并核对相关账户的进账情况；

④ 取得并检查银行存款余额调节表，同时函证银行存款余额；

⑤ 检查现金收支、银行存款收支和其他货币资金收支的正确截止，以确定是否存在跨期事项，是否应考虑提出调整建议；

⑥ 获取其他货币资金明细的对账单，与账面记录核对，如存在差异应查明原因，必要时应提出调整建议；

⑦ 函证其他货币资金期末余额，并记录函证过程；

⑧ 抽取大额或有疑问的其他货币资金业务原始凭证进行测试，检查内容是否完整；

⑨ 确定库存现金、银行存款和其他货币资金的披露是否恰当；

在审计过程中，审计人员应按照规范的审计程序对货币资金进行审计。为满足审计人员工作需要，审计作业系统搭建了审计程序操作平台，将审计程序与审计工具、工作底稿进行对接，以便审计人员按照操作指引完成相应的审计工作，形成规范的审计工作流程。在审计作业系统主界面，单击快捷菜单【指引】，弹出"审计指引"窗口，在窗口左侧的审计事项树型结构中，打开资产类中的"货币资金"项目，窗口右侧会显示货币资金审计程序，如图 10-3 所示。审计人员可以按照程序及操作指引调用工具或文档进行有关货币的审计测试与分析工作。

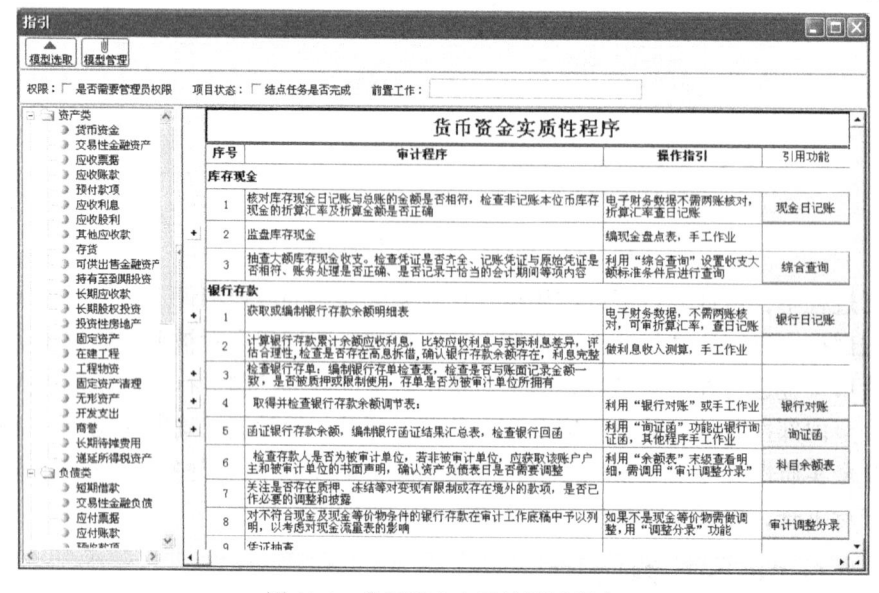

图 10-3 货币资金实质性测试程序

2. 实施审计测试

货币资金审计包括对库存现金、银行存款和其他货币资金实施审计测试，这里以库存现金审计为例执行实质性测试程序，生成相应审计工作底稿。库存现金审计程序为：①核对库存现金日记账与总账的余额是否相符；②盘点库存现金；③抽查大额现金收支；④检查现金收支的正确截止；⑤检查现金外币折算及其他程序。

(1)核对现金日记账与总账的余额是否相符

在审计作业系统主界面，单击【账证查询】→【现金日记账】，弹出“现金日记账”窗口，查看现金日记账余额。单击快捷菜单【余额】，弹出“科目余额表”窗口，选择会计科目“库存现金”，选择月份，查看库存现金总账，对现金总账和现金日记账进行核对，经核对结果一致。

(2)抽查现金收支

在审计作业系统主界面，单击快捷菜单【抽样】，在抽样向导指引下，进行抽样操作，依次选取抽样类型为“PPS 抽样”，抽样库为“凭证库”，抽样字段为“借贷同抽”，抽样条件为“科目编号‘象’1001”，可靠性为 97.5”，误差率为 1%，单击【执行】按钮，抽样结果如图 10-4 所示。

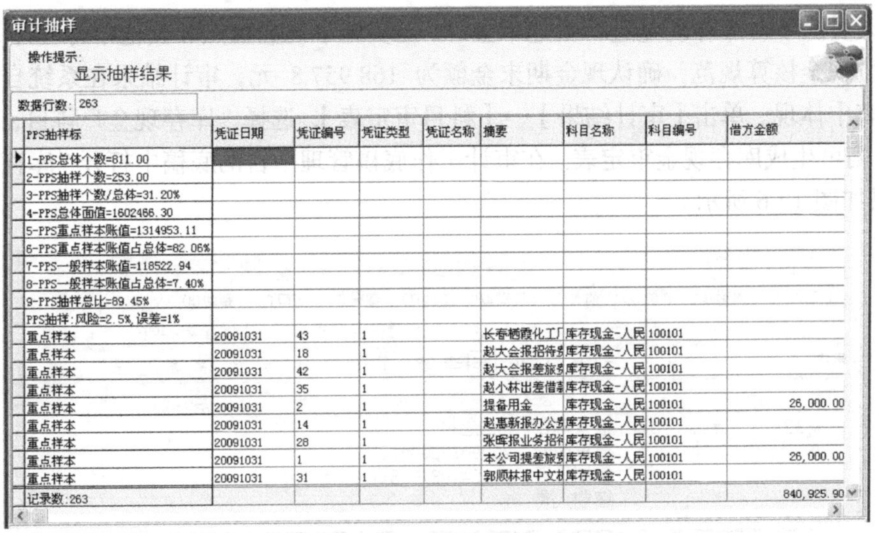

PPS抽样标	凭证日期	凭证编号	凭证类型	凭证名称	摘要	科目名称	科目编号	借方金额
1-PPS总体个数=811.00								
2-PPS抽样个数=253.00								
3-PPS抽样个数/总体=31.20%								
4-PPS总体面值=1602466.30								
5-PPS重点样本账值=1314953.11								
6-PPS重点样本账值占总体=82.06%								
7-PPS一般样本账值=118522.94								
8-PPS一般样本账值占总体=7.40%								
9-PPS抽样总比=89.45%								
PPS抽样:风险=2.5%,误差=1%								
重点样本	20091031	43	1		长春栖霞化工厂	库存现金-人民	100101	
重点样本	20091031	18	1		赵大会报招待费	库存现金-人民	100101	
重点样本	20091031	42	1		赵大会报差旅费	库存现金-人民	100101	
重点样本	20091031	35	1		赵小林出差借款	库存现金-人民	100101	
重点样本	20091031	2	1		提备用金	库存现金-人民	100101	26,000.00
重点样本	20091031	14	1		赵惠新报办公费	库存现金-人民	100101	
重点样本	20091031	28	1		张晖报业务招待	库存现金-人民	100101	
重点样本	20091031	1	1		本公司提差旅费	库存现金-人民	100101	26,000.00
重点样本	20091031	31	1		郭顺林报中文材	库存现金-人民	100101	
记录数:263								840,925.90

图 10-4　审计抽样

抽样结果显示，现金收支发生了 811 笔，系统按 PPS 抽样，抽出了 253 笔，样本账面值占总体账面值的 89.45%，审计人员应对样本中的记账凭证进行审查，审查原始凭证是否完整，有无授权批准，并核对相关账户的进账情况。在上述显示窗口中单击右键“发送至底稿”，形成现金审计工作底稿。

(3)检查现金收支的正确性截止

在审计作业系统主界面，单击快捷菜单【查询】，设置查询条件：科目名称“象”库存现金，凭证日期“>=”200912，单击【查询】按钮，查询结果如图 10-5 所示。

抽查结果显示，2009 年 12 月份共发生了 95 笔现金收支，审计人员应对所查询的凭证进行审查，确认是否存在跨期事项。在上述显示窗口中单击右键“发送至底稿”，形成现金审计工作底稿。

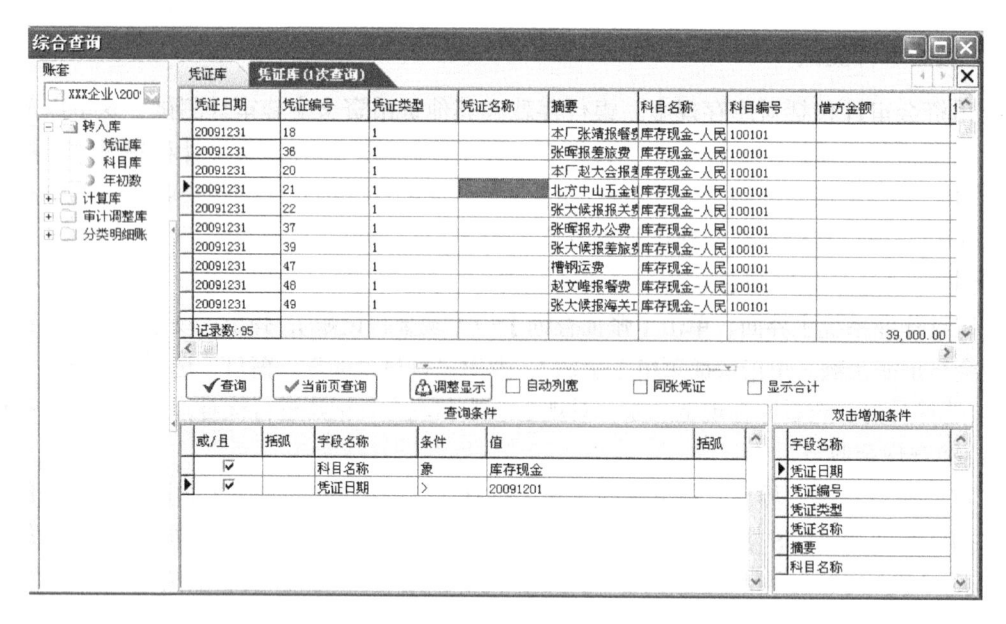

图 10-5 凭证查询

审计人员除了对库存现金进行上述审查外,还实施了现金盘点和其他审计程序,经审查,被审计单位现金核算规范,确认现金期末金额为 168 957.8 元,审计结果在系统自动生成的现金审定表中体现。单击【审计结果】→【科目审定表】,选择"库存现金"科目,单击"生成底稿",则可生成库存现金审定表。在审计工作底稿管理平台的底稿中打开"库存现金审定表",效果如图 10-6 所示。

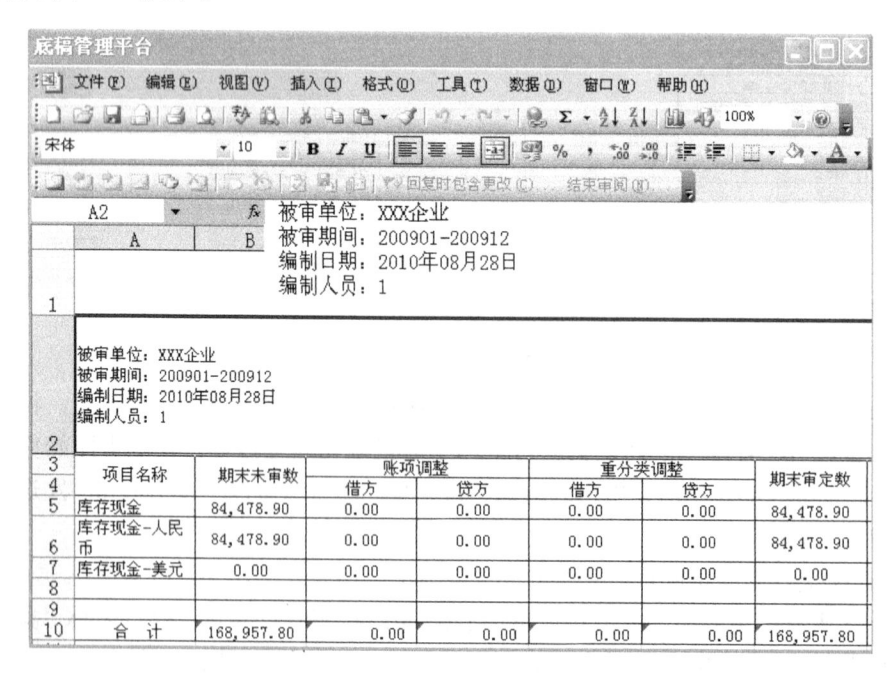

图 10-6 审计作底稿——库存现金审定表

在货币资金审计过程中,审计人员还要按照相应的审计程序对银行存款和其他货币资金进行审计测试,以获取充分有效的审计证据。

10.2 销售与收款循环审计

销售与收款循环审计涉及销售与收款业务的控制测试和实质性测试程序,为有助于执行销售与收款业务的审计,首先应当了解销售与收款循环及其涉及的主要业务活动。

10.2.1 销售与收款循环

销售与收款循环是企业向客户提供商品或劳务,直到收回相关款项的活动所组成的业务循环。销售与收款循环涉及的主要业务活动有:接受顾客订单、批准赊销信用、接受销售供货、按销售单装运货物、向顾客开具账单、记录销售、办理与记录现金和银行款收入、办理与记录销售退回及销售折扣和折让、注销坏账、提取坏账准备。在审计过程中,为获取充分有效的审计证据,审计人员应对销售与收款循环执行控制测试和交易的实质性测试程序。

10.2.2 销售与收款循环控制测试

为了促进企业销售稳定增长,扩大市场份额,规范销售行为,防范销售风险,加强销售收款的管理,企业不仅应当建立和实施销售与收款业务的内部控制,而且应当建立对销售与收款内部控制的监督审查制度。审计人员通过实施控制测试和实质性测试程序检查销售与收款业务内部控制制度是否健全,各项规定是否得到有效执行。

1. 销售与收款循环内部控制调查表

在审计作业系统中,审计工作底稿编制平台通常都提供了销售与收款循环的内部控制调查表。在审计工作中,审计人员可以利用销售与收款循环的内部控制调查表,调查与了解被审计单位销售与收款循环的内部控制。销售与收款循环内部控制调查表如表 10-2 所示。

表 10-2 销售与收款循环内部控制调查表

销售与收款循环内部控制调查		索引号			
		编号			
	调查项目	是		否	不适用	备注
		良好	薄弱			
1	所有的销售行为是否都有合同并经主管核准					
2	签订合同前是否核准了客户信用					
3	产品单价及销货折扣的制定、调整是否经授权核准					
4	销售发票是否以审核后的销售合同为依据					
5	发票是否按顺序号填列签发					
6	是否所有销售发票都开出提货单并交客户					
7	提货单是否经客户签字确认					
8	发货前是否核对客户是否付款					
9	产品发货时是否核对发票的装箱单					
10	销售明细账是否根据提货单及发票入账登记					
11	销售退回是否经审核批准					

续表

销售与收款循环内部控制调查		索引号				
		编号				
调查项目		是		否	不适用	备注
		良好	薄弱			
12	销售退回是否开出红字发票及产品入库单					
13	退货是否经检查入库后付款					
14	应收账款是否有核对、催款制度					
15	坏账损失的处理是否经授权批准					

2. 销售与收款循环的内部控制测试

销售与收款循环的内部控制测试是在了解被审计单位基本情况和内部控制的基础上进行的，审计作业系统的审计工作底稿管理平台，通常都提供了销售与收款业务的内部控制测试工作底稿模板，审计人员可以按照内部控制测试程序，对被审计单位销售与收款业务的内部控制进行测试，销售与收款循环控制测试程序如图10-7所示。

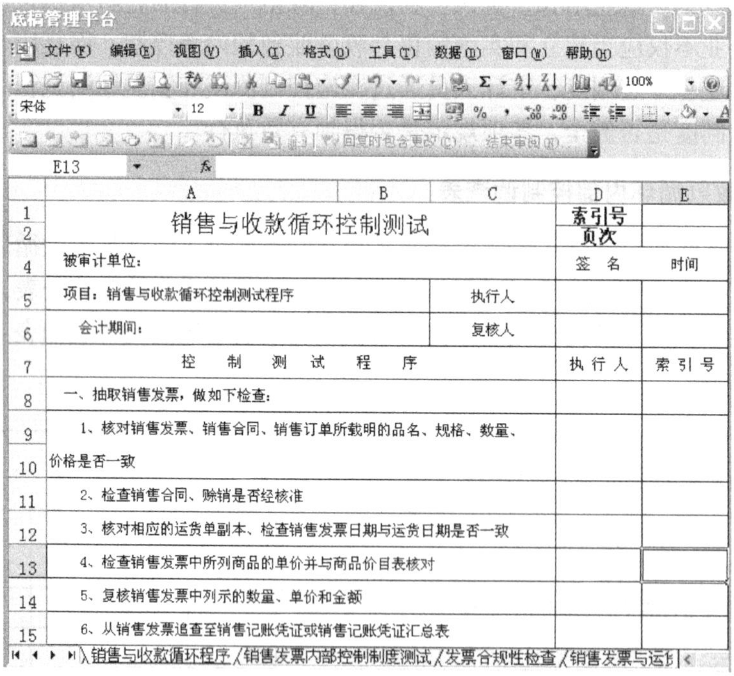

图 10-7 销售与收款循环控制测试程序

在审计过程中，审计人员可以应用审计作业系统提供的内部控制测评工具，对被审计单位销售与收款业务的内部控制进行测试与评价。对于每个企业而言，由于企业性质、所处行业、规模以及内部控制健全程度等不同，销售与收款业务的内部控制内容会有所不同，但应共同遵循财政部发布的《企业内部控制基本规范》和《企业内部控制应用指引第9号——销售业务》中所规定的销售与收款业务内部控制规范。审计人员按照销售与收款业务的内部控制测试程序实施控制测试后，即可对内部控制进行评价。审计人员应首先确定销售与收款业务内部控制的可信赖程度及存在的薄弱环节，然后据以确定在实质性程序中对哪些环节可以适当减少审计程序，哪些环节应增加审计程序，作为重点进行审查，以减少审计风险，获取充分有效的审计证据。

10.2.3 销售与收款循环实质性测试

1. 营业收入审计

营业收入项目核算企业在销售商品、提供劳务等主营业务活动中所产生的收入，以及企业确认的除主营业务活动以外的其他经营活动实现的收入。营业收入审计的目标一般包括：确定记录的营业收入是否已经发生，且与被审计单位有关；确定营业收入记录是否完整；确定与收入有关的金额及其他数据是否已恰当记录，包括对销售退回、销售折扣与折让的处理是否适当；确定营业收入是否记录于正确的会计期间；确定营业收入的内容是否正确；确定营业收入的披露是否恰当。

(1) 营业收入审计程序

根据营业收入审计的目标，对营业收入进行审计时，主要执行以下实质性测试程序：①编制或获取主营业务收入明细表，复核加计正确，并与总账和明细账合计数核对相符，同时，结合其他业务收入科目数额，与报表数核对相符；②对主营业务收入进行分析性复核；③审查主营业务收入确认的正确性；④抽取一定数量的销售发票，检查开票、记账、发货日期是否相符，品名、数量、单价、金额等是否与发货凭证、销售合同、记账凭证等一致；⑤抽取一定数量的记账凭证，检查入账日期、品名、数量、单价、金额等是否与销售发票、发货凭证、销售合同等一致；⑥审查销售退回、折扣和折让处理是否正确；⑦实施销售的截止测试。

在审计过程中，审计人员应按照规范的审计程序对营业收入进行审计。为满足审计人员工作需要，审计作业系统搭建了审计程序操作平台，将审计程序与审计工具、工作底稿进行对接，以便审计人员按照操作指引完成相应的审计工作，形成规范的审计工作流程。在审计作业系统主界面，单击快捷菜单【指引】，弹出"指引"窗口，在窗口左侧的审计事项树型结构中，打开损益类中的营业收入项目，窗口右侧会显示营业收入审计程序，如图10-8所示。审计人员可以按照程序及操作指引调用工具或文档进行有关营业收入的审计测试与分析工作。

(2) 实施审计测试

① 取得或编制营业收入明细表。

在审计作业系统主界面，单击快捷菜单【余额】，弹出"科目余额表"窗口，如图10-9所示，选择会计科目"主营业务收入"，科目级次选"全部"，月份分别选择200901、200902……200912，查看主营业务收入各月的发生额，复核其加计数是否准确，并与报表有关项目进行核对。

② 对主营业务收入进行分析性复核。

在审计作业系统主界面，单击快捷菜单【趋势】，弹出"科目趋势分析"窗口，如图10-10所示，科目选择"主营业务收入"，借贷方向选择"贷"，"余额/发生"栏下选择"发"，单击"分析"按钮，可展示主营业务收入各月发生额分析图。从图形显示结果可以看出，主营业务收入各月发生额波动较大，审计人员应进一步检查、分析其变动趋势是否正常，是否符合被审计单位季节性、周期性的经营规律，并查明异常现象和重大波动的原因。在显示窗口中单击右键可"发送至底稿"。

图 10-8 营业收入实质性测试程序

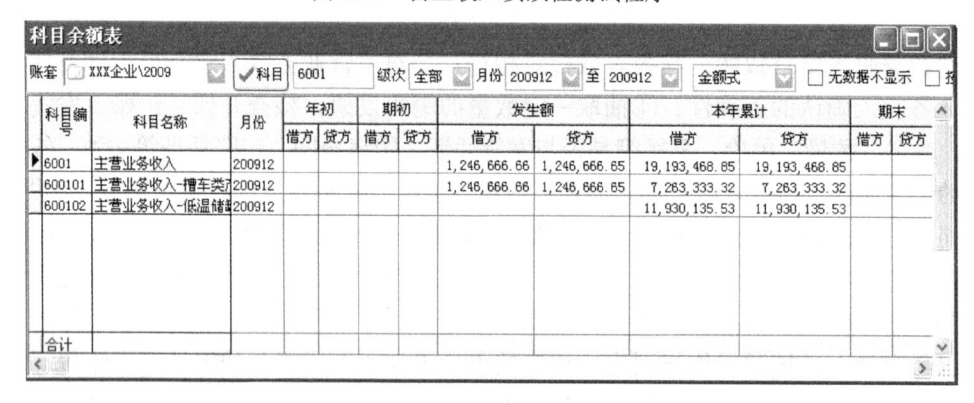

图 10-9 主营业务收入发生额

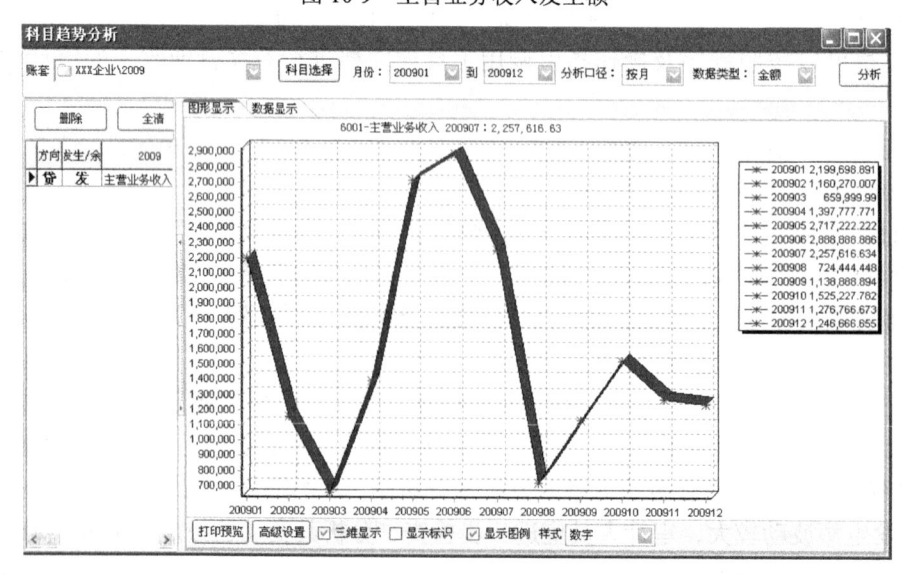

图 10-10 主营业务收入趋势分析

在审计作业系统主界面，单击快捷菜单【对比】，弹出"科目对比分析"窗口，分子科目选择"主营业务成本"，金额选择"借方发生"；分母科目选择"主营业务收入"，金额选择"贷方发生"，单击"分析"按钮，得到分析结果，如图10-11所示。12月份主营业务成本占主营业务收入的比例比较异常，审计人员应进一步进行审查。

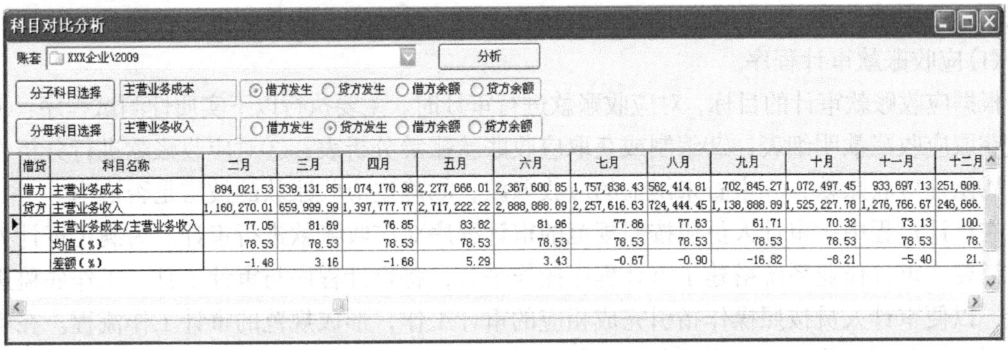

图 10-11　主营业务收入与主营业务成本对比分析

③ 抽查主营业务收入。

在审计作业系统主界面，单击快捷菜单【查询】，弹出"综合查询"窗口，输入查询条件："科目名称'象'主营业务收入"和"贷方金额>200 000"，查询结果如图10-12所示。主营业务收入总额为19 193 468.85元，抽查金额总计为17 025 768.88元，占比88.7%。对于所抽查的凭证，检查入账日期、品名、数量、单价、金额等是否与发票、发运凭证、销售合同或协议等一致。

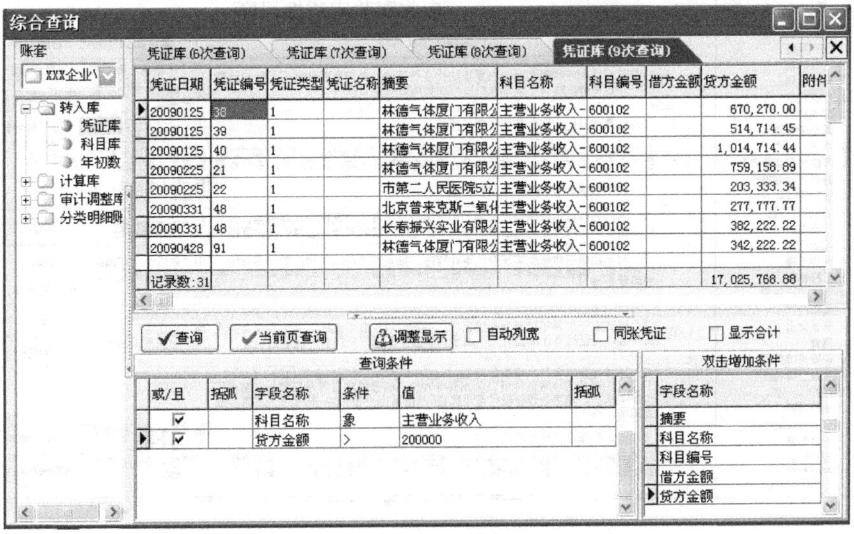

图 10-12　大额主营业务收入查询结果

审计人员除了对主营业务收入进行分析和大额抽查，还实施了其他审计程序，包括核对合同、截止性测试等。

④ 生成主营业务收入审定表。

在审计作业系统主界面，单击【审计结果】→【科目审定表】，选择"主营业务收入"科目，单击"生成底稿"，生成主营业务收入审定表。

2. 应收账款审计

应收账款是指企业因销售商品、提供劳务而形成的债权，即由于企业销售商品、提供劳务等原因，应向购货客户或接受劳务的客户收取的款项或代垫的运杂费。应收账款审计的目标一般包括：确定应收账款是否存在；确定应收账款是否归被审计单位所有；确定应收账款的记录是否完整；确定应收账款期末余额是否正确；确认应收账款列报是否恰当。

(1)应收账款审计程序

根据应收账款审计的目标，对应收账款进行审计时，主要执行以下实质性测试程序：①编制或获取应收账款明细表；②编制或获取应收账款账龄分析表；③对应收账款进行分析性复核；④函证应收账款；⑤审查未函证的应收账款；⑥确定应收账款的披露是否恰当。

在审计过程中，审计人员应按照规范的审计程序对应收账款进行审计。为满足审计人员工作需要，审计作业系统搭建了审计程序操作平台，将审计程序与审计工具、工作底稿进行对接，以便审计人员按照操作指引完成相应的审计工作，形成规范的审计工作流程。在审计作业系统主界面，单击快捷菜单【指引】，弹出"指引"窗口，在窗口左侧的审计事项树型结构中，打开资产类中的应收账款项目，窗口右侧会显示应收账款审计程序，如图 10-13 所示，审计人员可以按照程序及操作指引调用工具或文档进行有关应收账款的审计测试与分析工作。

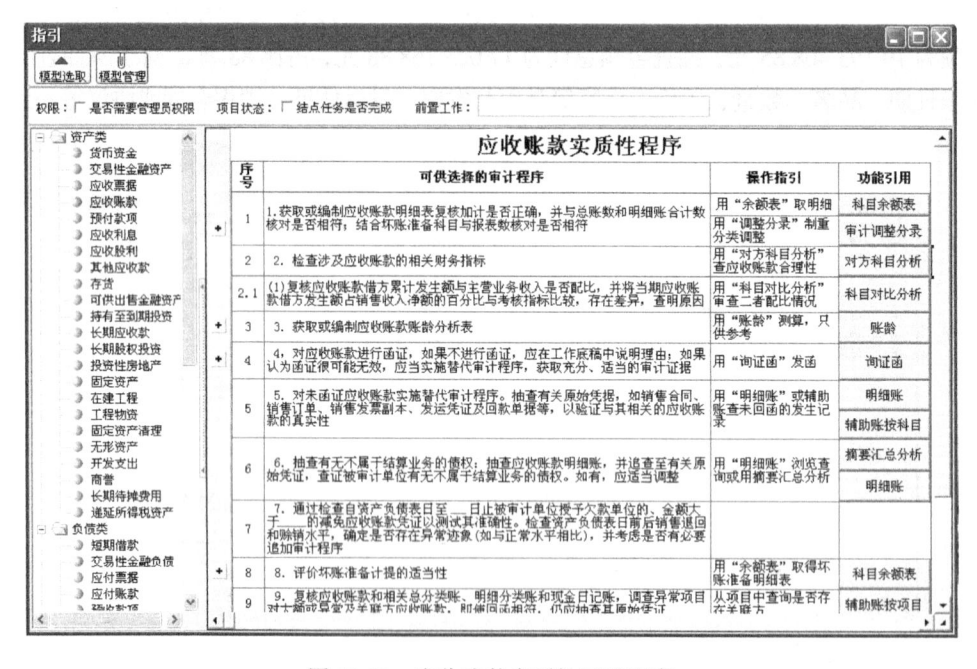

图 10-13　应收账款实质性测试程序

(2)实施审计测试

① 取得或编制应收账款明细表。

在审计作业系统主界面，单击快捷菜单【余额】，弹出"科目余额表"窗口，如图 10-14 所示，选择科目"应收账款"，科目级次选"全部"，月份分别选择 200901、200902……200912，查看应收账款各月发生额和余额，与总账和明细账合计数核对相符，结合坏账准备科目与报表数核对相符。

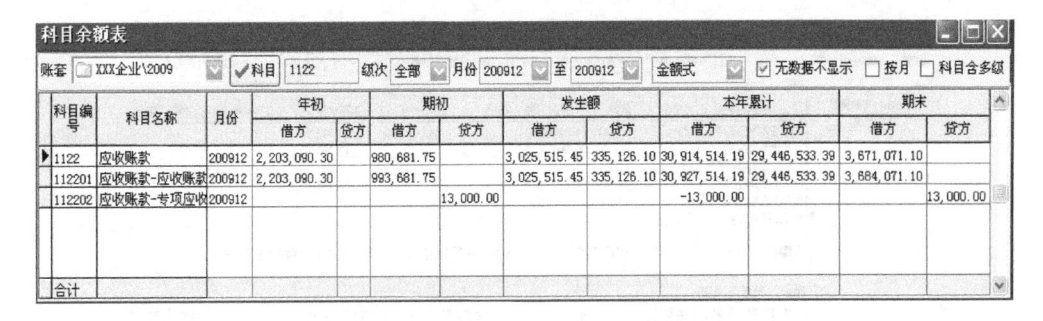

图 10-14 应收账款余额表

② 生成应收账款询证函。

在审计作业系统主界面，单击【账证查询】→【辅助账】→【辅助账按项目】，选择"客商核算"，生成辅助账，系统可自动完成应收账款期末余额排序，以确定函证对象。

在审计作业系统主界面，单击【账证查询】→【询证函】，取数来源选择"从辅助账取数"，进入询证函界面，如图 10-15 所示，选择应收账款余额较大的客户，单击"出询证函"按钮，即可生成所选客户的询证函。

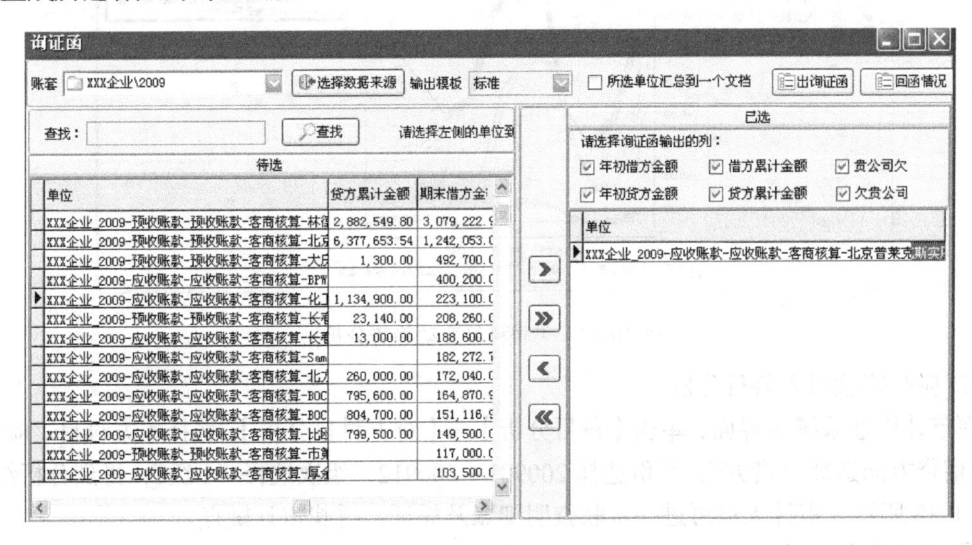

图 10-15 生成应收账款询证函

③ 应收账款账龄分析。

在审计作业系统主界面，单击【账证查询】→【账龄】，取数来源选择"从辅助账取数"，弹出"账龄"窗口，如图 10-16 所示，被审计单位应收账款账龄均在两年内，无长期挂账情况。在显示窗口中单击右键"发送至底稿"，形成应收账款账龄分析工作底稿。

④ 应收账款发生额分析。

通过应收账款与经常性关联科目的变动趋势，可以对应收账款发生额进行分析。在审计作业系统主界面，单击快捷菜单【趋势】，弹出"科目趋势分析"窗口，在科目选择栏内分别选取：应收账款、应交税费——应交增值税——销项税额、主营业务收入，并对选定的科目选择借贷方向、发生额，显示科目趋势分析结果，如图 10-17 所示。通常来讲，三条曲线的波峰、波谷应基本一致。从趋势分析图来看，应收账款与主营业务收入两条曲线的走向在 11 月至 12 月份不一致，为审计人员进一步审计提供线索。在显示窗口单击右键"发送至底稿"，形成审计工作底稿。

第 10 章 审计信息化实务 189

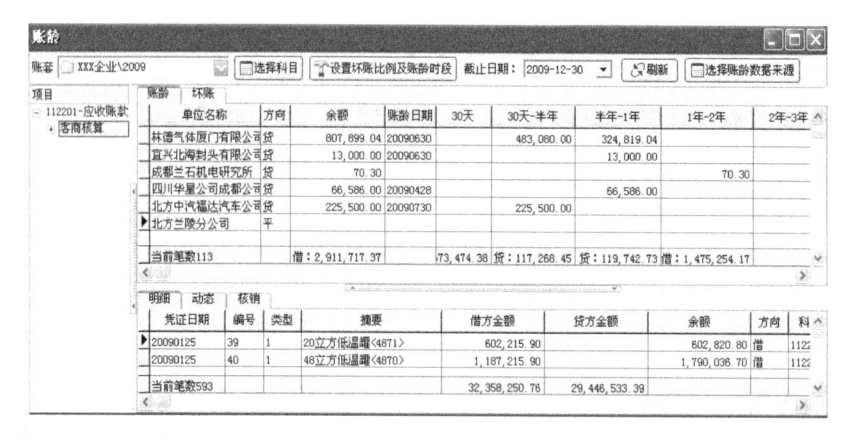

图 10-16 应收账款账龄分析

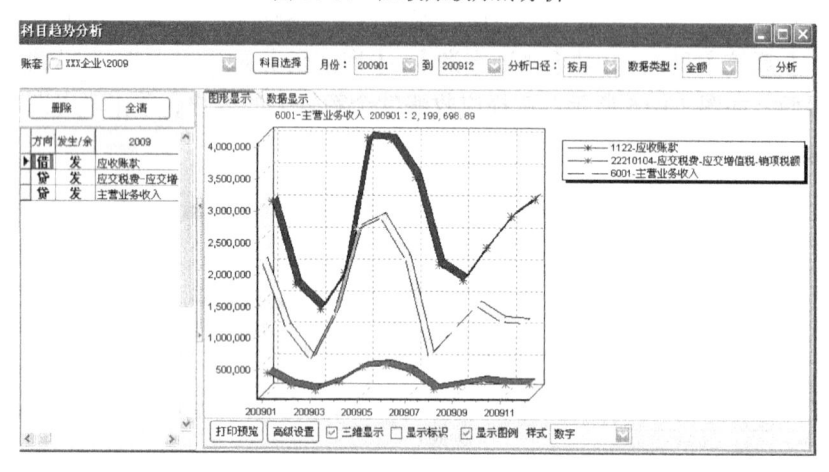

图 10-17 关联科目变动趋势分析

⑤ 应收账款对方科目分析。

在审计作业系统主界面，单击【科目分析】→【对方科目分析】，选择本方科目"应收账款"，借贷方向选择"借方"，月份选择 200901—200912，级次选择"1 级"，得到分析结果，如图 10-18 所示。审计人员可进一步联查明细账及凭证，寻找审计疑点。

⑥ 应收账款相关调整。

在询证函回函中，被审计单位应收北京普莱克公司的款项未被确认，金额为 133.9 万元，对方说明与被审计单位签订的业务合同履行时间为 2010 年 1 月，而 2009 年度并未真正发货给北京普莱克公司，于是虚增了 2009 年度的收入和应收账款，审计人员决定对其进行调整处理。调整分录如下：

借：应收账款　　　　　　　　　　　　　　−1 339 000
　　贷：主营业务收入　　　　　　　　　　−1 144 444.44
　　　　应交税费——应交增值税——销项税额　　−194 555.56

在审计作业系统主界面，单击【审计结果】→【审计调整分录】，在调整分录制作窗口中单击"制作调整分录"，用鼠标拖曳需要调整的会计科目至调整分录栏中，并输入相应的金额，系统会自动汇总调整分录，如图 10-19 所示。在显示窗口单击右键"发送至底稿"，形成审计工作底稿。

图 10-18　应收账款对方科目分析

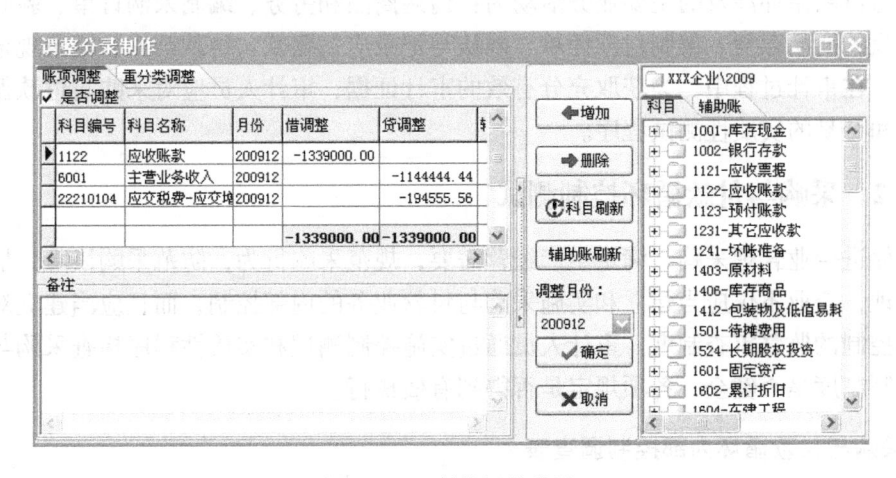

图 10-19　制作调整分录

⑦ 生成应收账款审定表。

在审计作业系统主界面，单击【审计结果】→【科目审定表】，选择"应收账款"科目，单击"生成底稿"，生成应收账款审定表，如图 10-20 所示。

图 10-20　应收账款审定表

在销售与收款循环中,除了上述营业收入和应收账款报表项目,还有应收票据、长期应收款、预收账款、应交税费、营业税金及附加和销售费用等项目,审计人员还要按照相应的审计程序对这些项目进行审计测试,获取充分有效的审计证据。

10.3 采购与付款循环审计

采购与付款循环审计涉及采购与付款业务的控制测试和实质性测试程序,为有助于执行采购与付款业务的审计,首先应当了解采购与付款循环及其涉及的主要业务活动。

10.3.1 采购与付款循环

采购与付款循环是企业购买商品或接受劳务,直到支付相关款项的活动所组成的业务循环。采购与付款循环涉及的主要业务活动为:请购商品和劳务、编制采购订单、验收商品、储存已验收的商品存货、编制付款凭单、确认与记录应付账款、付款结算、记录现金和银行存款支出。在审计过程中,为获取充分有效的审计证据,审计人员应对采购与付款循环执行控制测试和交易的实质性测试程序。

10.3.2 采购与付款循环控制测试

为了促进企业合理采购,满足生产经营需要,规范采购行为,防范采购风险,加强采购付款的管理,企业不仅应当建立和实施采购与付款业务的内部控制,而且应当建立对采购与付款内部控制的监督审查制度。审计人员通过实施控制测试和实质性程序检查采购与付款业务内部控制制度是否健全,各项规定是否得到有效执行。

1. 采购与付款循环内部控制调查表

在审计作业系统中,审计工作底稿编制平台通常都提供采购与付款循环的内部控制调查表。在审计工作中,审计人员可以利用采购与付款循环的内部控制调查表,调查与了解被审计单位采购与付款循环的内部控制。采购与付款循环的内部控制调查表如表10-3所示。

表10-3 采购与付款循环的内部控制调查表

采购与付款循环的内部控制调查		索引号			
		编号			
调查项目		是	否	不适用	备注
		良好	薄弱			
1	材料采购单价、数量是否与合同一致					
2	材料入库是否经质量检验合格,数量是否核对一致					
3	材料进项税、运费及运输中的耗损是否合理计算					
4	固定资产和在建工程项目有无预算,并授权批准					
5	已完在建工程转入固定资产是否办理竣工验收及移交手续					
6	固定资产折旧方法的制定与变更是否经批准					
7	固定资产购入、内部转移是否办理一定手续					
8	固定资产取得、处置和出售是否经过授权批准					

续表

采购与付款循环的内部控制调查	索引号				
	编号				
调查项目	是		否	不适用	备注
	良好	薄弱			
9 固定资产毁损、报废、清理是否经过技术鉴定和授权批准					
10 有无固定资产定期盘点制度并执行					
11 付款是否实行费用预算控制，并明确款项支付权限					
12 货款支付与记账的职责是否分离					

2. 采购与付款循环的内部控制测评

采购与付款循环的内部控制测评是在了解被审计单位的基本情况和内部控制的基础上进行的。审计作业系统的审计工作底稿管理平台，通常都提供了采购与付款业务内部控制测试工作底稿模板，审计人员可以按照内部控制测试程序，对被审计单位采购与付款业务的内部控制进行测试，采购与付款循环控制测试程序如图10-21所示。

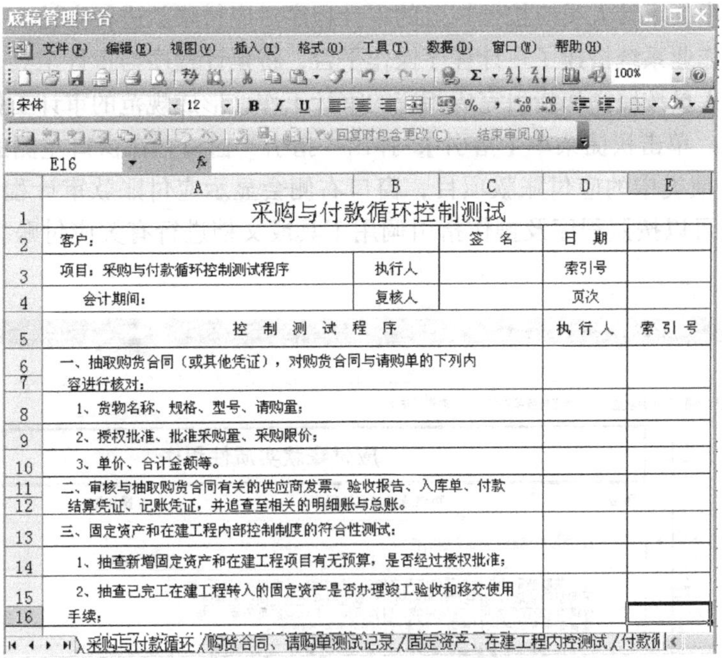

图 10-21 采购与付款循环控制测试程序

在审计过程中，审计人员可以应用审计作业系统提供的内部控制测评工具，对被审计单位采购与付款业务的内部控制进行测试与评价。对于每个企业而言，由于性质、所处行业、规模以及内部控制健全程度等不同，而使其采购与付款业务的内部控制内容有所不同，但财政部发布的《企业内部控制基本规范》和《企业内部控制应用指引第6号——采购业务》中所规定的采购与付款业务内部控制的内容是应当共同遵循的。审计人员按照采购与付款业务的内部控制测试程序实施控制测试后，即可对内部控制进行评价。审计人员应首先确定采购与付款业务内部控制的可信赖程度及存在的薄弱环节，然后据以确定在实质性测试程序中对哪些环节可以适当减少审计程序,哪些环节应增加审计程序,作为重点进行审查,以减少审计风险,获取充分有效的审计证据。

10.3.3 采购与付款循环实质性测试

1. 应付账款审计

应付账款是企业在正常经营过程中,因购买材料、商品和接受劳务等经营活动而应付给供应单位的款项。应付账款的审计目标一般包括:确定期末应付账款是否存在;确定期末应付账款是否为被审计单位应履行的偿还义务;确定应付账款的发生及偿还记录是否完整;确定应付账款期末余额是否正确;确定应付账款的披露是否恰当。

(1)应付账款审计程序

根据应付账款审计的目标,对应付账款进行审计时,主要执行以下实质性测试程序:①获取或编制应付账款明细表,复核加计正确,并与报表数、总账数和明细账合计数核对相符;②对应付账款进行分析性复核;③函证应付账款;④检查是否存在未入账的应付账款;⑤确定应付账款的披露是否恰当等。

在审计过程中,审计人员应按照规范的审计程序对应付账款进行审计。为满足审计人员工作需要,审计作业系统搭建了审计程序操作平台,将审计程序与审计工具、工作底稿进行对接,以便审计人员按照操作指引完成相应的审计工作,形成规范的审计工作流程。在审计作业系统主界面,单击快捷菜单【指引】,弹出"指引"窗口,在窗口左侧的审计事项树型结构中,打开负债类中的应付账款项目,窗口右侧会显示应付账款审计程序,如图10-22所示,审计人员可以按照程序及操作指引调用工具或文档进行有关应付账款的审计测试与分析工作。

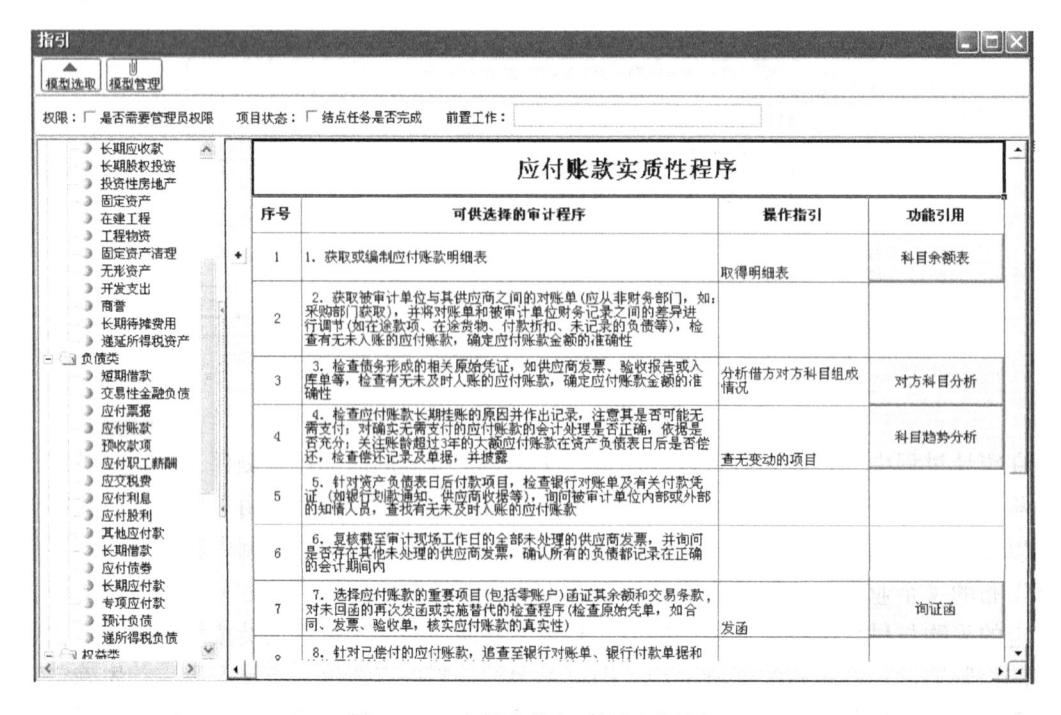

图10-22 应付账款实质性测试程序

(2) 实施审计测试

① 取得或编制应付账款明细表。

在审计作业系统主界面，单击快捷菜单【余额】，弹出"科目余额表"窗口，如图 10-23 所示，选择科目"应付账款"，科目级次选"全部"，月份分别选择 200901、200902……200912，查看应付账款各月的发生额和余额，与总账和明细账合计数核对相符，并与报表数核对相符。

图 10-23　应付账款余额表

② 生成应付账款询证函。

在审计作业系统主界面，单击【账证查询】→【辅助账】→【辅助账按项目】，选择"客商核算"，生成辅助账，系统可自动完成应付账款期末余额排序，以确定函证对象。

在审计作业系统主界面，单击【账证查询】→【询证函】，取数来源选择"从辅助账取数"，进入询证函界面，如图 10-24 所示，选择应付账款余额较大的客户，单击"出询证函"按钮，即可生成所选客户的询证函。

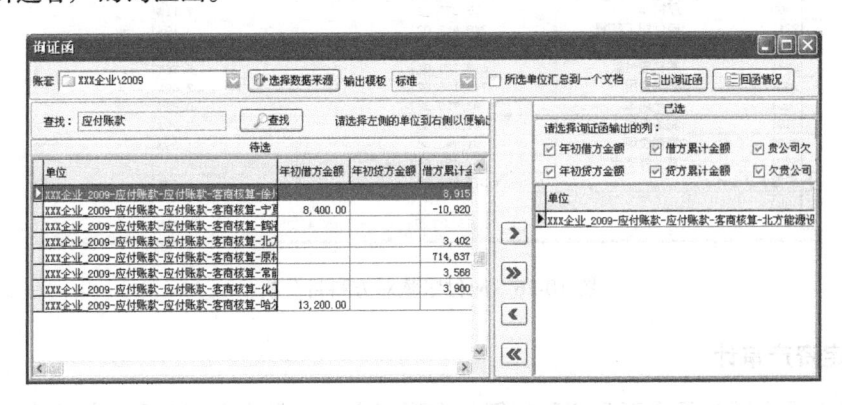

图 10-24　生成应付账款询证函

③ 应付账款账龄分析。

在审计作业系统主界面，单击【账证查询】→【账龄】，取数来源选择"从辅助账取数"，弹出"账龄"窗口，如图 10-25 所示，被审计单位应付账款账龄均在两年内，无长期挂账情况。在显示窗口中单击右键"发送至底稿"，形成应付账款账龄分析工作底稿。

④ 应付账款对方科目分析。

在审计作业系统主界面，单击【科目分析】→【对方科目分析】，选择本方科目"应付账款"，借贷方向选择"贷方"，月份选择 200901—200912，级次选择"1 级"，得到分析结果，如图 10-26 所示。审计人员可进一步联查明细账及凭证，寻找审计疑点。

⑤ 生成应付账款审定表。

在审计作业系统主界面，单击【审计结果】→【科目审定表】，选择"应付账款"科目，单击"生成底稿"，生成应付账款审定表。

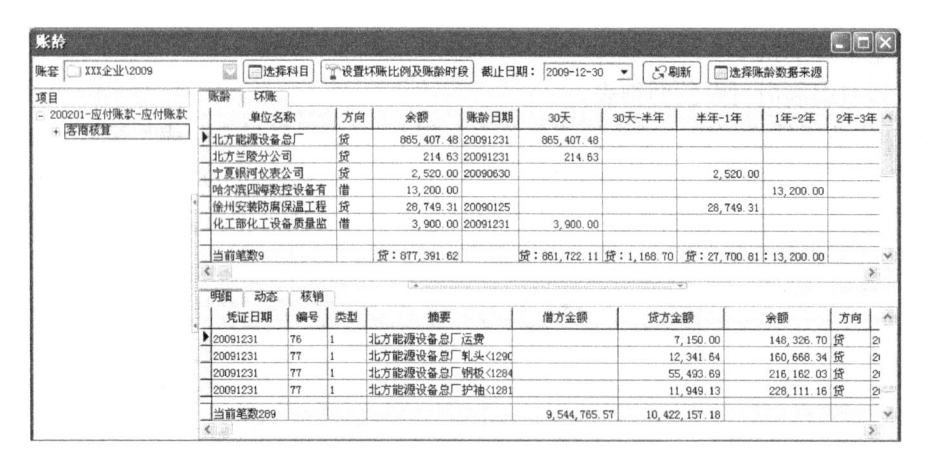

图 10-25 应付账款账龄分析

图 10-26 应付账款对方科目分析

2. 固定资产审计

固定资产是指同时具有下列两种特征的有形资产：一是为生产商品、提供劳务、出租或经营管理而持有的；二是使用寿命超过一个会计年度。固定资产折旧是指在固定资产的使用寿命内，按照确定的方法对应计折旧额进行系统分摊。固定资产的审计目标一般包括：确定固定资产是否存在；确定固定资产是否归被审计单位所有或控制；确定固定资产的计价方法是否恰当；确定固定资产的折旧政策是否恰当；确定折旧费用的分摊是否合理；确定固定资产减值准备的计提是否充分、完整，方法是否恰当；确定固定资产、累计折旧和固定资产减值准备的记录是否完整；确定固定资产、累计折旧和固定资产减值准备的期末余额是否正确；确定固定资产、累计折旧和固定资产减值准备的披露是否恰当。

（1）固定资产审计程序

根据固定资产审计的目标，对固定资产进行审计时，主要执行以下实质性测试程序：①取得或编制固定资产及累计折旧分类汇总表，复核加计正确，并与总账数和明细账合计数核对相符；②对固定资产进行分析性复核；③检查固定资产的所有权；④实地检查重要固定资产；⑤检查本期固定资产的增加；⑥检查本期固定资产的减少；⑦检查被审计单位制定的折旧政策和方法是否符合会计准则的规定；⑧复核本期折旧费用的计提和分配；⑨检查固定资产减值准备计提和核销的批准程序；⑩确定固定资产、累计折旧和固定资产减值准备的披露是否恰当。

在审计过程中，审计人员应按照规范的审计程序对固定资产进行审计。为满足审计人员工作需要，审计作业系统搭建了审计程序操作平台，将审计程序与审计工具、工作底稿进行对接，以便审计人员按照操作指引完成相应的审计工作，形成规范的审计工作流程。在审计作业系统主界面，单击快捷菜单【指引】，弹出“指引”窗口，在窗口左侧的审计事项树型结构中，打开资产类中的固定资产项目，窗口右侧会显示固定资产审计程序，如图 10-27 所示，审计人员可以按照程序及操作指引调用工具或文档进行有关固定资产的审计测试与分析工作。

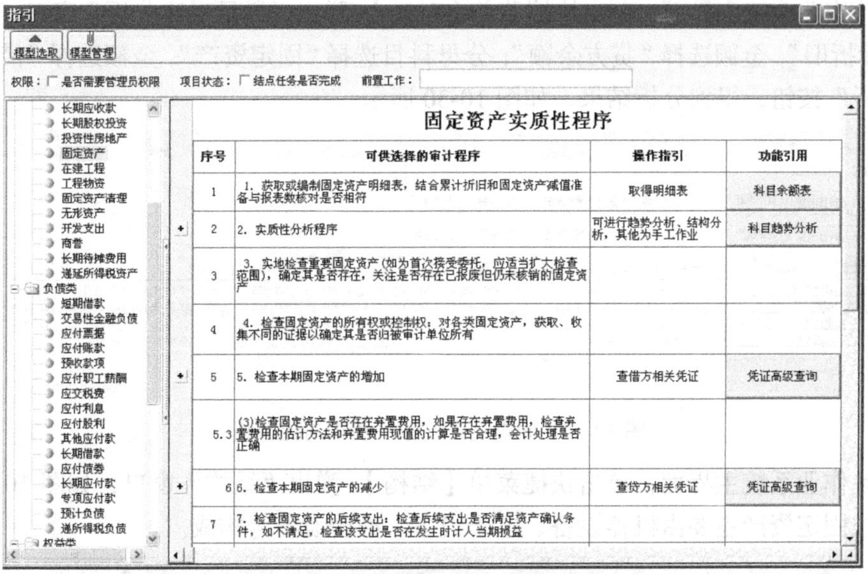

序号	可供选择的审计程序	操作指引	功能引用
1	1. 获取或编制固定资产明细表，结合累计折旧和固定资产减值准备与报表数核对是否相符	取得明细表	科目余额表
2	2. 实质性分析程序	可进行趋势分析、结构分析，其他为手工作业	科目趋势分析
3	3. 实地检查重要固定资产(如为首次接受委托，应适当扩大检查范围)，确定其是否存在，关注是否存在已报废但仍未核销的固定资产		
4	4. 检查固定资产的所有权或控制权：对各类固定资产，获取、收集不同的证据以确定其是否归被审计单位所有		
5	5. 检查本期固定资产的增加	查借方相关凭证	凭证高级查询
5.3	(3)检查固定资产是否存在弃置费用，如果存在弃置费用，检查弃置费用的估计方法和弃置费用现值的计算是否合理，会计处理是否正确		
6	6. 检查本期固定资产的减少	查贷方相关凭证	凭证高级查询
7	7. 检查固定资产的后续支出：检查后续支出是否满足资产确认条件，如不满足，检查该支出是否在发生时计入当期损益		

图 10-27　固定资产实质性测试程序

(2)实施审计测试

①取得或编制固定资产明细表。

在审计作业系统主界面，单击快捷菜单【余额】，弹出“科目余额表”窗口，如图 10-28 所示，选择科目“固定资产”，科目级次选“全部”，月份分别选择 200901、200902……200912，查看固定资产各月的发生额和余额，与总账和明细账合计数核对相符，并与报表数核对相符。

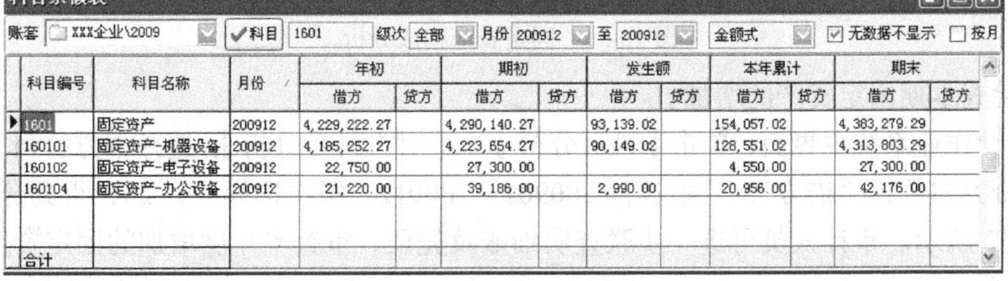

科目编号	科目名称	月份	年初		期初		发生额		本年累计		期末	
			借方	贷方	借方	贷方	借方	贷方	借方	贷方	借方	贷方
1601	固定资产	200912	4,229,222.27		4,290,140.27		93,139.02		154,057.02		4,383,279.29	
160101	固定资产-机器设备	200912	4,185,252.27		4,223,654.27		90,149.02		128,551.02		4,313,803.29	
160102	固定资产-电子设备	200912	22,750.00		27,300.00				4,550.00		27,300.00	
160104	固定资产-办公设备	200912	21,220.00		39,186.00		2,990.00		20,956.00		42,176.00	
合计												

图 10-28　固定资产余额表

在审计作业系统主界面，单击快捷菜单【余额】，弹出"科目余额表"窗口，如图10-29所示，选择科目"累计折旧"，科目级次选"全部"，月份分别选择200901、200902……200912，查看累计折旧各月的发生额和余额，与总账和明细账合计数核对相符，并与报表数核对相符。

图10-29 累计折旧余额表

② 对固定资产进行分析性复核。

在审计作业系统主界面，单击快捷菜单【对比】，弹出"科目对比分析"窗口，分子科目选择"累计折旧"，金额选择"贷方余额"；分母科目选择"固定资产"，金额选择"借方余额"，单击"分析"按钮，得到分析结果，如图10-30所示。

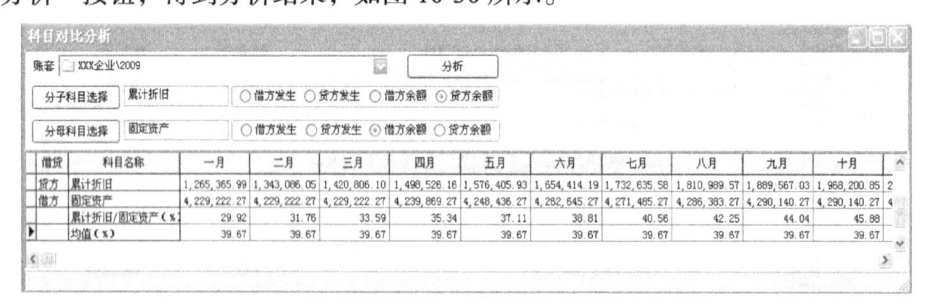

图10-30 固定资产与累计折旧对比分析

在审计作业系统主界面，单击快捷菜单【结构】，弹出"结构"窗口，如图10-31所示，被审计单位固定资产主要由机器设备、电子设备、办公设备等构成。

图10-31 固定资产构成分析

③ 检查本期固定资产的增加。

在审计作业系统主界面，单击【科目分析】→【对方科目分析】，选择本方科目"固定资产"，借贷方向选择"借方"，月份选择200901—200912，级次选择"1级"，得到分析结果，如图10-32所示。审计人员可进一步联查明细账及凭证，审查本年度增加的固定资产会计处理是否正确。

图 10-32 本期固定资产增加分析

④ 检查本期固定资产的减少。

在审计作业系统主界面，单击【科目分析】→【对方科目分析】，选择本方科目"固定资产"，借贷方向选择"贷方"，月份选择 200901—200912，级次选择"1 级"，得到分析结果。审计人员可进一步联查明细账及凭证，审查本年度减少的固定资产会计处理是否正确。

⑤ 生成固定资产审定表。

在审计作业系统主界面，单击【审计结果】→【科目审定表】，选择"固定资产"科目，单击"生成底稿"，生成固定资产审定表。

在采购与付款循环中，除上述应付账款和固定资产报表项目之外，还有预付账款、在建工程、工程物资、固定资产清理、无形资产、开发支出、应付票据、长期应付款和管理费用等项目，审计人员还要按照相应的审计程序对这些项目进行审计测试，获取充分有效的审计证据。

10.4 存货与仓储循环审计

存货与仓储循环审计涉及存货与仓储业务的控制测试和实质性测试程序，为有助于执行存货与仓储业务的审计，首先应了解存货与仓储循环涉及的主要业务活动。

10.4.1 存货与仓储循环

存货与仓储循环同其他业务循环的联系非常密切，原材料经过采购与付款循环进入存货与仓储循环，存货与仓储循环又随销售与收款循环中产成品的销售环节而结束。存货与仓储循环涉及的主要业务活动为：计划和安排生产、发出原材料、生产产品、核算产品成本、储存产成品、发出产成品等。在审计过程中，为获取充分有效的审计证据，审计人员应对存货与仓储循环进行控制测试和交易的实质性测试程序。

10.4.2 存货与仓储循环控制测试

为了规范存货管理，明确存货取得、验收入库、原料加工、仓储保管、领用发出、盘点处置等环节的管理要求，强化会计、出入库等相关记录，确保存货管理全过程的风险得到有效控制，企业不仅应当建立和实施存货与仓储业务的内部控制，而且应当建立对存货与仓储内部控制的监督审查制度。审计人员通过实施控制测试和实质性测试程序检查存货与仓储业务的内部控制制度是否健全，各项规定是否得到有效执行。

1. **存货与仓储循环的内部控制调查表**

在审计作业系统中,审计工作底稿编制平台通常都提供了存货与仓储循环的内部控制调查表。在审计工作中,审计人员可以利用存货与仓储循环内部控制调查表,调查与了解被审计单位存货与仓储业务的内部控制。存货与仓储循环内部控制调查表如表10-4所示。

表10-4 存货与仓储循环内部控制调查表

存货与仓储循环内部控制调查		索引号			
		编号			
调查项目		是	否	不适用	备注
		良好	薄弱			
1	大宗货物的采购是否都有合同并经主管批准					
2	材料的领用是否经核准后开出领料单					
3	存货与固定资产发出是否有出门验证制度					
4	是否所有存货均设有永续盘存记录					
5	仓库存货是否按品种、规格、质量、集中码放并有醒目标记					
6	存货是否定期盘点					
7	存货的盘盈、盘亏是否经报批后入账					
8	仓库是否及时对呆滞、废损的存货进行处理					
9	存货的收发人与记账人是否分离					
10	委托外单位加工的材料,其发出、收回、结存情况是否有专人负责登记?是否定期与受托单位核对账目					
11	产品是否有材料定额,并以限额领料单控制领料					
12	半成品和产成品完工是否及时办理入库手续					
13	存货计价方法的确定与变更是否经董事会批准					

2. **存货与仓储循环的内部控制测评**

存货与仓储循环的内部控制测评是在了解被审计单位的基本情况和内部控制的基础上进行的。审计作业系统的审计工作底稿管理平台,通常都提供了存货与仓储业务内部控制测试工作底稿模板,审计人员可以按照内部控制测试程序,对被审计单位存货与仓储业务的内部控制进行测试,存货与仓储循环控制测试程序如图10-33所示。

在审计过程中,审计人员可以应用审计作业系统提供的内部控制测评工具,对被审计单位存货与仓储业务的内部控制进行测试与评价。对于每个企业而言,由于企业性质、所处行业、规模以及内部控制健全程度等不同,而使其存货与仓储业务的内部控制内容有所不同,但财政部发布的《企业内部控制基本规范》和《企业内部控制应用指引第8号——资产管理》中所规定的存货与仓储业务的内部控制内容是应当共同遵循的。审计人员按照存货与仓储业务的内部控制测试程序实施控制测试后,即可对内部控制进行评价。审计人员应首先确定存货与仓储业务内部控制的可信赖程度及存在的薄弱环节,然后据以确定在实质性测试程序中对哪些环节可以适当减少审计程序,哪些环节应增加审计程序,作为重点进行审查,以减少审计风险,获取充分有效的审计证据。

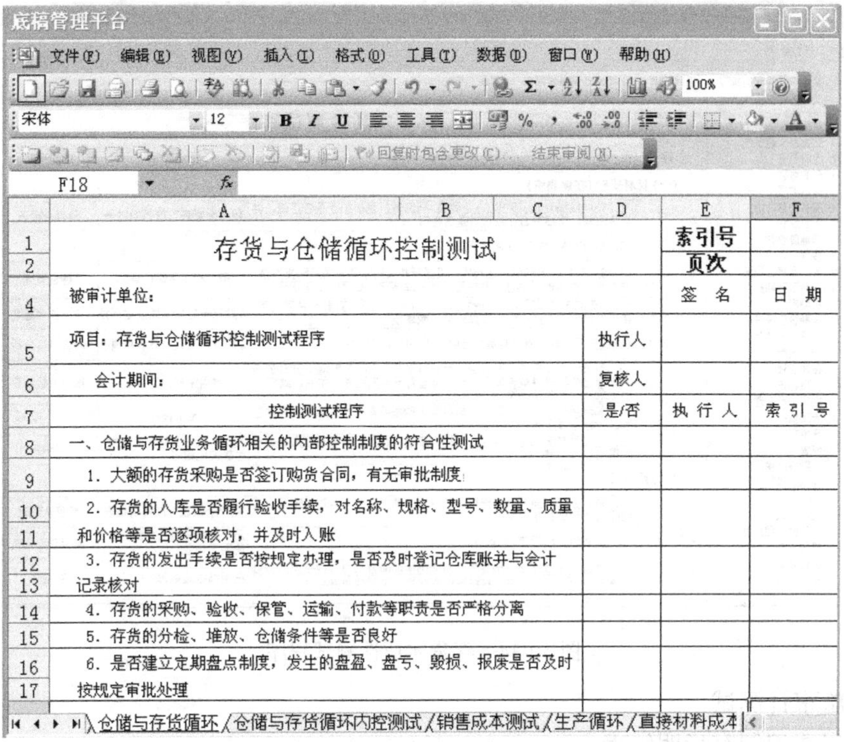

图 10-33　存货与仓储循环控制测试程序

10.4.3　存货与仓储循环实质性测试

1. 存货审计

存货是指企业在日常活动中持有以备出售的产成品或商品、处在生产过程中的在产品、在生产过程或提供劳务过程中耗用的材料和物料等。存货审计的目标一般包括：确定存货是否存在；确定存货是否归被审计单位所有；确定存货增减变动记录是否完整；确定存货的品质状况、存货跌价准备的计提是否合理；确定存货计价方法是否恰当；确定存货余额是否正确；确定存货在财务报表上的披露是否恰当。

(1) 存货审计程序

根据存货审计的目标，对存货进行审计时，主要执行以下实质性测试程序：①确定存货明细账与总账、报表数额是否相符；②对存货进行分析性复核；③存货监盘；④确定存货是否归被审计单位所有；⑤检查存货的品质状况、存货跌价准备的计提是否合理；⑥确定存货计价方法是否恰当；⑦存货相关账户审计；⑧确定存货在会计报表中的披露是否恰当。

在审计过程中，审计人员应按照规范的审计程序对存货进行审计。为满足审计人员工作需要，审计作业系统搭建了审计程序操作平台，将审计程序与审计工具、工作底稿进行对接，以便审计人员按照操作指引完成相应的审计工作，形成规范的审计工作流程。在审计作业系统主界面，单击快捷菜单【指引】，弹出"指引"窗口，在窗口左侧的审计事项树型结构中，打开资产类中的存货项目，窗口右侧会显示存货审计程序，如图 10-34 所示，审计人员可以按照程序及操作指引调用工具或文档进行有关存货的审计测试与分析工作。

第 10 章　审计信息化实务　201

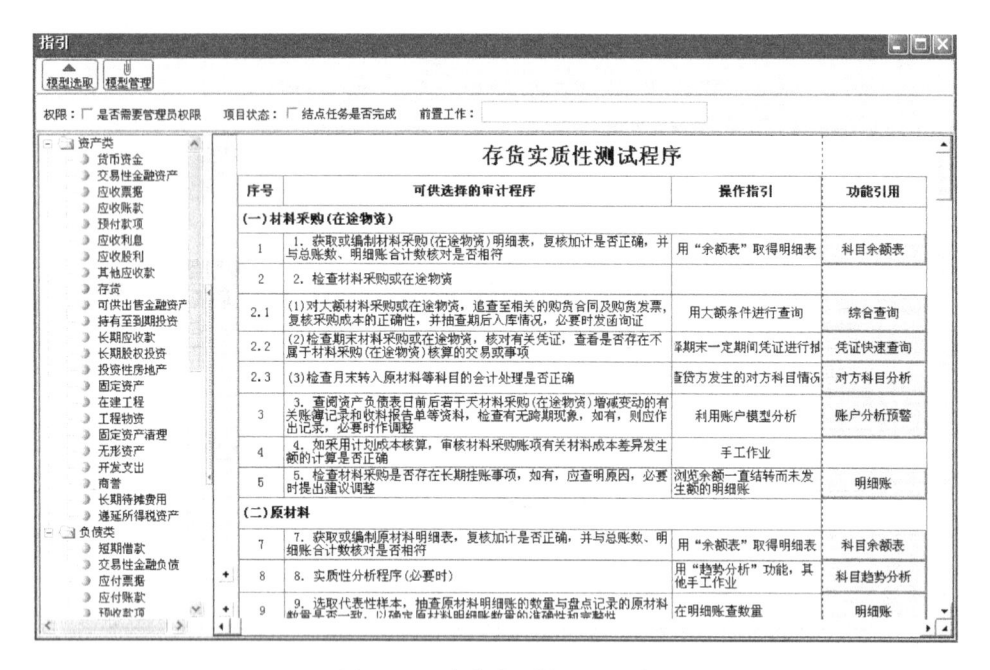

图 10-34 存货实质性测试程序

(2) 实施审计测试

① 取得或编制存货明细表。

在审计作业系统主界面，单击快捷菜单【余额】，弹出"科目余额表"窗口，如图 10-35 所示，分别选择库存商品、物资采购、在途物资、原材料等科目，科目级次选"全部"，月份分别选择 200901、200902……200912，得到各项存货的余额及发生额表，与总账和明细账合计数核对相符，并与报表数核对相符。

图 10-35 存货——库存商品余额表

② 对存货进行分析性复核。

这里以库存商品为例执行分析性复核程序。在审计作业系统主界面，单击快捷菜单【趋势】，弹出"科目趋势分析"窗口，如图 10-36 所示，科目选择"库存商品"，借贷方向选择"借"，"发生/余额"栏下选择"余"，单击"分析"按钮，可展示库存商品各月余额变动分析图。从图形显示结果可以看出，库存商品 1—5 月余额波动较大，审计人员应进一步检查、分析其波动是否正常，并查明异常现象和重大波动的原因。

③ 抽查存货增减凭证。

在审计作业系统主界面，单击快捷菜单【抽样】，在抽样向导指引下，进行抽样操作，依次选取抽样类型为"PPS 抽样"，抽样库为"凭证库"，抽样字段为"借贷同抽"，抽样条件为

"科目名称'象'库存商品",可靠性为97.5%,误差率为1%,单击【执行】按钮,抽样结果如图10-37所示。

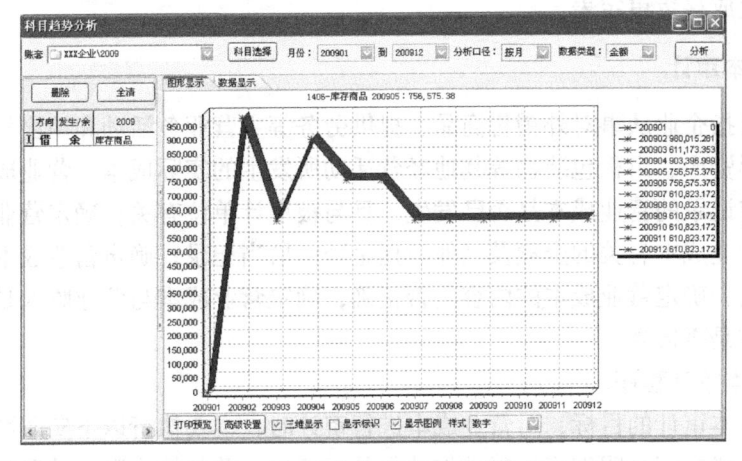

图10-36　库存商品余额变动分析

图10-37　审计抽样

抽样结果显示,库存商品增减业务发生了91笔,系统按PPS抽样,抽出了86笔,样本账面值占总体账面值的94.51%。审计人员应对样本中的记账凭证进行审查,核对库存商品入账记录与出入库单的品种、数量是否一致,产成品入库的实际成本是否与"生产成本"科目的结转额相符。在上述显示窗口中单击右键"发送至底稿",形成库存商品审计工作底稿。

④ 执行存货监盘程序。

在被审计单位盘点存货前,审计人员应当观察盘点现场,确认应纳入盘点范围的存货是否已经适当整理和排列,并附有盘点标识,防止遗漏或重复盘点。对于未纳入盘点范围的存货,应查明未纳入的原因。在检查已盘点存货时,审计人员应当从存货盘点记录中选取项目追查至存货实物,以测试盘点记录的准确性;审计人员还应当从存货实物中选取项目追查至存货盘点记录,以测试存货盘点记录的完整性。

审计人员除了对存货执行分析性复核和监盘程序,还实施了存货计价测试审计程序,检查存货的入账基础和计价方法是否正确,前后期是否一致。

⑤ 生成存货审定表。

在审计作业系统主界面，单击【审计结果】→【科目审定表】，选择"存货"科目，单击"生成底稿"，生成存货审定表。

2. 营业成本审计

营业成本是指企业从事对外销售商品、提供劳务等主营业务活动和销售材料、出租固定资产、出租无形资产、出租包装物等其他经营活动所发生的实际成本。营业成本的审计目标一般包括：确定记录的营业成本是否已发生，且与被审计单位有关；确定营业成本记录是否完整；确定与营业成本有关的金额及其他数据是否已恰当记录；确定营业成本是否已记录于正确的会计期间；确定营业成本的内容是否正确；确定营业成本与营业收入是否配比；确定营业成本的披露是否恰当。

(1) 营业成本审计程序

根据营业成本审计的目标，对营业成本进行审计时，主要执行以下实质性测试程序：①获取或编制营业成本汇总明细表，复核加计数是否正确，并与报表数、总账数和明细账合计数核对相符；②检查营业成本的内容和计算方法是否符合有关规定，前后期是否一致；③对营业成本进行分析性复核；④抽取若干月份的主营业务成本结转明细清单，结合生产成本审计，检查销售成本结转数额的正确性，比较计入主营业务成本的商品品种、规格、数量与计入主营业务收入的口径是否一致，是否符合配比原则；⑤检查营业成本中重大调整事项的会计处理是否正确；⑥确定营业成本的披露是否恰当。

在审计过程中，审计人员应按照规范的审计程序对营业成本进行审计。为满足审计人员工作需要，审计作业系统搭建了审计程序操作平台，将审计程序与审计工具、工作底稿进行对接，以便审计人员按照操作指引完成相应的审计工作，形成规范的审计工作流程。在审计作业系统主界面，单击快捷菜单【指引】，弹出"指引"窗口，在窗口左侧的审计事项树型结构中，打开损益类中的营业成本项目，窗口右侧会显示营业成本审计程序，如图 10-38 所示，审计人员可以按照程序及操作指引调用工具或文档进行有关营业成本的审计测试与分析工作。

图 10-38 营业成本实质性测试程序

(2) 实施审计测试

① 取得或编制营业收入成本明细表。

在审计作业系统主界面，单击快捷菜单【余额】，弹出"科目余额表"窗口，如图 10-39 所示，选择会计科目"主营业务成本"，科目级次选"全部"，月份分别选择 200901、200902……200912，查看主营业务成本各月的发生额，复核其加计数是否准确，并与报表有关项目进行核对。

图 10-39 主营业务成本发生额

② 对主营业务成本进行分析性复核。

在审计作业系统主界面，单击快捷菜单【趋势】，弹出"科目趋势分析"窗口，如图 10-40 所示，科目选择"主营业务成本"，借贷方向选择"借"，"发生/余额"栏下选择"发"，单击"分析"按钮，可展示"主营业务成本"各月发生额分析图。从图形显示结果可以看出，主营业务成本各月发生额波动较大，审计人员应进一步检查、分析其变动趋势是否正常，并查明异常现象和重大波动的原因。在显示窗口中单击右键可"发送至底稿"。

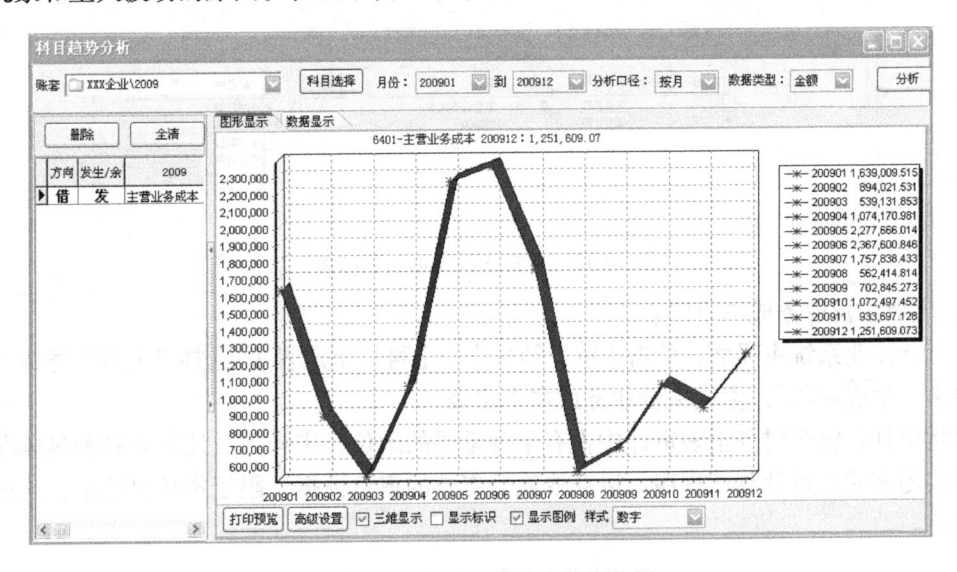

图 10-40 主营业务成本趋势分析

在审计作业系统主界面，单击快捷菜单【对比】，弹出"科目对比分析"窗口，分子科目选择"主营业务成本"，金额选择"借方发生"；分母科目选择"主营业务收入"，金额选择"贷方发生"，单击"分析"按钮，得到分析结果，如图 10-41 所示。12 月份主营业务成本占主营业务收入的比例比较异常，审计人员应进一步进行审查。

图 10-41 主营业务成本与主营业务收入对比分析

③ 抽查主营业务成本。

在审计作业系统主界面,单击快捷菜单【查询】,弹出"综合查询"窗口,输入查询条件:"科目名称'象'主营业务成本"和"借方金额>150 000",查询结果如图 10-42 所示。主营业务成本总额为 15 072 502.91 元,抽查金额总计为 13 804 137.63 元,占比 91.58%。对于所抽查的凭证,结合生产成本的审计,检查销售成本结转数额的正确性。

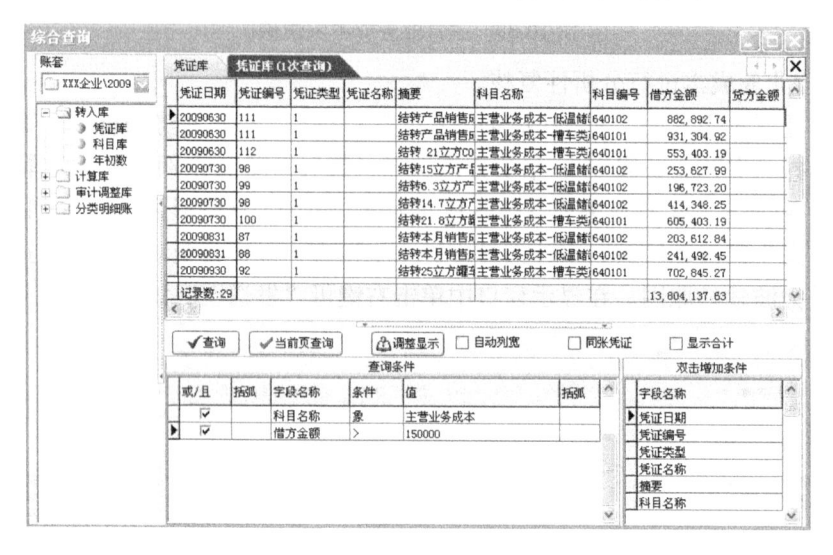

图 10-42 主营业务成本抽查结果

④ 生成主营业务成本审定表。

在审计作业系统主界面,单击【审计结果】→【科目审定表】,选择"主营业务成本"科目,单击"生成底稿",生成主营业务成本审定表。

存货审计在整个财务报表审计中占有十分重要的地位,审计人员还要对各种具体存货相关账户实施实质性审计测试程序,以获取充分有效的审计证据。限于本教材篇幅,这里不再进行阐述。

知识扩展

1. COSO 委员会发布的《内部控制整体框架》(Internal Control - Integrated Framework)、《企业风险管理框架》(Enterprise Risk Management Framework)。

1985年，由美国注册会计师协会（AICPA）、美国会计协会（AAA）、财务经理人协会（FEI）、内部审计师协会（IIA）、管理会计师协会（IMA）联合创建了反虚假财务报告委员会，旨在探讨财务报告中舞弊产生的原因，并寻找解决之道。两年后，基于该委员会的建议，其赞助机构成立COSO（Committee of Sponsoring Organization，COSO）委员会，专门研究内部控制问题。1992年9月，COSO委员会发布了《内部控制整体框架》（Internal Control-Integrated Framework），简称COSO报告，1994年进行了增补。COSO委员会发布的《内部控制整体框架》已经成为业界普遍使用的控制设计、实施、执行、评估有效性的指导框架。作为全球最具影响力的内部控制标准，COSO内部控制框架得到了世界许多国家的一致认可和广泛借鉴。2013年5月，COSO委员会发布了更新后的《内部控制——整合框架》，受到国际内部控制理论界和实务界的广泛关注。

COSO委员会在《内部控制整体框架》的基础上，结合《萨班斯－奥克斯法案》（Sarbanes-Oxley Act）在报告方面的要求，同时吸收各方面风险管理的研究成果，2004年9月颁布了《企业风险管理框架》（Enterprise Risk Management Framework），旨在为各国的企业风险管理提供一个统一术语与概念体系的全面的应用指南。2014年，COSO启动风险管理框架修订工作。2016年，COSO委员会公布了一个针对2004年企业风险管理整合框架（ERM-Integrated Framework）的修改草案，认识到风险对战略和绩效的重要性日益增加，风险管理的作用提高，风险管理的发力点提前，突出风险管理绩效的作用，强调风险管理的价值。2017年9月，全球风险管理行业翘首以盼的COSO更新版《企业风险管理框架》正式发布。

2. 财政部会同证监会、审计署、银监会、保监会制定的《企业内部控制基本规范》《企业内部控制应用指引》《企业内部控制评价指引》和《企业内部控制审计指引》。

为了加强和规范企业内部控制，提高企业经营管理水平和风险防范能力，促进企业可持续发展，维护社会主义市场秩序和社会公众利益，2008年5月22日，财政部会同证监会、审计署、银监会、保监会制定和发布了《企业内部控制基本规范》。自2009年7月1日起在上市公司范围内施行，鼓励非上市的大中型企业执行。执行本规范的上市公司，应当对本公司内部控制的有效性进行自我评价，披露年度自我评价报告，并可聘请具有证券、期货业务资格的会计师事务所对内部控制的有效性进行审计。

2010年4月15日，财政部、证监会、审计署、银监会、保监会联合发布了《企业内部控制配套指引》。该配套指引包括18项《企业内部控制应用指引》《企业内部控制评价指引》和《企业内部控制审计指引》，连同此前发布的《企业内部控制基本规范》，标志着适应我国企业实际情况、融合国际先进经验的中国企业内部控制规范体系的基本建成。《企业内部控制配套指引》的制定发布，标志着"以防范风险和控制舞弊为中心、以控制标准和评价标准为主体，结构合理、层次分明、衔接有序、方法科学、体系完备"的企业内部控制规范体系建设目标基本建成，是继我国企业会计准则、审计准则体系建成并有效实施之后的又一项重大系统工程，也是财政、审计、证券监管、银行监管、保险监管和国有资产监管部门贯彻落实科学发展观、服务经济发展方式转变的重大举措。

思 考 题

1. 了解中国注册会计师审计准则体系。

2. 理解中国注册会计师审计准则应用指南。
3. 什么是控制测试？控制测试采用的审计程序类型有哪些？
4. 什么是实质性测试？控制测试与实质性测试有何区别与联系？
5. 在审计作业系统中，审计工作底稿编制平台有哪些主要功能？

应用操作题

1. 应用用友审易软件，建立一个审计项目，导入五金公司 2008 年的数据。
2. 应用用友审易软件，在审计作业系统中，下载审计工作底稿模板。
3. 在审计作业系统中，查看货币资金内部控制的调查内容与内部控制测试程序。
4. 在审计作业系统中，查看销售与收款循环内部控制的调查内容与内部控制测试程序。
5. 在审计作业系统中，查看采购与付款循环内部控制的调查内容与内部控制测试程序。
6. 在审计作业系统中，查看存货与仓储循环内部控制调查内容与内部控制测试程序。
7. 按照货币资金审计的目标和实质性测试程序，应用审计作业系统，以现金审计和银行存款审计为例，进行实质性测试，生成相应审计工作底稿。
8. 按照销售与收款循环审计的目标和实质性测试程序，应用审计作业系统，以营业收入审计和应收账款审计为例，进行实质性测试，生成相应审计工作底稿。
9. 按照采购与付款循环审计的目标和实质性测试程序，应用审计作业系统，以应付账款审计和固定资产审计为例，进行实质性测试，生成相应审计工作底稿。
10. 按照存货与仓储审计的目标和实质性测试程序，应用审计作业系统，以存货审计为例，进行实质性测试，生成相应审计工作底稿。

参考文献

[1] 毛华杨, 张志恒等. 审计信息化原理与方法. 北京：清华大学出版社, 2013.
[2] 时现, 李庭燎等. 全球信息系统审计指南. 北京：中国时代经济出版社, 2016.
[3] 田芬. 计算机审计. 上海：复旦大学出版社, 2014.
[4] 黄作明. 信息系统审计. 大连：东北财经大学出版社, 2012.
[5] 石爱中. 国家审计信息化持续发展研究报告(上). 中国时代经济出版社, 2014.
[6] 石爱中. 国家审计信息化持续发展研究报告(下). 中国时代经济出版社, 2014.
[7] 吴沁红. 审计信息化及其架构. 中国管理信息化, 2007.12.
[8] 陈伟. 计算机辅助审计原理及应用(第三版). 北京：清华大学出版社, 2016.
[9] 鲁爱民, 孟志青. 审计预警系统的构建研究. 会计之友, 2012年第10期.
[10] 唐明. 审计预警系统的研究与开发. 工业控制计算机, 2015, 28(12).
[11] 中国注册会计师协会. 审计. 北京：经济科学出版社, 2016.
[12] 北京用友审计软件有限公司. 用友审易——审计作业系统(用户手册), 2013.
[13] 毕瑞祥, 蔡炯. 审计软件应用实训教程. 北京：经济科学出版社, 2011.
[14] 田芬. 计算机审计实务. 北京：经济科学出版社, 2009.
[15] 企业内部控制研究组. 企业内部控制手册. 大连：东北财经大学出版社, 2010.
[16] 陈耿, 韩志耕, 卢孙中. 信息系统审计、控制与管理. 北京：清华大学出版社, 2014.
[17] 吴桂英. 信息系统审计理论与实务. 北京：清华大学出版社, 2012.
[18] 白莎莎. 论审计风险及其控制, 湘潭大学学位论文.
[19] 张灵通. IT服务管理体系研究及建设——福田汽车IT服务管理分析及应用. 硕士论文.
[20] 《信息系统审计研究报告》课题组. ERP环境下的财务收支审计指南. 北京：中国时代经济出版社, 2015.
[20] 陈伟. 计算机审计. 北京：中国人民大学出版社, 2017.
[22] 秦秋莉, 刘会齐等. 管理信息系统. 北京：科学出版社, 2010.
[23] 苟娟琼, 常丹. ERP原理与实践. 北京：清华大学出版社/北京交通大学出版社, 2005.
[24] 张真继, 邵丽萍等. 企业资源计划. 北京：电子工业出版社, 2012.
[25] 詹姆斯·A·霍尔. 信息系统审计与鉴证. 北京：中信出版社, 2003.
[26] http://www.audit.gov.cn.
[27] 百度文库：https://wenku.baidu.com/.
[28] 中华会计网校：http://www.chinaacc.com/.
[29] 《ERP环境下被审计单位数据的获取》, http://www.chinaacc.com/.